Heinz Böker
Psychodynamische Psychotherapie depressiver Störungen

Psychodynamische Therapie

Heinz Böker

Psychodynamische Psychotherapie depressiver Störungen

Theorie und Praxis

Unter Mitarbeit von Holger Himmighoffen

Psychosozial-Verlag

Bibliografische Information der Deutschen Nationalbibliothek
Die Deutsche Nationalbibliothek verzeichnet diese Publikation
in der Deutschen Nationalbibliografie; detaillierte bibliografische Daten
sind im Internet über http://dnb.d-nb.de abrufbar.

Originalausgabe
© 2017 Psychosozial-Verlag
Walltorstr. 10, D-35390 Gießen
Fon: 06 41 - 96 99 78 - 18; Fax: 06 41 - 96 99 78 - 19
E-Mail: info@psychosozial-verlag.de
www.psychosozial-verlag.de
Alle Rechte vorbehalten. Kein Teil des Werkes darf in irgendeiner Form
(durch Fotografie, Mikrofilm oder andere Verfahren) ohne schriftliche Genehmigung
des Verlages reproduziert oder unter Verwendung elektronischer Systeme verarbeitet,
vervielfältigt oder verbreitet werden.
Umschlagabbildung: Paul Klee: »Ernste Miene«, 1939
Umschlaggestaltung & Innenlayout nach Entwürfen von Hanspeter Ludwig, Wetzlar
Satz: metiTEC-Software, me-ti GmbH, Berlin
ISBN 978-3-8379-2516-6

Inhalt

Vorwort   9

1   **Warum psychodynamisches Denken in der Depressionsbehandlung unverzichtbar ist**   15

1.1   Zum Stellenwert der Psychodynamik in der Depressionsbehandlung   15

1.2   Zur Frage der Manualisierung Psychodynamischer Psychotherapie bei depressiv Erkrankten   18

2   **Klassifikationen und Modelle depressiver Störungen**   21

2.1   Deskriptive Klassifikation depressiver Störung nach ICD-10 bzw. DSM-IV/DSM-5   22

2.2   Psychodynamische/psychoanalytische Klassifikationen und Modelle depressiver Störungen   32

2.3   Die Operationalisierte Psychodynamische Diagnostik (OPD-2)   54

2.4   Depressionen als Psychosomatosen der Emotionsregulation   59

2.5   Neuropsychodynamik der Depression   67

Inhalt

3	**Empirische Befunde zur Wirksamkeit Psychodynamischer Kurz- und Langzeitpsychotherapie depressiver Störungen**	**73**
3.1	Psychodynamische Kurzzeitpsychotherapie und Pharmakotherapie bei depressiv Erkrankten	74
3.2	Psychodynamische Kurzzeitpsychotherapie: Ergebnisse der Wirksamkeitsstudien	76
3.3	Psychoanalytische Langzeitpsychotherapie: Ergebnisse der Wirksamkeitsstudien	82
3.4	Schlussfolgerungen	89
4	**Grundlegende Konzepte, Modelle und Techniken Psychodynamischer Psychotherapie**	**93**
4.1	Das Unbewusste	93
4.2	Intrapsychische und interpersonelle Abwehr	95
4.3	Intrapsychische Konflikte	100
4.4	Psychische Struktur	102
4.5	Übertragung und Gegenübertragung	103
4.6	Affekte und psychoanalytische Affekttheorie	104
4.7	Mentalisierung	105
4.8	Bindungssystem	107
5	**Spezifische Praxis Psychodynamischer Psychotherapie depressiver Störungen**	**111**
5.1	Therapiebeginn	111
5.1.1	Indikationsstellung	111
5.1.2	Psychodynamische Diagnostik und Therapieplanung	115
5.1.3	Zielformulierung	123
5.1.4	Therapievereinbarungen	127
5.1.5	Therapeutisches Setting	128
5.1.6	Langfristige, niederfrequente Erhaltungs-Psychotherapie	132
5.1.7	Wann ist eine stationäre Depressionsbehandlung einzuleiten?	137

5.2	Therapieverlauf, therapeutische Haltungen und Entwicklungsschritte	141
5.2.1	Therapeutische Haltungen	141
5.2.2	Entwicklungsschritte des depressiven Patienten	142
5.2.3	Behandlungstechnische Probleme	145
5.2.4	Psychodynamische Interventionsstrategien	151
5.2.5	Spezielle Problembereiche in der Psychodynamischen Psychotherapie depressiver Störungen	153
5.2.5.1	*Die Circuli vitiosi der Depression*	154
5.2.5.2	*Die Bedeutung des Selbst und der Selbstwertgefühlregulation*	157
5.2.5.3	*Häufige Konflikte*	160
5.2.5.4	*Häufige Formen intrapsychischer und interpersoneller Abwehr*	161
5.2.5.5	*Strukturelle Besonderheiten*	162
5.2.5.6	*Depressiver Affekt, Anhedonie und Affektvermeidung*	164
5.2.5.7	*Aggression*	170
5.2.5.8	*Die Bedeutung von Traumatisierungen*	172
5.3	Therapieevaluation und Beendigung der Psychotherapie	175
5.4	Typische Verläufe der Psychodynamischen Psychotherapie und psychodynamische Prägnanztypen der Depression	176
5.4.1	Schulddepression	177
5.4.2	Abhängigkeitsdepression	181
5.4.3	Ich-Depression	183
5.4.4	Narzisstische Depression	185
5.4.5	Chronische Depression, Early-Onset Depression und Double Depression	188
5.5	Psychodynamische Psychotherapie bei depressiven Störungen und komorbiden psychiatrischen und somatischen Erkrankungen	194
5.5.1	Depressive Störungen und Abhängigkeitserkrankungen	194
5.5.2	Depressive Störungen und Persönlichkeitsstörungen	198
5.5.3	Depressive Störungen und PTSD	200
5.5.4	Depressive Störungen und Essstörungen	203

5.5.5	Depressive Störungen und chronische Schmerzstörungen	207

6 Spezielle Aspekte der Psychodynamischen Psychotherapie depressiver Störungen — 213

6.1	Psychotherapie und Psychopharmakotherapie	213
6.2	Zum Verhältnis der Psychodynamischen Psychotherapie zu anderen Psychotherapiemethoden	220
6.2.1	Kognitiv-Behaviorale Therapie (KBT)	222
6.2.2	Interpersonelle Psychotherapie (IPT)	224
6.2.3	Selbstachtsamkeit: Mindfulness-based Cognitive Therapy (MBCT)	226
6.2.4	Cognitive Behavioral Analysis System of Psychotherapy (CBASP)	227

7 Ausblick für Praxis und Forschung — 231

8 Anhang — 235

8.1	Abbildungsverzeichnis	235
8.2	Tabellenverzeichnis	235

Literatur — 237

Vorwort

Die Behandlung depressiver Störungen stellt weiterhin eine große Herausforderung in der Psychiatrie und Psychotherapie dar. Diese ergibt sich nicht nur aus der großen Anzahl depressiv Erkrankter, sondern auch aus der Komplexität und dem Verlauf unterschiedlicher Formen der Depression.

Durch die Therapiestudien in den letzten Jahrzehnten wurde belegt, dass den auf Depressionsbehandlung zugeschnittenen Formen der Psychotherapie eine zentrale Rolle in der oftmals notwendigen mehrmodalen Therapie zukommt. Die Psychotherapie der Depression ist wirksam, trägt zu einer Überwindung depressiver Sackgassen bei und kann bei frühzeitigem – vor dem Eintreten der oftmals erheblichen psychosozialen Einbußen – Beginn die Prognose depressiver Erkrankungen erheblich verbessern. Diese Psychotherapieverlaufsstudien haben ebenfalls gezeigt, dass Psychotherapie im Vergleich mit der Standardbehandlung im mittelfristigen und längeren Verlauf kostengünstiger ist.

Die Psychodynamische Psychotherapie der depressiven Störungen zählt zu den am häufigsten angewandten Verfahren; sie ist im Vergleich mit den ebenfalls systematisch untersuchten Psychotherapieverfahren, der Kognitiv-Behavioralen Therapie und der Interpersonellen Therapie, gleichermaßen wirksam hinsichtlich der Reduktion der depressiven Symptomatik. Viele Studien weisen darauf hin, dass sie von großer Nachhaltigkeit ist und wesentlich auch zu einer Weiterentwicklung der Behandelten beitragen kann.

Das vorliegende Buch ist konzipiert als ein Manual zu Theorie und Praxis der Psychodynamischen Psychotherapie depressiver Störungen. Was hat den Anstoß gegeben, einen Beitrag zu liefern im Hinblick auf eine Manualisierung einer Psychotherapiemethode, die zu den ältesten und bewährtesten gehört?

Psychotherapie-Manuale stammen aus der Forschung und ermöglichen die empirische Untersuchung der Wirksamkeit der jeweils angewandten Methode und den Vergleich mit anderen Verfahren. Es hatte sich gezeigt, dass die deklarierte Anwendung einer Methode noch nichts über die tatsächlich angewandte Methode aussagt. Manuale, in denen das praktische Vorgehen der Therapeuten konkret anhand beispielhafter Interventionen – sogenannter Ankerbeispiele – beschrieben wird, ermöglichen es zu prüfen, ob die Behandelnden auch tatsächlich das tun, was sie zu tun beanspruchen bzw. auf Basis des Manuals tun sollten.

Die Psychotherapieforschung zeigte, dass jene Behandelnden insgesamt bessere Ergebnisse aufwiesen, die sich an Manualen orientierten (vgl. Andersen & Lambert, 1995), sowie innerhalb dieser Gruppe diejenigen, die sich enger an die Behandlungsrichtlinien des Manuals gehalten hatten (Adherence bzw. »Manualtreue«). So konnten Luborsky et al. (1985) anhand von Skalen, mittels derer unabhängige Beurteiler ohne Vorinformation (»blind«) den Psychotherapietyp und die Manualtreue der Therapeuten einstufen konnten, belegen, dass Manualtreue einer der Wirkfaktoren ist, der sich in jeder Psychotherapieform positiv auf die Effekte auswirkt.

Trotz dieser Vorteile forschungstauglicher Manuale erfolgt deren Einsatz in der klinischen Praxis nur sehr begrenzt und wird vielfach gescheut. Die Motivationsquellen dieser Widerstände sind vielfältig. Grundsätzliche Einwände werden insbesondere von Psychoanalytikern geäußert, die psychoanalytische Prinzipien für kaum oder gar nicht manualisierbar halten. Die vorrangigen Bedenken gelten der fehlenden Individualisierung der Therapie. Diese Bedenken sind gewiss ernst zu nehmen, schränkt doch jede Form der Strukturierung der Therapie deren Freiheitsgrade ein. Dabei wird allerdings übersehen, dass in den Psychotherapie-Manualen Freiheitsgrade enthalten sind, die eine Individualisierung erlauben und auch erlauben müssen. Jegliche Schematisierung, die sich auch auf die persönlichen Inhalte der Patienten bezöge, wäre kontraproduktiv! Strukturiert ist hingegen die Form der Behandlung: zum Beispiel konkrete Empfehlungen an die Therapeuten, welche Interventionen erfolgen oder besser entfallen sollten oder welche Interventionen zu welchem Zeitpunkt der Erkrankung, bei welchem Schweregrad und unter Berücksichtigung von State-Markern (Persönlichkeitsstruktur) und Trait-Markern (aktuell vorhandene Symptomatik) angewandt werden sollten.

Es gibt sachlich gut begründbare Bedenken gegen die unmittelbare Umsetzung von Studienmanualen in der Praxis, die insbesondere der hohen Selektion der Patienten-Stichproben für Forschungszwecke gelten. Sicherlich entspricht diese nicht der Zusammensetzung der Klientel in Praxen. Auch ist im Auge zu behalten, dass vielfach schwerer behandelbare Patienten, unter anderem mit psychiatrischer und somatischer Komorbidität, nicht in Studien eingeschlossen werden. Dennoch ist dies kein grundsätzliches Argument gegen den Einsatz empirisch validierter Psychotherapie in Klinik und Praxen.

Die Frage »Schema oder Individualität?« verleitet zu dichotomisierenden Betrachtungsweisen, die in Zukunft überwunden werden sollten zugunsten eines nüchternen Einbezugs empirischer Befunde und einer – eben gerade nicht formalistisch-rigiden –Handhabung von Psychotherapie-Manualen, die »in ihrer Essenz verinnerlicht werden« (Beutel et al., 2010, S. 110). Auf diese Weise können sie zu einer Kompetenzerweiterung der Psychotherapeuten beitragen.

Das hier vorliegende Manual zur Theorie und Praxis Psychodynamischer Psychotherapie basiert insbesondere auf der jahrzehntelangen klinischen Erfahrung beider Autoren in der Behandlung depressiv Erkrankter. Es berücksichtigt die Ergebnisse der Studien zur Wirksamkeit Psychodynamischer Kurz- und Langzeittherapie depressiver Störungen und ferner die Erfahrungen und Resultate bei der Anwendung des als Referenz-Manuals dienenden Manuals der Tavistock-Adult-Depression-Study.

Dieses Manual wird derzeit bereits bei der Zurich-Depression-Study herangezogen, einer Psychotherapie-Neuroimaging-Studie bei depressiv Erkrankten (bei der Psychodynamische Psychotherapie, Kognitiv-Behaviorale Therapie und Körpertherapie (nach Maurer) miteinander verglichen werden). Als nächster Schritt ist der Einsatz dieses Manuals in einer randomisierten-kontrollierten Studie vorgesehen.

Das Manual eignet sich als ein Leitfaden mit Behandlungsempfehlungen zur Orientierung in Klinik und Praxis. Es ist folgendermaßen aufgebaut:

Im ersten Kapitel wird die Bedeutung, die Häufigkeit und Komplexität depressiver Störungen dargestellt. Insbesondere wird auf die Frage eingegangen, warum psychodynamisches Denken in der Depressionsbehandlung unverzichtbar ist.

Im zweiten Kapitel werden die deskriptiv-phänomenologischen Klassifikationen und weitere für die Durchführung von Psychotherapie relevante Modelle der Depression erörtert. Dazu zählen insbesondere die Operationalisierte Psychodynamische Diagnostik (OPD), das Modell der Depression als Psychosomatose der Emotionsregulation und das neuropsychodynamische Modell der Depression, das auf aktuellen neurowissenschaftlichen Forschungsergebnissen beruht.

Im dritten Kapitel werden die empirischen Befunde zur Wirksamkeit Psychodynamischer Kurz- und Langzeitpsychotherapie in einer Synopsis vorgestellt; diese schließt sämtliche vorliegenden randomisierten-kontrollierten Studien (RCT) ein.

Im vierten Kapitel werden grundlegende Konzepte und Modelle (das Unbewusste, Konflikt, Struktur, Abwehr, Übertragung/Gegenübertragung, die psychoanalytische Affekttheorie) und therapeutische Techniken der Psychodynamischen Psychotherapie erörtert.

Daran schließt sich im fünften Kapitel die Darstellung der spezifischen Praxis Psychodynamischer Psychotherapie depressiver Störungen (einschließlich Diagnostik und Differenzialdiagnose, Therapieplanung, geeignete therapeutische Settings und Interventionsstrategien) an. Das therapeutische Vorgehen wird beispielhaft erläutert anhand spezieller Problembereiche depressiver Störungen (z. B. intrapsychische und interpersonelle Circuli vitiosi, Selbstwertgefühlsregulation, Über-Ich, Auswirkungen von Traumatisierungen) und bezogen auf spezifische Aspekte der therapeutischen Beziehung. Auch in diesem Kapitel illustrieren Ankerbeispiele die unterschiedlichen Verläufe bei Subtypen depressiver Störungen (u. a. chronische Depression, »Early-Onset Depression«, »Double Depression«, psychotische Depression, Komorbidität mit Persönlichkeits-, Angst- und Abhängigkeitsstörungen, PTSD, chronischer Schmerz).

Im sechsten Kapitel werden weitere spezielle Gesichtspunkte diskutiert: Das Verhältnis von Psychotherapie und Psychopharmakotherapie (u. a. Kombinationstherapie) und das Verhältnis von Psychodynamischer Psychotherapie und anderen Psychotherapieverfahren (Integration unterschiedlicher Konzepte, Einsatz komplementärer Verfahren). Eine besondere Herausforderung stellt die Differenzialindikation der »störungsspezifischen«, insbesondere auf die Behandlung Depressiver ausgerichteten Psychotherapieverfahren dar.

Im abschließenden siebten Kapitel erfolgt ein Ausblick auf die zukünftige Praxis und Forschung mittels der Psychodynamischen Psychotherapie der Depression.

Jedes einzelne Kapitel enthält eine kurze Zusammenfassung, ein Fazit und weiterführende Literatur. Essentials werden (in Kästen) speziell hervorgehoben. Ein Literatur- und Stichwortverzeichnis findet sich am Ende des Bandes.

Das Buch richtet sich an die in der Depressionsbehandlung und insbesondere in der Psychotherapie depressiver Störungen tätigen Psychiater, Psychotherapeuten, Psychoanalytiker und Klinische Psychologen. Es eignet sich sowohl für diejenigen Kollegen, die sich in Weiterbildung befinden, wie auch als Update für Erfahrene. Es ist konzipiert als ein manualisierter Leitfaden für die Durchführung Psychodynamischer Psychotherapie depressiver Störungen in Klinik, Praxis und Forschung. In diesem Zusammenhang ermöglicht es auch interessierten Neurowissenschaftlern, einen Einblick zu gewinnen in die Vorgehensweise der Psychodynamischen Psychotherapie, und kann auf diese Weise zur Generierung von Hypothesen für zukünftige Psychotherapie-Neuroimaging-Studien herangezogen werden. Nicht zuletzt ist es auch hilfreich für alle Patientinnen und Patienten, die mit der Entscheidung konfrontiert sind, eine Psychotherapie zu beginnen.

Mein ganz besonderer Dank gilt meinem langjährigen Mitarbeiter und Kollegen am Zentrum für Depressionen, Angsterkrankungen und Psychotherapie an der Psychiatrischen Universitätsklink Zürich, Herrn Dr. med. Holger Himmighoffen, für die intensiven und anregenden Diskussionen, die konzeptuellen Überlegungen, die Darstellung der in der Depressionsbehandlung herangezogenen Operationalisierten Psychodynamischen Diagnostik (OPD) und die zur Verfügung gestellten sehr instruktiven Fallbeispiele.

Dieser Dank gilt auch Herrn Prof. Dr. med. Peter Hartwich, dem früheren Direktor der Psychiatrischen Klinik in Frankfurt-Höchst, für die Offenheit und den Einblick in seine jahrzehntelange psychotherapeutische Tätigkeit und Erfahrung anhand mehrer Kasuistiken.

Für das zur Verfügung gestellte Fallbeispiel möchte ich ebenfalls Herrn Dipl. Psych. Johannes Vetter an der Klinik für Psychiatrie, Psychotherapie und Psychosomatik der Universität Zürich herzlich danken.

Danken möchte ich nicht zuletzt auch Herrn Prof. Dr. Hans-Jürgen Wirth für die Bereitschaft und das große Interesse, dieses Psychotherapie-Manual in das Programm des Psychosozial-Verlages aufzunehmen, und Frau Christina Schmidt, die sich als Lektorin engagiert dieses Buchprojektes angenommen hat und die schrittweise Entwicklung des Manuals äußerst hilfreich und umsichtig begleitete.

Zürich, im August 2016
Heinz Böker

1 Warum psychodynamisches Denken in der Depressionsbehandlung unverzichtbar ist

1.1 Zum Stellenwert der Psychodynamik in der Depressionsbehandlung

Depressionen zählen zu den häufigsten, aber hinsichtlich ihrer individuellen und gesellschaftlichen Bedeutung meist unterschätzten Erkrankungen (Murray & Lopez, 1997). Nach Schätzungen der Weltgesundheitsorganisation (WHO) werden schwere depressive Erkrankungen bis zum Jahre 2030 den ersten Rang in der Reihe derjenigen Erkrankungen einnehmen, die Hauptursache für verlorene Lebensjahre durch schwerwiegende Behinderung oder Tod (»Disability Adjusted Life Years«, DALY) sind. Dabei ist hervorzuheben, dass diese Liste auch alle ernsten körperlichen Erkrankungen wie die ischämischen Herzerkrankungen und Krebs erfasst!

Die vorhandenen Behandlungsangebote werden dabei vielfach weder der großen Anzahl depressiv Erkrankter noch dem mit Depressionen verknüpften subjektiven Leiden – sowohl für die Betroffenen selbst als auch für Beziehungspartner und Angehörige – gerecht.

Die vorliegenden Versorgungsstudien (DEPRES-Studien; Lepine et al., 1997; Tylee et al., 1999) zeigten, dass lediglich etwa ein Drittel der Patienten mit schweren Depressionen in Deutschland angemessen behandelt werden; ca. zwölf Prozent der Erkrankten wurden mit Antidepressiva behandelt.

Neben dem »therapeutischen Defizit« besteht auch ein »diagnostisches Defizit«: Zehn bis 20 Prozent der Praxispatienten von Allgemeinmedizinern und Internisten leiden an einer Depression, die häufig hinter den körperlichen Symptomen verborgen bleibt. Lediglich etwa in der Hälfte der Fälle wird die Depression von den Primärärzten diagnostiziert.

1 Warum psychodynamisches Denken in der Depressionsbehandlung unverzichtbar ist

Die große Häufigkeit depressiver Erkrankungen führt zu einer hohen Inanspruchnahme medizinischer Institutionen und geht einher mit erheblichen psychosozialen Folgekosten (u. a. durch Arbeitsunfähigkeit).

Grundsätzlich ist davon auszugehen, dass aus der Vielfalt und Komplexität depressiver Krankheitsbilder die Notwendigkeit einer mehrdimensionalen fachspezifischen Behandlung resultiert. Besondere Herausforderungen an die Therapie ergeben sich aus der hohen Rückfallwahrscheinlichkeit und der Tendenz zur Chronifizierung: Jeder zweite Patient erkrankt nach der ersten Episode einer schweren Depression innerhalb von eineinhalb Jahren erneut. Die Lebenszeit-Rückfallwahrscheinlichkeit einer ersten Episode einer majoren Depression beträgt über 80 Prozent. Etwa ein Drittel der psychopharmakologisch Behandelten spricht nicht oder nur unzureichend auf Antidepressiva an und entwickelt eine chronische Depression (Übersicht in Böker, 2011).

Gerade angesichts dieser Herausforderungen stellt sich die Frage, warum psychodynamisches Denken bei Depressionen und in der Depressionsbehandlung unverzichtbar ist? Welchen Stellenwert hat die Psychodynamische Psychotherapie in der Depressionsbehandlung? Wann ist sie indiziert? Wann sollte sie in Kombination mit Psychopharmakotherapie durchgeführt werden? Und warum bietet sich dazu in vielen Fällen eine manualisierte Durchführung, die sich an klar strukturierten Richtlinien orientiert, an?

Das Buch gibt Antworten auf alle diese Fragen und fokussiert insbesondere auf die Besonderheiten der Psychodynamischen Psychotherapie in der Depressionsbehandlung.

Die Ergebnisse der Verlaufs- und Therapieforschung bei depressiv Erkrankten unterstreichen den Stellenwert spezifischer, auf depressive Erkrankungen zugeschnittener Psychotherapieverfahren. Wirksamkeitsnachweise liegen inzwischen für alle klinisch relevanten Psychotherapiemethoden vor, zunächst für die Kognitiv-Behaviorale Therapie/KBT und die Interpersonelle Psychotherapie/IPT und in den vergangenen 15 Jahren zunehmend auch für die Psychodynamische Psychotherapie.

An dieser Stelle ist eine Begriffsklärung erforderlich: Was verstehen wir unter Psychodynamischer Psychotherapie bei Depressionen?

> Die Psychodynamische Psychotherapie stellt eine Therapiemethode dar, welche sich an der psychoanalytischen Theorie und Technik orientiert und sich durch Setting, Modifikationen und deren Auswirkungen auf den therapeutischen Prozess von der Psychoanalyse unterscheidet.

1.1 Zum Stellenwert der Psychodynamik in der Depressionsbehandlung

Die Konzepte des dynamischen Unbewussten, der Abwehr, der Übertragung und Gegenübertragung kommen in der Therapie in unterschiedlicher Weise zum Tragen. Die Psychodynamische Psychotherapie ist stärker symptomorientiert, intendiert einen Gewinn an Zeit oder an Sitzungsaufwand und enthält übende und supportive Elemente. Regressive Prozesse werden nur ausnahmsweise gefördert. Im Hinblick auf den Verlauf depressiver Erkrankungen ist hervorzuheben, dass eine Psychodynamische Psychotherapie auch in jenen Fällen angewandt wird, bei denen eine längerfristige therapeutische Beziehung erforderlich ist (vgl. Hoffmann, 2008). Niederfrequente mehrjährige Therapien sind ein Teil der Psychodynamischen Psychotherapie im Langzeitverlauf der Depression.

Diese Verwendung des Terminus Psychodynamische Psychotherapie unterscheidet sich von der vom Wissenschaftlichen Beirat Psychotherapie empfohlenen Begrifflichkeit: Dort wird Psychodynamische Psychotherapie als Oberbegriff für die Tiefenpsychologisch fundierten Psychotherapien und Psychoanalytischen Therapien verwendet.

Das therapeutische Vorgehen in der Psychodynamischen Psychotherapie der Depression ist auf mehreren Ebenen angesiedelt und berücksichtigt in einem schrittweisen Vorgehen zunächst den Kernkomplex depressiver Symptome (Selbstvorwürfe, Suizidalität, Antriebshemmung, Rückzugsverhalten und Körpersymptome; vgl. Schauenburg et al., 1999). Es werden neue Beziehungserfahrungen ermöglicht, die zu einer Überwindung der intrapsychischen und interpersonellen Circuli vitiosi depressiv Erkrankter beitragen können (vgl. Mentzos, 1995; Will et al., 2008; Böker, 1999, 2000a, b, 2005, 2008, 2011).

Insbesondere im Hinblick auf die Bedeutung der Störung der Selbstwertgefühlsregulation (hohes Ideal-Selbst, Abhängigkeit von idealisierten anderen oder psychosozialen Rollen, Verlustangst) als häufige persönlichkeitsstrukturell verankerte psychische Vulnerabilitätsfaktoren und Auslöser depressiver Episoden (Böker, 1999; Boeker et al., 2000) ist psychodynamisches Denken in der Depressionsbehandlung meines Erachtens unverzichtbar.

Diese Spezifität der Psychodynamischen Psychotherapie ist nicht zuletzt auch bei der Differenzialindikation psychotherapeutischer Interventionen im Rahmen eines Gesamtbehandlungsplanes zu berücksichtigen und im Vergleich mit den Schwerpunkten anderer für die Depressionsbehandlung geeigneter Psychotherapieverfahren (z. B. KBT, IPT, MBCT, CBASP) abzuwägen (vgl. Kapitel 6).

1.2 Zur Frage der Manualisierung Psychodynamischer Psychotherapie bei depressiv Erkrankten

Die Entwicklung und Anwendung von Manualen für die Psychodynamische Psychotherapie war lange Zeit umstritten. Therapiemanuale stammen aus der Psychotherapieforschung. In ihnen wird das praktische Vorgehen der Therapeuten konkret beschrieben und mit beispielhaften Interventionen belegt. Eines der ersten Ergebnisse bezüglich der Dokumentation des therapeutischen Vorgehens bestand darin, dass jene Behandler insgesamt bessere Ergebnisse aufwiesen, die sich an Manualen orientierten (vgl. Andersen & Lambert, 1995), wie innerhalb dieser Gruppe diejenigen, die sich enger an die Behandlungsrichtlinien des Manuals gehalten hatten (sogenannte »adherence«, zumeist als »Manualtreue« übersetzt).

Luborsky et al. (1985) konnten belegen, dass Manualtreue einer der Wirkfaktoren ist, der sich in jeder Therapieform positiv auf die Effekte auswirkt. In der deutschen Fassung seines Manuals des »Supportive-Expressive Treatment« (Luborsky, 1999) werden die Prinzipien Psychoanalytischer Psychotherapie in einer für die Forschung verwendbaren Manualisierung dargestellt. Drei Bedingungen sind demnach als Basisanforderung an ein Manual anzusehen:

➤ Die Behandlungsanleitungen sollten so vollständig ausgearbeitet sein, wie es die Therapieart zulässt, und die wesentlichen Behandlungstechniken enthalten, die die Therapie bestimmen.
➤ Das Manual sollte die Behandlungsprinzipien verdeutlichen und dem Therapeuten Handlungsanweisungen geben (am ehesten, indem jede Behandlungstechnik so konkret wie möglich dargestellt und durch Fallbeispiele veranschaulicht wird).
➤ Dem Manual sollten Beurteilungsskalen angegliedert werden, die eine Abschätzung ermöglichen, in welchem Ausmaß der Therapeut die wesentlichen Behandlungstechniken tatsächlich verwendet.

Vor diesem Hintergrund entwickelte David Taylor (2010) das sogenannte »Tavistock Manual« der Psychoanalytischen Psychotherapie. Es handelt sich um ein Behandlungsmanual der Psychoanalytischen Psychotherapie, das ursprünglich für die Behandlung, die in der »Tavistock Adult Depression Study« (TADS) getestet werden sollte, erstellt und später für die Studie über »Langzeittherapie bei chronischen Depressionen« (LAC) von Leuzinger-Bohleber et al. (2010) übernommen wurde. Das Manual basiert auf dem psychoanalytischen Verständnis »menschlicher Probleme im Allgemeinen« und therapeutischer Veränderung.

1.2 Zur Frage der Manualisierung Psychodynamischer Psychotherapie bei depressiv Erkrankten

Infolgedessen ist das Manual für praktizierende Psychoanalytische Psychotherapeuten akzeptabel; es empfiehlt keinen Fokus, bleibt flexibel, was die Tiefe der Schwierigkeiten der Patienten anbelangt. Dieses Manual erfüllt die methodischen Anforderungen der Ergebnisforschung im Bereich der Psychodynamischen Psychotherapie bei depressiv Erkrankten. Dabei wurde die ursprüngliche Konzeptualisierung der Theorie und Praxis im Hinblick auf die chronische Depression, die für die Abfassung des Manuals zunächst notwendig war, im Hinblick auf die im Studienverlauf gewonnenen Erkenntnisse modifiziert und weiterentwickelt (Taylor, 2010).

Das Manual der Tavistock Adult Depression Study (TADS) beschreibt die Rationale für das Behandlungsmanual und sein Verfahren; konkret ausgeführt werden:

➤ die allgemeinen Ziele und Wertvorstellungen dieser Behandlung
➤ Aufgaben und Ziele der Therapeuten
➤ Rahmen und Setting
➤ die für depressive Patienten charakteristischen Inhalte
➤ die unterschiedlichen Komponenten der Depression und ihre Charakteristika und Konfigurationen, die der Chronizität und Behandlungsresistenz häufig zugrunde liegen
➤ das Vorgehen in der Anfangs-, der mittleren und der Schlussphase der Behandlung (nach Maßgabe des jeweiligen Behandlungsverlaufs)
➤ spezifische Aspekte des Managements
➤ die Differenzierung zwischen Psychoanalytischer Psychotherapie und anderen Formen der Psychotherapie

Dieses Manual stellt einen wesentlichen Schritt dar im Hinblick auf die klinische Forschung und die Psychotherapieforschung im Rahmen der Psychodynamischen Psychotherapie bei depressiv Erkrankten. Es ist der therapeutische Bezugspunkt in aktuellen Depressionsstudien (z. B. der Zürcher Depressionsstudie).

In Ergänzung zu Manualen für Psychodynamische Psychotherapie ist die Operationalisierte Psychodynamische Diagnostik (Arbeitskreis OPD, 2006, 2014) erwähnenswert: Die OPD ermöglicht die operationalisierte Beschreibung psychodynamischer Dimensionen und Therapiefoki für die individuelle Therapieplanung und -evaluation, wobei eine Veränderung im Verlauf über die Heidelberger Umstrukturierungsskala (Heidelberg Structural Change Scale, HSCS: Grande et al., 2001; Rudolf et al., 2000) messbar ist. Die gute Anwendbarkeit der OPD in dieser Hinsicht konnte im Rahmen von diversen Studien belegt werden (Grande et al., 2003, 2006; Himmighoffen et al., 2010).

1 Warum psychodynamisches Denken in der Depressionsbehandlung unverzichtbar ist

Das hier vorliegende »Manual der Psychodynamischen Psychotherapie depressiver Störungen« ist orientiert am Manual der Tavistock Adult Depression Study und dessen Rationale. Es berücksichtigt die bisher vorliegenden Erfahrungen, die in mehreren Studien damit gesammelt wurden, und unterscheidet sich davon in den folgenden Akzentuierungen und Erweiterungen:

➢ stärkere Orientierung an einer psychodynamischen Typologie depressiver Erkrankungen
➢ Verbreiterung des Anwendungsbereiches über die chronische, refraktorische und therapieresistente Depression hinausgehend
➢ differenziertere Ausarbeitung der Behandlungsanleitungen und der Behandlungstechnik
➢ vermehrtes Gewicht auf Exemplifizierung der Behandlungsanweisungen anhand von Fallbeispielen
➢ Einbezug der OPD-Dimensionen Krankheitskonzept, Beziehung, Struktur und Konflikt
➢ Klärung der Indikation der für die Psychodynamische Psychotherapie geeigneten therapeutischen Settings
➢ angesichts der Langzeitverläufe depressiver Erkrankungen Betonung der Bedeutung niedrigfrequenter Langzeittherapie
➢ Einbezug neuropsychodynamischer Konzepte im Hinblick auf den zeit- und verlaufsgerechten Einsatz psychotherapeutischer Interventionen

Als klinischer und theoretischer Ausgangspunkt für den Einsatz und die Durchführung einer Psychodynamischen Psychotherapie depressiver Störungen werden im folgenden Kapitel sowohl die deskriptiv-phänomenologischen Klassifikationen wie auch psychotherapie-relevante Modelle der Depression (OPD, Operationalisierte Psychodynamische Diagnostik, Depression als Psychosomatose der Emotionsregulation) einschließlich aktueller neuropsychodynamischer Modelle der Depression dargestellt.

2 Klassifikationen und Modelle depressiver Störungen

Im Gegensatz zur gegenwärtigen, engeren Fassung des Depressionsbegriffes weist der Begriff »Depression« in seiner anfänglichen Verwendung in der Psychiatrie eine viel unspezifischere Bedeutung auf (z. B. im Sinne einer allgemeinen Minderung und Beeinträchtigung psychischer Funktionen; Übersicht in Böker, 2011). Bei der von Kraepelin konzipierten großen Krankheitseinheit des »manisch-depressiven Irreseins« (1913) steht der Begriff »depressiv« umfassend für »melancholische oder depressive Zustände mit trauriger oder ängstlicher Verstimmung sowie Erschwerung des Denkens und Handelns«. Seitdem spielt die Bezeichnung Depression die Rolle eines symptomorientierten Oberbegriffes mit einer gegenüber früher wesentlich engeren inhaltlichen Ausrichtung. Die unterschiedliche Verwendung des Begriffs zur Nennung nur eines Symptoms, eines Syndroms oder aber einer ganzen Krankheitsgruppe kann irritierend sein. Zu den zahlreichen Definitionsversuchen gehörte derjenige von Jaspers (1973 [1913]), der als Kern der Depression eine »tiefe Traurigkeit« und eine »Hemmung allen seelischen Geschehens« beschrieb.

Bleuler (1926) charakterisierte die »Drei-Gruppen-Symptome« (depressive Trias):
➢ die depressive Verstimmung
➢ die Hemmung des Gedankenganges
➢ die »Hemmung der zentrifugalen Funktion des Entschließens, Handelns, inkl. den psychischen Teilen der Motilität«

Im 20. Jahrhundert setzte sich mehr und mehr die Bezeichnung »manisch-depressive Psychose« oder »manisch-depressive Krankheit« durch. K. Schneider (1928) verwandte synonym den Begriff »Zyklothymie«.

2 Klassifikationen und Modelle depressiver Störungen

Im Gegensatz zu den Vertretern des »Einheitskonzeptes der manisch-depressiven Krankheit« (Kraepelin, Bleuler, Schneider und Weitbrecht) unterschieden die skandinavische Psychiatrie und K. Leonhard (1957) »bipolare« und »monopolare Psychosen«. Angst (1966) und Perris (1966) widerlegten unabhängig voneinander aufgrund von genetischen Befunden und klinischen Verlaufsuntersuchungen die Einheitlichkeit der manisch-depressiven Psychosen und postulierten die – inzwischen etablierte – Einteilung in bipolare (zyklische) versus uni-/monopolare (periodisch-phasisch depressive) Verlaufsformen.

2.1 Deskriptive Klassifikation depressiver Störung nach ICD-10 bzw. DSM-IV/DSM-5

Mit Einführung der operationalisierten Diagnose- und Klassifikationssysteme ICD-10 und DSM-IV (1991, 1996) wurde das zuvor bestehende ätiopathogenetisch orientierte »triadische« Einteilungssystem (in organische, endogene und reaktive) Psychosen versus »Neurosen, Persönlichkeitsstörungen und andere nicht psychische Störungen« (ICD-9, DSM-III) aufgehoben (Übersicht in Böker, 2011). Anstelle der bisherigen Unterscheidung zwischen endogenen und neurotischen Depressionen trat der atheoretische, nicht mehr von angenommenen Ursachen ausgehende rein deskriptive Begriff der »depressiven Episode« (»major depression«) bzw. »dysthymen Störung«. Die nach der früheren Terminologie zur Gruppe der endogenen Psychosen gehörenden affektiven Psychosen (manisch-depressive Erkrankung; endogene Depression und Manie) sowie die reaktiven und neurotischen Depressionen zählen heute zu den »affektiven Störungen« (vgl. Abb. 1).

Die heutigen Diagnose- und Klassifikationssysteme gehen von einer möglichst genauen, operationalisierten Beschreibung der Krankheitssymptome aus. Angesichts der favorisierten Sichtweise einer multifaktoriellen Ursache und Bedingtheit psychischer Störungen wird auf einseitige, empirisch schwer beweisbare Hypothesen und Modellannahmen verzichtet und eine Einteilung ausschließlich nach klinischen und psychosozialen Kriterien (Schweregrad, Verlauf, Auslöser) vorgenommen.

Die deskriptiv-phänomenologische Erfassung und Klassifikation depressiver Erkrankungen hat Vorteile und Stärken, aber auch Nachteile und Begrenzungen.

2.1 Deskriptive Klassifikation depressiver Störung ...

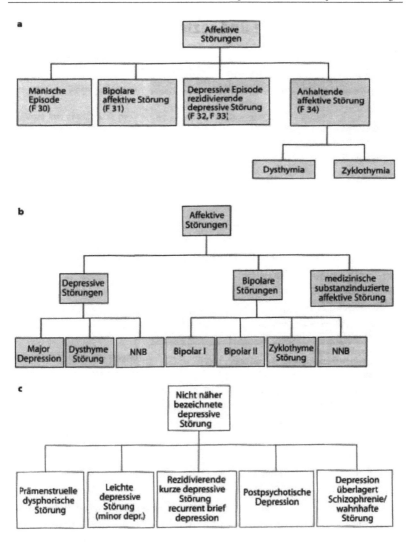

Abb. 1: Einteilung affektiver Störungen: a) nach ICD-10; b) nach DSM-IV/V; c) NNB (nicht näher bezeichnete Störung)

Worin bestehen die Vorteile der deskriptiv-phänomenologischen Erfassung und Klassifikation depressiver Erkrankungen?

Mit ihrer Hilfe können epidemiologische Aussagen und Vergleiche präzisiert werden, eine schnelle Verständigung unter Experten wird ermöglicht, nicht zuletzt auch eine Differenzierung und Spezifizierung psychopharmakologischer Behandlungsmethoden.

Diese deutlich »erhöhte Reliabilität« hat aber auch einen hohen Preis, der insbesondere in einem »Verlust an Validität« besteht (vgl. Mentzos, 1995, S. 165f.).

Worin bestehen die Nachteile der deskriptiv-phänomenologischen Erfassung und Klassifikation depressiver Erkrankungen?

Es besteht die Gefahr, dass die inneren, kausalen und psychodynamischen Zusammenhänge unberücksichtigt bleiben und zugunsten eines oft fruchtlosen Klassifikationszwangs, der insbesondere auch im Hinblick auf die Psychotherapie depressiv Erkrankter nur in begrenztem Umfang Informationen zur Verfügung stellt, vernachlässigt wird.

Diese Problematik wird besonders deutlich im Zusammenhang mit der Aufgabe der früheren Diagnose »neurotische Depression«, die wegen ihrer diagnostischen und prognostischen Heterogenität fallen gelassen wurde.

Im DSM-IV/-5 und in der ICD-10 erfolgten engere Operationalisierungskriterien: Die dysthyme Störung ist definiert durch eine depressive Verstimmung, die mindestens zwei Jahre lang mehr als die Hälfte der Zeit angehalten hat und mit zusätzlichen depressiven Symptomen einhergeht, die nicht die Kriterien für die Episode einer Major Depression erfüllen. Der hauptsächliche Grund für diese Veränderung der Begriffsbestimmung war die Überzeugung, dass die wichtigste Dimension der sogenannten neurotischen Depressionen primär die chronische, charakterologisch bedingte Tendenz zu Dysphorie ist. Auf der Grundlage einer atheoretischen und phänomenologisch begründeten Definition wurde die Möglichkeit offengehalten, dass die affektive Komponente sekundär auf dem Boden einer bestimmten Persönlichkeit bzw. eines bestimmten Temperaments begründet sein könnte.

Ein großes Problem hinsichtlich der Annahme einer Eigenständigkeit der Dysthymie besteht in der häufigen Überlappung mit Episoden von Major Depression in der Form der »doppelten Depression« (»Double Depression«, Keller & Shapiro, 1982). Beispielsweise zeigte sich in prospektiven Untersuchungen bei Kindern, dass 70 Prozent derer, die ursprünglich als dysthym diagnostiziert worden waren, innerhalb eines Fünf-Jahres-Zeitraumes eine Major Depression entwickelten (Kovacs & Goldstone, 1991). Epidemiologische Studien unterstrichen dieses Ergebnis; bis zu 70 Prozent der dysthym Erkrankten wiesen eine »Double Depression« auf (Markowitz et al., 1992).

> Zusammenfassend unterstreichen die Forschungsergebnisse der vergangenen Jahrzehnte, dass die Grenzen zwischen den unterschiedlichen Gruppen depressiver Erkrankungen durchlässig sind. Unterscheidungen aufgrund der Begriffe »endogen« und »reaktiv« lassen sich nicht mehr aufrechterhalten.

Auch ist die synonyme Verwendung der Begriffe »reaktiv« und »neurotisch« problematisch. Obwohl »depressive Neurosen« als psychische Störung verstanden wurden, die auf einer unbewältigten bzw. verdrängten Konfliktsituation beruhen und sich durch lang andauernde depressive Symptomatik äußern, wurde der Begriff erweitert oder verwässert, sodass er zuletzt keine einheitliche Bedeutung mehr hatte.

Die Bezeichnung »neurotisch« wurde unter anderem auch als Kontrast zu »psychotisch« verwendet; dabei wurde »psychotisch« in der ursprünglichen Bedeutung gemeint, die auf die qualitative Abwandlung des Erlebens zielt (Jaspers, 1973 [1913]). Bezüglich der Begriffsentwicklung in den vergangenen Jahren zeichnet sich ab, dass damit zunehmend das »Produktiv-Psychotische« gemeint wird. Eine »psychotische Depression« ist nach dem heutigen allgemeinen Verständnis zum Beispiel eine Depression mit Wahn und/oder Halluzinationen (siehe ICD-10 und DSM-IV/-5), Ähnliches gilt auch für die Manie. Eine breiter gefasste Definition im DSM zielt bezüglich der Definition von »psychotisch« auf die Schwere der funktionellen Beeinträchtigungen, eine psychische Störung wird dann als psychotisch bezeichnet, wenn sie zu einer Beeinträchtigung führt, die der Fähigkeit zur Bewältigung gewöhnlicher Lebensaufgaben erheblich entgegensteht. Eine konzeptionell orientierte Definition des Begriffs »psychotisch« fokussiert auf den Verlust der Ich-Grenze oder eine weitgehende Beeinträchtigung der Realitätskontrolle. Auch wenn der Begriff der »affektiven Psychose« inzwischen aufgegeben wurde, unterstreicht doch die Begegnung mit vielen Patienten, die an einer Major Depression leiden, das Vorhandensein eines psychotischen Erlebens im Sinne eines basalen Selbstverlustes in der schweren Depression (vgl. Böker & Northoff, 2010b).

In der ICD-10 werden die »typischen« depressiven Episoden nach klinischen Gesichtspunkten in leicht, mittelgradig oder schwer unterteilt: Dieses Schweregradskriterium berücksichtigt die Anzahl von Haupt- und Nebenkriterien der Depression (vgl. Abb. 2).

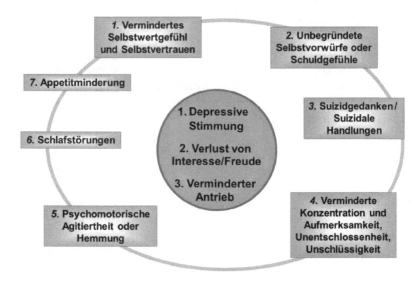

Abb. 2: ICD-10-Haupt- und Nebenkriterien der Depression

Eine *leichtgradige depressive Episode* zeichnet sich durch mindestens zwei Hauptsymptome und zwei andere Nebensymptome aus, eine *mittelgradige depressive Episode* weist zwei Hauptsymptome und drei bis vier Nebensymptome aus, bei einer schweren depressiven Episode finden sich drei Hauptsymptome und über vier andere häufige Symptome. Besonders bezeichnet wird die *schwere depressive Episode* mit psychotischen Symptomen.

Allgemeine diagnostische Kriterien berücksichtigen eine Mindestdauer der depressiven Episode von zwei Wochen. Anamnestisch sind keine manischen oder hypomanischen Symptome vorhanden, die schwer genug wären, die Kriterien für eine manische oder hypomanische Episode (ICD-10: F30) zu erfüllen. Ein Missbrauch psychotroper Substanzen (F1) oder eine organische psychische Störung (F0) sind auszuschließen.

In der allgemeinmedizinischen Praxis ist sehr häufig die »larvierte Depression« anzutreffen. Es handelt sich um depressive Zustandsbilder jeder Genese, bei denen die somatischen Symptome so stark im Vordergrund stehen, dass sie das depressive Geschehen vollständig überdecken (vgl. Böker, 2011).

Eine besondere Herausforderung in der klinischen Diagnostik der Depression besteht darin, neben der Erfassung der aktuell im Vordergrund stehenden Symptomatik (»Querschnittsdiagnostik«) weitere Faktoren zu berücksichtigen, die sich aus dem bisherigen Verlauf der Erkrankung ergeben (»Längschnittsdiagnostik«). Eine wesentliche Voraussetzung für die Entscheidung zu angemessenen therapeutischen Interventionen basiert auf der Verknüpfung von Querschnitts- und Längsschnittsdiagnostik und einer Sichtweise, die es ermöglicht, den aktuellen Zustand des Patienten (»state«) im Lichte langfristiger Entwicklungsprozesse zu betrachten. Ein solches diagnostisches Vorgehen ist bestrebt, Züge der Primärpersönlichkeit des Patienten (»trait«) und spezifische Merkmale des bisherigen Verlaufs der depressiven Erkrankung zu erfassen. Im längeren Verlauf depressiver Erkrankungen sind im Hinblick auf diagnostische und prognostische Einschätzungen neben den manifesten Depressionen symptomarme Intervalle und zum Teil auch Symptome geringeren Beschwerdegrades (z. B. Minor Depression, Dysthymia) bzw. lediglich kurzfristig, im raschen Wechsel (rapid cycling, rekurrente kurz andauernde Depression) oder saisonal abhängige depressive Symptome zu berücksichtigen (vgl. Böker, 2011).

Im ICD-10 Kapitel V (F) werden depressive Störungen unter »F3 Affektive Störungen« und unter »F43.2 Anpassungsstörungen« beschrieben (vgl. Tab. 1).

F30	**Manische Episode**
F30.0	Hypomanie
F30.1	Manie ohne psychotische Symptome
F30.2	Manie mit psychotischen Symptomen
F30.3	Manische Episode, gegenwärtig remittiert
F31	**Bipolare affektive Störung**
F31.0	Bipolare Störung, ggw. hypomanische Episode
F31.1	Bipolare Störung, ggw. manische Episode ohne psychotische Symptome

2 Klassifikationen und Modelle depressiver Störungen

F31.2	Bipolare Störung, ggw. manische Episode mit psychotischen Symptomen
F31.3	Bipolare Störung, ggw. leichte oder mittelgradige depressive Episode
F31.4	Bipolare Störung, ggw. schwere depressive Episode ohne psychotische Symptome
F31.5	Bipolare Störung, ggw. schwere depressive Episode mit psychotischen Symptomen
F31.6	Bipolare Störung, ggw. gemischte Episode
F31.7	Bipolare Störung, ggw. remittiert
F32	**Depressive Episode**
F32.0	Leichte depressive Episode
F32.1	Mittelgradige depressive Episode
F32.2	Schwere depressive Episode ohne psychotische Symptome
F32.3	Schwere depressive Episode mit psychotischen Symptomen
F32.4	Schwere depressive Episode, ggw. remittiert
F32.8	Sonstige depressive Episode
F32.9	Depressive Episode, nicht näher bezeichnet
F33	**Rezidivierende depressive Störung**
F33.0	ggw. leichte depressive Episode
F33.1	ggw. mittelgradige depressive Episode
F33.2	ggw. schwere Episode ohne psychotische Symptome
F33.3	ggw. schwere Episode mit psychotischen Symptomen
F33.4	ggw. remittiert
F33.8	Sonstige rezidivierende depressive Episode
F33.9	Rezidivierende depressive Störung, nicht näher bezeichnet

2.1 Deskriptive Klassifikation depressiver Störung ...

F34.0	Zyklothymia
F34.1	Dysthymia
F38	**Andere affektive Störungen**
F39	**Nicht näher bezeichnete affektive Störung**
F43.2	**Anpassungsstörungen**
F43.20	Kurze depressive Reaktion
F43.21	Längere depressive Reaktion
F43.22	Angst und depressive Reaktion, gemischt
F53	**Postpartale Depression** (psychische oder Verhaltensstörungen im Wochenbett)
F06.3	**Organisch affektive Störung**

Tab. 1: Klassifikation affektiver Störungen nach ICD-10

Neben klaren zeitlichen Definitionen (z. B. Dauer der Episode/Störung, wiederholtes Auftreten) werden in der ICD-10 für depressive Störungen typische Symptome und Beschwerden definiert, die die Kriterien für das Vorliegen einer depressiven Störung und deren Schweregrad darstellen (vgl. Tab. 2).

Hauptsymptome
– depressive Stimmung
– Interessenverlust oder Verlust der Freude an Aktivitäten
– verminderter Antrieb/gesteigerte Ermüdbarkeit
Weitere Symptome
– Verlust des Selbstvertrauens/Selbstwertgefühls
– unbegründete Selbstvorwürfe oder unangemessene Schuldgefühle
– sich wiederholende Gedanken an den Tod oder Suizid oder suizidales Verhalten
– Denk- und Konzentrationsstörungen
– psychomotorische Hemmung oder Agitiertheit

- Schlafstörungen jeder Art
- Appetitverlust oder gesteigerter Appetit mit entsprechender Gewichtsveränderung

Somatisches Syndrom
- deutlicher Interessenverlust oder Verlust der Freude an angenehmen Aktivitäten
- mangelnde emotionale Reaktionsfähigkeit auf Ereignisse/Aktivitäten, auf die normalerweise reagiert würde
- Früherwachen (≥ zwei Stunden vor der gewohnten Zeit)
- Morgentief
- objektiver Befund ausgeprägter psychomotorischer Hemmung oder Agitiertheit
- Gewichtsverlust (≥ 5% des Körpergewichts im letzten Monat)
- deutlicher Libidoverlust

Schweregrad
Leichte depressive Episode
- je mindestens zwei Hauptsymptome und zwei weitere Symptome (ohne oder mit somatischem Syndrom)

Mittelgradige depressive Episode
- je mindestens zwei Hauptsymptome und vier weitere Symptome (ohne oder mit somatischem Syndrom)

Schwere depressive Episode
- alle drei Hauptsymptome und mindestens fünf weitere Symptome (ohne oder mit psychotischen Symptomen)

Tab. 2: Depressive Symptome: Beschwerden und Schweregrad

Exkurs: Unterschiede zwischen ICD-10 und DSM-5

Zwischen ICD-10 und DSM-5 bestehen einige Unterschiede. Den depressiven Störungen ist nun – auch im Gegensatz zum DSM-IV – ein separates Kapitel gewidmet, welches von dem Kapitel über bipolare und verwandte Störungen getrennt wurde. Neu aufgenommen wurde die »Disruptive Mood Dysregulation Disorder«, welche eine Störung mit wiederkehrenden Gefühlsausbrüchen beschreibt, die sich verbal oder im Verhalten zeigen können und der Situation und dem Entwicklungsstand unangemessen sind. Die Stimmung zwischen den Gefühlsausbrüchen ist meist gereizt. Die Störung sollte nur bei Kindern bzw. Jugendlichen zwischen sechs und 18 Jahren diagnostiziert werden und kann in der ICD-10 als sonstige anhaltende affektive Störung (F34.8) klassifiziert werden. Die »Major Depressive Disorder« lässt sich analog zur ICD-10 ebenfalls

nach einzelner oder rezidivierender Episode, nach dem aktuellen Schweregrad und nach dem Vorliegen psychotischer Symptome einteilen.
Zudem bietet das DSM-5 folgende *Kategorien zur Spezifizierung:*

- »with anxious distress«
- »with mixed features«
- »with melancholic features« (analog zum somatischen Syndrom des ICD-10)
- »with atypical features«
- »with psychotic features«
- »with catatonia«
- »with peripartum onset«
- »with seasonal pattern«

Das DSM-5 bietet eine differenziertere Möglichkeit der Einteilung von Remission in Teil- oder Vollremission und fordert für das Vorliegen einer depressiven Episode mindestens fünf Symptome, während im ICD-10 für die leichte depressive Episode nur vier Symptome erforderlich sind. Die Kategorien »subthreshold depression« und »minor depression«, welche im DSM-IV vorhanden waren, tauchen im DSM-5 nicht mehr auf.

Im DSM-5 wird die Unterscheidung zwischen den Diagnosen Dysthymie und Chronische Major Depression zugunsten einer gemeinsamen neuen Kategorie der »Persistent Depressive Disorder« aufgehoben, die ebenfalls ein Zeitkriterium von zwei Jahren anlegt. Innerhalb der Persistent Depressive Disorder kann spezifiziert werden, ob ein reines dysthymes Syndrom vorliegt (d.h. die Diagnosekriterien für eine Major Depression waren in den letzten zwei Jahren nicht erfüllt, analog zur Dysthymie nach ICD-10 F34.1), ob durchgängig eine anhaltende Major Depressive Episode vorliegt oder ob zeitweise die Kriterien für eine Major Depressive Episode erfüllt waren. Im letzten Fall wird zusätzlich spezifiziert, ob diese Kriterien aktuell erfüllt sind oder nicht. Im Gegensatz zum ICD-10 hat die Diagnose der Persistant Depressive Disorder Vorrang vor der Diagnose der Major Depressive Episode, das heißt, diese wird im DSM-5 nicht zusätzlich codiert, sondern es wird – wie vorher erläutert – spezifiziert, ob diese Kriterien zusätzlich erfüllt sind oder waren. Im ICD-10 hat umgekehrt der Schweregrad Vorrang, das heißt, wären die Kriterien einer depressiven Episode über einen langen Zeitraum voll erfüllt, so würde eine depressive Episode diagnostiziert werden, wobei die Diagnose einer Persistent Major Depressive Disorder in der ICD-10 nicht explizit existiert.

Im DSM-5 werden folgende drei Störungsbilder dem Kapitel »Depresssive Disorders« zugeordnet, die in der ICD-10 ebenfalls klassifiziert werden können, jedoch anderen Kapiteln zugeordnet sind. Die »Premenstrual Dysphoric Disorder« wird im DSM-5 detailliert beschrieben und könnte in der ICD-10 unter Prämenstruellen Beschwerden (N94.3) dem Kapitel der Krankheiten des Urogenitalsystems zugeordnet werden. »Substanz- oder medikamenteninduzierte depressive Störungen« gehören in der ICD-10 zu den »Psychischen und Verhaltensstörungen durch psychotrope Substanzen (F1)« und »depressive Störungen, die auf andere medizinsiche Ursachen zurückzuführen« sind, werden in der ICD-10 den »Organischen, einschließlich symptomatischen psychischen Störungen (F0)« zugeordnet.

Die ICD-10-Klassifikation hat sich als nützlich und hilfreich erwiesen, um die Reliabilität und Zuverlässigkeit psychischer Diagnosen zu verbessern. Es werden aber keine für die Entstehung und Auslösung depressiver Störungen relevanten Vulnerabilitäts- und Belastungsfaktoren oder gegen eine Depression schützende Faktoren (wie z. B. Life events, psychosoziale Ressourcen, Persönlichkeitseigenschaften, Traumatisierungen etc.) in der ICD-10 angegeben (Ausnahmen stellen die Anpassungsstörungen, die Wochenbettdepression und die organisch affektive Störung dar). Letztlich ist diese Art der Klassifikation »ätiologie-frei«. Dies wird der multimodalen Entstehung und Auslösung von depressiven Störungen nicht gerecht und hat den großen Nachteil, dass – insbesondere für die Therapieplanung Psychodynamischer Psychotherapie – relevante Faktoren mit entscheidendem Einfluss auf den Behandlungsverlauf nicht berücksichtigt werden. Um diese diagnostische und klassifikatorische Lücke zu schließen, stehen der Psychodynamischen Psychotherapie depressiver Störungen verschiedene Modelle und Instrumente zur Verfügung, die im Folgenden beschrieben werden sollen.

2.2 Psychodynamische/psychoanalytische Klassifikationen und Modelle depressiver Störungen

Angesichts der Fülle der im Verlaufe der vergangenen hundert Jahre entwickelten psychoanalytischen Depressionsmodelle (Übersicht in Böker, 2000a, b) kann an dieser Stelle nur eine Auswahl der für die Klinik der Depressionsbehandlung relevanten und aktuellen Depressionsmodelle getroffen werden.

Verlust- und Trennungserfahrungen sind häufig der Anlass für die Entwicklung einer Depression. Ausgehend von dieser klinischen Erfahrung fasste Freud schon frühzeitig die wesentlichen psychodynamischen Zusammenhänge der De-

2.2 Psychodynamische/psychoanalytische Klassifikationen und Modelle depressiver Störungen

pression zusammen und verglich die innere Arbeit des Trauernden mit der melancholischen Hemmung. Dieser Vergleich fand seinen Niederschlag in der paradigmatischen Aussage:

»Bei der Trauer ist die Welt arm und leer geworden, bei der Melancholie ist es das Ich selbst« (Freud, 1916–1917g [1915]).

Der Zusammenhang zwischen depressivem Erleben und einem erlittenen – bzw. fantasierten – Objektverlust und/oder dem Verlust des Selbstwertgefühls stand im Zentrum auch der späteren psychoanalytischen Depressionstheorien. Darin geht es vor allem auch um die Frage, welche Voraussetzungen dazu beitragen, dass der notwendige Prozess des Trauerns nach dem schmerzlichen Verlust eines nahestehenden anderen Menschen in eine zunehmende depressive Erstarrung einmündet.

Trotz einer gewissen Ähnlichkeit der Symptomatik bei Trauernden und Depressiven unterscheidet sie sich insbesondere in ihrer Dauer und Intensität. Trauer führt nicht zu einem Selbstwertverlust. Es gibt fließende Übergänge, die oftmals im Gespräch erkennbar werden. Die erstarrende Trauer wird spürbar, es wird dann zunehmend deutlich, dass der Betreffende mit dem zu bewältigenden Abschied nicht fertig wird. Unverarbeitete Trauer ist bei zwei Drittel bis drei Viertel aller Betroffenen der Ausgangspunkt für die Entwicklung einer schweren Depression. Nicht nur der Verlust durch einen Todesfall oder die Trennung in einer Partnerschaft, sondern auch intime Lebensplanänderungen durch Krankheit und den Verlust einer wichtigen psychosozialen Rolle (z. B. bei Arbeitslosigkeit) sind hiermit verknüpft.

Kehren wir noch einmal zu dem oben erwähnten paradigmatischen Freud-Zitat zurück: Es unterstreicht ferner, wie eine zunächst »sinnvolle« Reaktion des Ichs – das Ich des Trauernden reagiert mit einem heftigen Affekt und versucht, sich zu schützen, indem er sich vorübergehend von der Welt zurückzieht – unter bestimmten Umständen in einen pathologischen Prozess einmündet, in dessen Verlauf sich das Selbst »entleert«, sich in unerbittlicher Weise selbst anklagt und vorübergehend – bei schweren Depressionen und depressiven Psychosen – den Bezug zur Realität verliert. In den psychoanalytischen Theorien der Depression, die im Laufe des vergangenen Jahrhunderts entwickelt wurden, wurden die Faktoren, die den depressiven Teufelskreis im Gang bringen, in unterschiedlicher Weise akzentuiert.

Das »klassische, triebdynamische Modell« der Depression leitet die depressiven Symptome von bestimmten Fixierungsstellen der Libido her. Ausgangspunkt ist die Erfahrung des Verlustes eines nahestehenden Menschen, zu dem eine eher ambivalente Beziehung bestand. Zunächst wird das verlorene Objekt durch Introjektion zurückgewonnen. Im Gegensatz zum gelingenden Trauerprozess wird nun – angesichts der vorherigen ambivalenten Beziehung – Wut auf den verlorenen anderen mobilisert, die schließlich gegen das eigene Selbst gerichtet wird (»Abwehr der Aggression durch Wendung gegen das eigene Selbst«).

Abraham
Die erste psychoanalytische Arbeit über Depression stammt von Karl Abraham, bei dem zunächst triebdynamische Zusammenhänge im Vordergrund standen: »Die Depression setzt ein, wenn er (der Neurotiker, H.B.) erfolglos, unbefriedigt sein Sexualziel aufgibt. Er fühlt sich liebesunfähig und ungeliebt; darum verzweifelt er am Leben und an der Zukunft [...]« (Abraham, 1971 [1912], S. 146).

Abraham beschreibt insbesondere die »Ambivalenzkonflikte« zwischen Liebe und Hass bei depressiven Patienten. Die Schwere des depressiven Affektes und die »Verschuldungsideen« (ebd., S. 160) der depressiven Patienten stehen in Verbindung mit verdrängtem Hass. Die qualvoll erlebten depressiven Symptome besitzen Abraham zufolge gleichzeitig dennoch auch einen Wunsch erfüllenden Charakter (ebd., S. 153).

Vor dem Hintergrund einer »unerträglichen Enttäuschung durch das Liebesobjekt« und der daraus resultierenden unbewussten, nach innen gewendeten »sadistischen Rachsucht«, die schließlich auch zu Schuldideen und Selbstvorwürfen beitrage, beobachtete Abraham (1971 [1916]) insbesondere auch eine unbewusste aggressive Spannung im Leben vieler melancholischer Patienten. Die häufig zu beobachtende besondere Aktivität im Berufsleben diene dabei auch der Abwehr der Aggression.

Ein wesentlicher heuristischer Wert von Abrahams überwiegend trieborientierter Depressionstheorie besteht darin, die wichtige Rolle der Ambivalenz und den Zusammenhang zwischen frühen narzisstischen Enttäuschungen und späteren Objektbeziehungen depressiver Patienten erschlossen zu haben. So kann denn auch Abrahams dritter Beitrag zur Depression, der 1924 erschien, als ein Versuch verstanden werden, eine Typologie der Depression auf der Grundlage der Fixierung auf bestimmte libidinöse Phasen zu erarbeiten.

> Zusammenfassend betrachtete Abraham die Melancholie als »Prozess der archaischen Trauer«, als einen Prozess der Introjektion und Ausstoßung des Liebesobjektes, bei dem dieses »gleichsam dem psychosexuellen Stoffwechsel des Kranken« passiere.

2.2 Psychodynamische/psychoanalytische Klassifikationen und Modelle depressiver Störungen

Erst das Zusammenwirken unterschiedlicher disponierender Faktoren der Melancholie trägt zu ihrem spezifischen Erscheinungsbild bei:
1. Ein konstitutioneller Faktor: Dieser besteht in der Akzentuierung des analerotischen Elementes (in der Sprache der Triebtheorie: »die konstitutionelle Verstärkung der Munderotik«).
2. Fixierung der Libido auf der oralen Entwicklungsstufe: Diese äußert sich in der übertriebenen Reaktion auf Enttäuschungen und Entsagungen.
3. Schwere Verletzungen des kindlichen Narzissmus durch wiederholte Liebesenttäuschungen: Depressiogene Konstellationen entwickeln sich auf der Grundlage traumatischer Verlusterfahrungen und sind mit dem »Eindruck des völligen Verlassenseins«, der Unwiederbringlichkeit des Verlorenen und einer »Enttäuschung von zwei Seiten« (nach vergeblicher Hinwendung zum Vater) verknüpft.
4. Eintritt der ersten großen Liebesenttäuschung vor Bewältigung der ödipalen Wünsche: Die Identifikation mit beiden Eltern in der ödipalen Dreieckssituation wird durch die traumatisch-bedingte Fixierung auf einer früheren Stufe der Libido-Entwicklung nachhaltig erschwert (»oral-kannibalistische Stufe«).
5. Die Wiederholung der primären Enttäuschung zu einem späteren Zeitpunkt im Leben bietet den Anlass zum Ausbruch einer melancholischen Verstimmung.

Freud

Freud (1916–1917g [1915]) beschrieb die »narzisstische Identifizierung« mit dem Objekt als den zentralen Mechanismus der Depression. Tritt durch den Einfluss einer realen Kränkung oder Enttäuschung vonseiten der geliebten Person eine Erschütterung der primären Objektbeziehung ein, so zieht das Kind sich zurück. Der signifikante andere wird gewissermaßen äußerlich aufgegeben, innerlich hält das Kind jedoch an ihm fest, indem es sich mit ihm identifiziert:

> »Durch den Einfluss einer realen Kränkung oder Enttäuschung vonseiten der geliebten Person trat eine Erschöpfung dieser Objektbeziehung ein [...] die Objektbesetzung erwies sich als wenig resistent, sie wurde aufgehoben, aber die freie Libido nicht auf ein anderes Objekt verschoben, sondern ins Ich zurückgezogen. Dort fand sie aber nicht eine beliebige Verwendung, sondern diente dazu, eine Identifizierung des Ichs mit dem aufgegebenen Objekt herzustellen [...].
> Der Schatten des Objekts fiel so auf das Ich, welches nun von einer besonderen Instanz wie ein Objekt, wie das verlassene Objekt, beurteilt werden konnte. [...]

Auf diese Weise hatte sich der Objektverlust in einen Ich-Verlust verwandelt, der Konflikt zwischen dem Ich und der geliebten Person in einen Zwiespalt zwischen der Ich-Kritik und dem durch Identifizierung veränderten Ich« (Freud, 1916–1917g [1915], S. 435).

Welches sind die Voraussetzungen dafür, dass sich der Objektverlust bei Depressiven in einen Ich-Verlust verwandelt?
Voraussetzung der Ich-Regression von der Objektbesetzung zum Narzissmus ist eine starke Fixierung des melancholischen Menschen an das Liebesobjekt und die Objektwahl auf narzisstischer Grundlage.

Gegenüber dem Melancholiker demonstriere der Maniker, so Freud weiter, seine »Befreiung vom Objekt, an dem er gelitten hatte, indem er wie ein Heißhungriger auf neue Objektbesetzungen ausgeht«.

Auch im Hinblick auf die therapeutische Beziehung ist Freuds Entdeckung, dass die Selbstbeschuldigungen des Depressiven eigentlich Vorwürfe an den anderen sind, von großer Bedeutung. Bei der Melancholie werde das Ich von der »kritischen Instanz« weiterhin verfolgt, sie ist als Affektäußerung an die Adresse des introjizierten Objektes aufzufassen, geht mit einer Regression der Libido in das Ich einher, womit letztlich auch ein Verlust an Realitätsfunktionen verbunden ist.

Interessanterweise hat sich Freud mit einigen weiteren wichtigen Aspekten der Depression in einer Arbeit auseinandergesetzt, in der es um die psychischen Kräfte geht, die den Zusammenhalt der Gruppe bewirken (»Massenpsychologie und Ich-Analyse«, 1921c; vgl. Mentzos, 1995; Böker, 2000a, b). Er untersuchte die Zusammenhänge zwischen dem Ich und dem idealisierten anderen bzw. die Zusammenhänge zwischen dem Ich und dem »Ich-Ideal«. Das Ich, das sich mit dem enttäuschenden Objekt identifiziert hat, ist den Attacken des Ich-Ideals ausgesetzt, es ist in zwei Stücke geteilt, »von denen das eine gegen das andere wütet. Dieses andere Stück ist das durch Introjektion veränderte, das das verlorene Objekt einschließt. Aber auch das Stück, das sich so grausam betätigt, ist uns nicht unbekannt. Es schließt das Gewissen ein, eine kritische Instanz im Ich, die sich auch in normalen Zeiten dem Ich kritisch gegenübergestellt hat, nur niemals so unerbittlich und ungerecht« (Freud, 1921c, S. 120).

In der Manie schlagen Selbstvorwürfe und Minderwertigkeitsgefühle in ihr Gegenteil um; die Manie stellt eine triumphale Verschmelzung des Ichs mit dem Ich-Ideal dar: »Somit wären dies die Kranken, für welche unsere Vermutung Geltung haben könnte, dass ihr Ich-Ideal zeitweilig ins Ich aufgelöst wird, nachdem es vorher besonders streng regiert hat« (ebd., S. 148).

2.2 Psychodynamische/psychoanalytische Klassifikationen und Modelle depressiver Störungen

In seiner Veröffentlichung »Das Ich und das Es« (1923b) präzisierte Freud das »Ich-Ideal« und das »Über-Ich« und verknüpfte sein Depressionsmodell mit der inzwischen entwickelten Strukturtheorie. Bei der Introjektion, der Ablösung der Objektbeziehung durch eine Identifizierung, handele es sich um einen sehr viel allgemeineren Vorgang, der einen großen Anteil an der Gestaltung des Ichs habe und wesentlich zur Entwicklung des Charakters beitrage. Die Identifikation wird somit zum wichtigsten Mechanismus im Umgang mit Objekten, die das Ich verloren hat und die es enttäuscht haben.

Fazit
Im Rahmen der Strukturtheorie konzeptualisierte Freud die Depression insbesondere im Zusammenhang mit konfliktuösen intrapsychischen Prozessen und ambivalenten Objektbeziehungserfahrungen.

Rado
Auf dem Hintergrund der von Freud entwickelten Strukturtheorie fokussierte Rado (1927) die zentrale Bedeutung des Selbstwertgefühls, der narzisstischen Zufuhr und der Oralität in der Dynamik der Melancholie. Rado verglich den Melancholiker mit einem kleinen Kind, dessen Selbstwertgefühl in extremer Weise von der Liebe und Akzeptanz seiner Leistungen durch die Eltern abhängig ist. Scheitern die Bemühungen des wütenden, verbitterten Kindes, so greift das Ich schließlich zur letzten Waffe: Es internalisiert seine Erfahrungen mit den zurückweisenden, strafenden Eltern und bestraft sich selbst.

Die »Herabsetzung des Selbstwertgefühls« ist der Kern der Depression, die gleichzeitig ein Heilungsversuch ist, der nur mithilfe des Objekts gelingen kann.

Die mit Schuldgefühlen verknüpfte Selbstbestrafung ist mit einer unbewussten Hoffnung auf Liebe verknüpft. Durch die Abfolge von Schuld, Sühne und Verzeihung versucht das Kind bzw. der zur Depression Disponierte die Zuwendung und Zufriedenstellung der Liebesobjekte zu erlangen.

Rados Hinweise auf die Bedeutung der Dysregulation des Selbstwertgefühls Depressiver und der Bewältigungsversuche im Umgang mit ambivalenten Objektbeziehungserfahrungen (Rado, 1951) setzen wichtige Akzente, die vor allem auch von den späteren ichpsychologischen und objektbeziehungspsychologischen Autoren aufgegriffen wurden.

2 Klassifikationen und Modelle depressiver Störungen

Fenichel

Fenichel (1975 [1945]) fasste die klassische Theorie der Depression, nach der Depressionen durch traumatische orale Fixierungen verursacht werden, zusammen und ergänzte sie durch seine Hinweise auf die Bedeutung der verminderten Selbstachtung als Hauptfaktor bei der Depressionsentstehung. Er versuchte, die gestörte Regulation der Selbstachtung triebökonomisch abzuleiten:

> »Ein Mensch, der auf einen Zustand fixiert ist, indem seine Selbstachtung von äußeren Quellen reguliert wird, oder dessen Schuldgefühle ihn zur Regression auf einen solchen Zustand hin veranlassen, ist dringend auf diese Art der Versorgung angewiesen. Er geht im Zustand ständiger Gier durch diese Welt. Wenn seine narzisstischen Bedürfnisse nicht befriedigt werden, lässt seine Selbstachtung in gefährlichem Ausmaß nach« (Fenichel, 1975 [1945], S. 387).

Fenichel ging davon aus, dass alle Depressionen den gleichen Mechanismus aufweisen, er unterschied jedoch zwischen neurotischen und psychotischen Depressionen. Während in der »neurotischen Depression« die Liebe vonseiten eines äußeren Objektes gesucht wird, sind in der »psychotischen Depression« die äußeren Objekte aufgegeben worden, die Liebe wird von einer inneren Instanz (dem Über-Ich) erwartet. Angesichts der doppelten Funktion des Über-Ichs stellen beide Formen der Depression einen »großartigen Reparationsversuch« mit dem Ziel dar, das durch den Liebesverlust zugrunde gegangene Selbstgefühl des Ich wiederherzustellen.

Fenichel wendete Freuds Vorschlag einer »Ergänzungsreihe von äußeren Auslösern und unbewussten Dispositionen« auch auf depressive Erkrankungen an. Wer durch eine frühe orale Fixierung des Ich zur Krankheit disponiert sei, könne aufgrund geringfügiger Anlässe erkranken. Personen mit relativ geringer Disposition können demgegenüber erkranken, wenn sich schwere narzisstische Verletzungen wiederholen.

Im Hinblick auf die Behandlung depressiv Erkrankter betonte Fenichel, es komme darauf an, rigide Haltungen des depressiven Menschen in lebendige Konflikte zu überführen, und beschreibt das Vorgehen in der Übertragungs- und Widerstandsanalyse: »Wo es anstelle lebendiger Konflikte rigide Einstellungen gibt, müssen die Konflikte erneut mobilisiert werden [...] Wir verwandeln Charakterneurosen in Symptomneurosen und Charakterwiderstände in lebendige Übertragungswiderstände« (Fenichel, 1975 [1945], S. 236f.).

> Die bereits von Rado und Fenichel betonte Bedeutung der gestörten Regulation des Selbstwertgefühls rückte in den folgenden Jahrzehnten in das Zentrum psychoanalytischer Depressionstheorien.

2.2 Psychodynamische/psychoanalytische Klassifikationen und Modelle depressiver Störungen

Bibring

Die bis dahin vorherrschende triebpsychologische Sicht in der Depressionsgenese wurde von Bibring (1952) radikal verlassen. Er stellte die Rolle der Aggression wie auch der oralen Fixierung bei der Depressionsentstehung infrage und richtete den Fokus auf das Ich, auf die Diskrepanz zwischen »starken narzisstischen Strebungen« und der »akuten Selbstwahrnehmung« (S. 87). Diese Diskrepanz zwischen hoch besetzten narzisstischen Strebungen und der Wahrnehmung der eigenen Hilflosigkeit – verbunden mit der Unfähigkeit, den Idealvorstellungen nahezukommen – führe zur Depression.

Bibring verglich die Depression mit der Angst: Beide Gefühlszustände unterscheiden sich Bibring zufolge dadurch, dass die Depression eine »Grundreaktion auf Situationen narzisstischer Frustrationen [...]« sei, während die Angst »eine Grundreaktion des Ichs in Gefahrensituationen darstellt« (Bibring, 1952, S. 40). Bei der Depression handele es sich um eine primäre Erfahrung, die nicht in einen intersystemischen Konflikt (zwischen Ich und Über-Ich) oder einen interpersonalen Konflikt mündet, sondern zu einer intrasystemischen Spannung im Ich. Die Herabsetzung des Selbstwertgefühls komme nicht nur über die Frustration von Zuwendungs- und Liebesbedürfnissen zustande, sondern auch durch die Enttäuschung weiterer Bedürfnisse (z. B. des Wunsches, stark, überlegen und sicher zu sein).

Der depressive Prozess stellt Bibring zufolge den direkten Ausdruck einer zusammengebrochenen Selbstachtung dar; den Symptomen der Depression selbst komme dabei keine reparative Funktion zu. Die Heilung der Depression sei vielmehr abhängig von der Erreichbarkeit der narzisstischen Ziele und der Rückgewinnung des Selbstvertrauens.

> **Fazit**
> Die Depression ist Bibring zufolge eine »Grundreaktion auf Situationen narzisstischer Frustrationen«.

Jacobson

Jacobson erweiterte die triebtheoretischen Konzepte mit einem ichpsychologischen Ansatz und versuchte, beide Ansätze in Einklang zu bringen. Sie fasst die Depression des Erwachsenen als Folge von Abwehr- und Restitutionsprozessen auf, insbesondere auch von pathologischen Identifizierungen und Introjektionen. Jacobsons Konzeptualisierung der Depression ist eingebettet in eine komplexe Theorie der psychischen Entwicklung des Menschen, bei der nicht zuletzt auch objektbeziehungspsychologische Aspekte diskutiert werden.

2 Klassifikationen und Modelle depressiver Störungen

In Anlehnung an Mahler (1966) und Mahler et al. (1980 [1975]) beschrieb Jacobson die Subphasen der Wiederannäherung als besonders kritischen Entwicklungsabschnitt im Rahmen des Loslösungs- und Individuationsprozesses. Bei fehlendem Verständnis der Bezugspersonen für die ambivalenten Tendenzen des Kindes könne sich eine »basic depression« entwickeln. Hierbei handele es sich um den Grundkonflikt in allen depressiven Zuständen. Infolge von negativen Erfahrungen im Säuglings- und Kleinkindalter könne es zu einer aggressiven Besetzung der Objektrepräsentanzen kommen, die gleichzeitig zu einer Abwertung des Selbst führen, da das Selbst zu diesem Zeitpunkt noch mit den Objektrepräsentanzen verschmolzen ist. In der »Pathologie des Über-Ichs« sieht Jacobson einen »Restitutionsversuch«, gleichzeitig ist das Selbstwertgefühl des Betreffenden durch ein »archaisch-strenges Über-Ich« verletzlich und trägt zur Entwicklung von Depressionen bei. Das enttäuschende und entwertete Objekt wird durch eine Introjektion seines omnipotenten Bildes in das Über-Ich ersetzt, demgegenüber wird das aus der negativen Beziehungserfahrung resultierende Bild des enttäuschenden und entwerteten Objektes in das Selbst introjiziert.

Neben dem Über-Ich spielt das Ich-Ideal beim Aufbau des Selbstwertgefühls eine entscheidende Rolle. Je unrealistischer und überhöhter das Ich-Ideal ist, desto wahrscheinlicher ist es, dass die Ich-Leistungen diesem Ideal nicht entsprechen werden. Im Zusammenhang mit dem Versuch, das eigene Selbstwertgefühl durch die Identifikation/Introjektion wichtiger Bezugspersonen und deren Idealisierung zu »retten«, befindet sich der zu Depressionen Neigende in einem äußerst labilen Gleichgewicht und wird depressiv, wenn seine Objekte sich nicht ideal verhalten. Die melancholische Symptombildung ist schließlich Ausdruck eines letzten, scheiternden Versuches, »bei dem ein mächtiges Liebesobjekt restitutiv im Über-Ich eingesetzt werden soll« (Jacobson, 1976, S. 303). Demgegenüber stellt die Manie einen Zustand dar, in dem das Selbst dauerhaft an der fantasierten Allmacht des Liebesobjekts partizipiert.

Die qualitativen Unterschiede zwischen neurotischen und psychotischen Depressionen führte Jacobson auf einen bisher unbekannten konstitutionellen, neurophysiologischen Prozess zurück und befürwortete folgerichtig einen »multiple factor approach« (Jacobson, 1977 [1971], S. 175), der psychologische, konstitutionelle, heriditäre sowie somatische Faktoren berücksichtigt. Aus der Vielfalt der interagierenden Wirkfaktoren ergibt sich die Notwendigkeit, mehrdimensionale therapeutische Konzepte zu entwickeln.

Besonders hervorzuheben ist, dass Jacobson sich als erste psychoanalytische Autorin insbesondere auch der »Behandlungstechnik« bei depressiv Erkrankten, unter anderem auch bei psychotischen Depressionen, zuwandte. Beispielhaft be-

2.2 Psychodynamische/psychoanalytische Klassifikationen und Modelle depressiver Störungen

schrieb Jacobson (1977 [1971]) die *Entfaltung der Übertragung in vier typischen Stadien* bei einem depressiv Erkrankten:

1. Idealisierung (auch als »analytische Flitterwochen« apostrophiert)
2. Desillusionierung (mit der Tendenz, negative Übertragungsanteile auf Außenstehende zu verlagern)
3. Abhängigkeits- und Ambivalenzkonflikte (mit raschen Stimmungswechseln und einem Wechsel von Versorgungswünschen und negativen Übertragungsanteilen in der Übertragungs-Gegenübertragungs-Beziehung)
4. Übertragungsdeutungen (einschließlich Bearbeitung der Aggression und Förderung der Autonomieentwicklung)

Angesichts des großen Idealisierungsbedürfnisses und der erheblichen Enttäuschungsanfälligkeit empfahl Jacobson, frühzeitig auf die Möglichkeit von Enttäuschungen in der therapeutischen Beziehung hinzuweisen. Im Hinblick auf die therapeutische Haltung in der Depressionsbehandlung unterstrich sie »ein ausreichendes Maß von Spontaneität und warmherzigem Verständnis« (ebd., S. 373), mit der Möglichkeit, sich flexibel auf die Stimmungslagen des Patienten einzustellen. Im Hinblick auf die Nähe-Distanz-Suche und das Ambivalenz-Erleben Depressiver schilderte sie eine Gratwanderung, »nie zu wenig, nie zu viel«:

> »Wir müssen mit Sorgfalt darauf achten, dass sich kein leeres, inhaltsloses Schweigen ausbreitet oder dass wir nicht zu viel, zu rasch und zu eindringlich reden« (ebd.).

Sandler, Joffe
Sandler und Joffe (1980) beschrieben die Depression ebenfalls in einer ichpsychologischen Perspektive und sahen die depressive Reaktion des Kindes als »Manifestation einer psychobiologischen, affektiven Grundreaktion«, die – der Angst vergleichbar – dysfunktional wird, sobald sie in inadäquaten Situationen auftritt, verhältnismäßig lange anhält und dem Kind entwicklungsmäßig keine Anpassung an die Lage gelingt. Beide Autoren schlugen eine Brücke zwischen der klassischen Theorie der Melancholie und den unter anderem von Bibring vertretenen Auffassungen der Depression: Sie maßen dem fantasierten oder realen Objektverlust weniger Bedeutung zu und betonten vielmehr den Verlust des Wohlbefindens, den Verlust eines in der Objektbeziehung verkörperten Idealzu-

stands des Selbst. Die anfängliche fundamentale psychobiologische Reaktion der Depression setzt schließlich weitere Abwehrmechanismen im Gang, ohne dass sich die Feindseligkeit gegen das Ich richte, und münde nicht in allen Fälle in die klinisch manifeste Depression. Sie könne sich vielmehr als heilsam erweisen und habe eine Funktion, die der Signalangst – im Sinne Freuds – vergleichbar sei.

Klein

Melanie Klein (1960 [1940], 1956) unternahm den Versuch, die Symptome der klinischen Depression auf der Grundlage ihres entwicklungspsychologischen Modells verständlich zu machen (vgl. Böker, 2000a, b). Sie sah die Prädisposition zu Depressionen nicht als Resultat von Enttäuschungen und Traumatisierungen, sondern in der normalen Qualität der Mutter-Kind-Beziehung im ersten Lebensjahr. Hierzu entwickelte sie die Modellvorstellung von der »depressiven Position«: Die depressive Position, die im Alter von vier bis fünf Monaten eintrete, sei in jedem Menschen verankert. Die depressive Position löst Klein zufolge ein erstes Entwicklungsstadium – die paranoid-schizoide Position – ab. Diese erste Entwicklungsphase in der Entwicklung unbewusster Fantasien, die das Kind über die Objekte entwickelt, ist durch die Wahrnehmung von Partialobjekten gekennzeichnet.

Wodurch ist ein Partialobjekt gekennzeichnet?

Ein Partialobjekt bezeichnet ein Objekt, das vom Säugling so wahrgenommen wird, als existiere es einzig und allein zur Befriedigung seiner Bedürfnisse. Ferner kennzeichnet dieser Begriff auch einen Teil einer Person, zum Beispiel den Penis oder die Brust.

Partialobjekte werden Klein zufolge innerlich als etwas Konkretes erlebt. Das Problem der Ambivalenz löst sich für den Säugling in der frühesten Phase durch Spaltung des ganzen Objektes in einzelne gute und schlechte Partialobjekte, die nicht derselben Person zugehören. Mit zunehmender kognitiver Entwicklung erkennt das Kind, dass die Mutter Quelle von Schmerz und Lust zugleich ist. Es muss sich nun mit seiner eigenen Ambivalenz auseinandersetzen und kann seine Feindseligkeit nicht länger auf die Umgebung projizieren. Es entwickelt dabei die Angst, dass seine Aggressionen die guten Objekte – seien sie in der Außenwelt oder im Inneren vorhanden – zerstören könnten. Schließlich entsteht ein innerer Zustand, der auf der einen Seite durch Gefühle der Enttäuschung und Ängste vor Verlust und auf der anderen Seite durch Sehnsucht nach dem geliebten, guten

2.2 Psychodynamische/psychoanalytische Klassifikationen und Modelle depressiver Störungen

Objekt gekennzeichnet ist. Die Überwindung der depressiven Position ist davon abhängig, ob es gelingt, diese beiden inneren Bilder zur Versöhnung zu bringen und in sich ein Bild guter Objekte aufzubauen.

Die depressive Position wird, wie Segal (1974) – eine Schülerin von M. Klein – unterstrich, nie ganz durchgearbeitet und könne durch spätere Verlusterlebnisse reaktiviert werden. Diese bestehen nicht nur aus Trennungen, sondern auch aus dem Zusammenbruch von Idealvorstellungen. Schuldgefühle können bei den zu Depressionen Disponierten zur Entwicklung manischer Abwehrmechanismen beitragen, die dazu dienen, das Objekt in seiner Bedeutung zu entwerten, um dem Erleben der depressiven Angst entgegenzuwirken (vgl. Hinshelwood, 1993).

Kleins Konzepte fokussieren auf die sich aus der normalen kindlichen Entwicklung ableitende Notwendigkeit, mit Verlust und Trennung fertig zu werden und zu erfahren, dass das »gute« und das »böse« Objekt in der Realität eine Person ist. Das Übertragungserleben Depressiver in der Psychoanalyse wird auf die Schicksale unbewusster Triebfantasien zurückgeführt, denen ungelöste Konflikte der paranoid-schizoiden und depressiven Position zugrunde liegen. Die Therapeutin/der Therapeut wird dementsprechend zum Objekt bzw. »Container« persekutorischer oder ambivalenter Impulse, die ihre/seine Internalisierung als gutes Objekt beeinträchtigen.

Das besondere Verdienst von Klein besteht in ihrem Hinweis auf die Bedeutung unbewusster, objektbezogener Fantasien und der nachhaltigen Auswirkungen einer gescheiterten Auseinandersetzung mit eigenen Affekten (destruktive Aggressivität, Neid). Auch wenn die Modellvorstellung der depressiven Position sich als geeigneter konzeptueller Rahmen für eine therapeutische Orientierung auffassen lässt, so darf nicht übersehen werden, dass viele von Kleins Konzepten auf nicht belegten Hypothesen beruhen.

Worin besteht die wesentliche Kritik an der Modellvorstellung der depressiven Position?

Klein sprach von inneren Objekten so, als handele es sich um tatsächlich vorhandene konkrete Entitäten. Die angenommene Fantasietätigkeit des Säuglings ist spekulativ.

Die subtilen Fähigkeiten, die Klein dem Säugling hinsichtlich seiner Fantasietätigkeit zuschreibt, lassen sich insbesondere mittels der Ergebnisse der Säuglings- und Kleinkindforschung hinterfragen. Der fantasierende Säugling, so die Kritik von Dornes (1993), sei letztlich ein fantasierter Säugling, beginne doch das

Psychische in Form frei evozierbarer Bilder erst im Verlaufe des zweiten Lebensjahrs zu existieren. Weitere Einwände zielen darauf, dass Klein sich auf die innere Entfaltung triebgebundener Prozesse konzentriere und die Bedeutung, die dem Austausch mit wichtigen Bezugspersonen hinsichtlich einer besonderen Prädisposition für die Depression zukomme, vernachlässige.

Die Bedeutung des Umwelteinflusses wurde in den folgenden Jahren von der Objektbeziehungstheorie, der Selbstpsychologie, der Bindungsforschung und der Säuglings- und Kleinkindforschung gezielt untersucht und kommt nicht zuletzt auch in den aktuellen Modellen der psychoanalytischen Affekttheorien und der Mentalisierung zum Tragen (siehe Kapitel 4).

Kernberg

Kernbergs besondere Aufmerksamkeit gilt der Pathologie innerer Objektbeziehungen, ihrem Einfluss auf die Deformierung des Über-Ichs und ihrer Beteiligung an den daraus resultierenden inadäquaten Abwehrmechanismen und gestörten Beziehungen zu äußeren Objekten. Die pathologischen Objektbeziehungen beruhen Kernberg zufolge auf einer exzessiven, primären oder frustrationsbedingten Aggression, welche die Fusion konträrer Selbst- und Objektrepräsentanzen beeinträchtigt. Einen Großteil der manifesten Pathologie führt Kernberg (1983 [1967]) auf ein sadistisches Über-Ich zurück. Dieses widerspiegelt die gescheiterte Verschmelzung libidinöser und aggressiver Triebe und geht einher mit unrealistischen Idealfantasien vom Selbst und den Objekten, die nicht in eine konsistente, tragfähige Über-Ich-Struktur integriert werden können.

Kernberg unterscheidet drei Stufen von Charakterstörungen mit depressivmasochistischen Zügen (die depressive Persönlichkeit, den sadomasochistischen Charakter und die primitive Selbstdestruktivität). Er unterstreicht, dass Depressive »auf höherem Strukturniveau« manifest depressiver sind als diejenigen »auf niederem Niveau« (Kernberg, 1983, S. 38).

Mahler

Margret Mahlers entwicklungspsychologisches Modell hat eine herausragende Bedeutung für das Verständnis präödipaler Störungen im Allgemeinen und der Depression im Besonderen. Insbesondere ihr Konzept der Separation-Individuation hat eine große Resonanz in der klinischen Praxis gefunden.

Nach Mahlers Auffassung lernt der Säugling durch die Spannungsverminderung und die Befriedigung, die er durch die Pflegeleistungen der Mutter erlangt, zwischen »lustvollen« und »guten« sowie »unlustvollen« und »schlechten« Erfahrungen zu unterscheiden (Mahler et al., 1980 [1976], S. 62). Diese pola-

2.2 Psychodynamische/psychoanalytische Klassifikationen und Modelle depressiver Störungen

ren Gegensätze sind Vorläufer späterer Spaltungsmechanismen. Die Symbiose zwischen Mutter und Kind stellt eine stützende Umwelt her und geht der Differenzierung zwischen Selbst und Objekt voraus. Die Möglichkeit des Säuglings, die Mutter zu besetzen, stellt Mahler zufolge die Grundlage aller künftigen Beziehungen dar. Diese symbiotische Gratifikation ist insbesondere für die nachfolgende Entwicklung im Bereich der Separation-Individuation von entscheidender Bedeutung.

Eine angemessene Entwicklung des kindlichen Selbst wird unterstützt, indem die Mutter durch ihr zuverlässliches, auf das Kind eingestimmtes Verhalten dem Kind ermöglicht, sich aus der symbiotischen Welt herauszuentwickeln (Mahler & McDevitt, 1968). Dieser Prozess des Auftauchens aus der Symbiose wird demgegenüber durch eine nicht verfügbare oder unberechenbare Mutter beeinträchtigt. Das Unvermögen, ein beruhigendes Erleben der Mutter zu internalisieren, trägt zur Entwicklung von Abwehrmechanismen bei, die als Ausdruck einer kumulativen Traumatisierung angesehen werden können (vgl. Kahn, 1974). Hierzu zählen pseudo-autonome Funktionsweisen des Ichs, die sich zur Organisation eines »falschen Selbst« entwickeln können (vgl. Winnicott, 1984 [1960]). Das Kind passt sich an eine verwundbare Mutter an, von der die beginnenden Separationsversuche des sich individuierenden Kindes als Zurückweisung erlebt werden.

Den Prozess der Separation-Individuation beschrieb Mahler als »psychische Geburt des Individuums«: Verläuft das Gewahrwerden der Separation in Einklang mit der Entwicklung autonomer Ich-Funktionen, welche die Individuation fördern, so sind günstige Voraussetzungen dafür gegeben, dass sich internalisierte Selbstrepräsentanzen entwickeln können, die von den Repräsentanzen innerer Objekte deutlich getrennt sind.

Als affektiven Wendepunkt in der frühen Mutter-Kind-Beziehung lässt sich die »Wiederannäherungskrise« auffasssen, in der die kontinuierliche emotionale Verfügbarkeit der Mutter die wesentliche Voraussetzung dafür ist, dass das »autonome Ich des Kindes seine optimale Funktionsfähigkeit erlangt, während sein Vertrauen auf magische Omnipotenz abnimmt« (Mahler et al., 1980 [1976], S. 104f.). Die sich im weiteren Verlauf entwickelnde Objektkonstanz setzt den Erwerb stabiler, positiver Selbst- und Objektrepräsentanzen voraus, die durch die körperliche Abwesenheit der Mutter nicht beeinträchtigt werden. Zu diesem Zeitpunkt ist dem Kind erstmalig – wie auch empirische Ergebnisse der Säuglings- und Kleinkindforschung bestätigt haben – eine stimulusunabhängige Erinnerung möglich: Das Kind kann das Bild der Mutter ungeachtet einer vorübergehenden Trennung fantasieren.

Der beziehungs- und konfliktorientierte Fokus in Mahlers Theorie eröffnet einen entscheidenden Zugang zum Verständnis der Dynamik depressiven Selbsterlebens und der Beziehungsmuster Depressiver. Das Modell wird unter anderem bestätigt durch zahlreiche klinische Beobachtungen der rigiden Abhängigkeit depressiver Patienten und der auch in der therapeutischen Begegnung oftmals spürbaren Anklammerung an das »gute« Objekt und die verzerrte Wahrnehmung des Selbst und der Bezugspersonen. Notwendige Modifikationen von Mahlers Modell treffen insbesondere die Annahme einer autistisch-symbiotischen Phase als normale, regelhaft ablaufende Entwicklungsstufe (vgl. Dornes, 1993 Tustin, 1993).

Durch die Objektbeziehungstheorie wurden neue Akzente im psychoanalytischen Verständnis der Depression gesetzt. Statt – wie in der klassischen Triebtheorie der Depression – von der Stimulation des Nervensystems infolge der Erregung verschiedener erogener Zonen und innerer durch Fantasieaktivität hervorgerufener Spannungen auszugehen, setzt sie im Zentrum der Persönlichkeit an und beschreibt die Bestrebungen und Schwierigkeiten des Ich, ein Objekt zu erreichen. Zu den wesentlichen Objektbeziehungstheoretikern zählen Fairbairn (1952), Guntrip (1971) und Winnicott (1984 [1960, 1962], 1990 [1966], 1974 [1971]).

Worin besteht der Grundkonflikt Depressiver in objekttheoretischer Perspektive?

In objekttheoretischer Perspektive ist der Depressive in einem Grundkonflikt zwischen Liebe und Hass gefangen. Diese Ambivalenz wie auch die Aggression stellt – im Gegensatz zu Kleins Annahme – keinen ursprünglichen Zustand dar, sondern entwickelt sich als Reaktion auf Deprivation und Frustration.

Winnicott
Winnicott unterstrich die Bedeutung der Beziehungserfahrungen insbesondere für die Entwicklung des Selbstgefühls, das sich auf der Grundlage von Beziehungen entfaltet, an denen das Individuum teilhat. Die selbststützenden und wachstumsstärkenden Funktionen der frühen mütterlichen Umwelt wurden von Winnicott in seinen Konzepten der »durchschnittlich hingebungsvollen Mutter« (Winnicott, 1990 [1966]), der »hinreichend guten Mutter« (Winnicott, 1984 [1960]), der »haltenden Umwelt« (Winnicott, 1990 [1966]) und der »Spiegelfunktionen des mütterlichen Gesichtes« (Winnicott, 1974 [1971]) beschrieben. Winnicott sah die Depression als Folge der Entwicklung eines »fal-

2.2 Psychodynamische/psychoanalytische Klassifikationen und Modelle depressiver Störungen

schen Selbst« an; sie entwickele sich im Zusammenhang mit einer Vielzahl von entpersönlichenden und hoffnungslos stimmenden Erfahrungen der Begegnung mit den wichtigsten Bezugspersonen.

Während die depressive Verstimmung aus dem Nebeneinanderbestehen von Liebe, Hass und Gier in der Beziehung zwischen den inneren Objekten herrühre, werden die inneren Objekte in der »manischen Abwehr« in »omnipotenter« Weise manipuliert, beherrscht oder verächtlich entwertet (Winnicott, 1976). Die manische Abwehr bleibe jedoch unbefriedigend, da mit der omnipotenten Beherrschung der entwerteten internalisierten Eltern auch die positiven Objekte und Beziehungen gefährdet werden und sich der Patient schließlich in seinem Inneren tot fühle.

Bowlby

Bowlby (1980) entwickelte einen ethologischen Zugang zur Depressionsproblematik (vgl. Böker, 2000a, b). Er untersuchte detailliert die Bindung des Kleinkindes an die Mutter und seine Trennung von ihr und formulierte die Bindung des Kindes an seine Mutter als angeborene Reaktion auf gewisse auslösende Stimuli: Die Mutter erweckt demnach das instinktive Bindungs- und Anlehnungsverhalten des Kindes zum Leben, und das Kind setzt seinerseits das angeborene Bindungsverhalten in der Mutter frei. Demnach lässt sich die Bindungstheorie definieren als Methode, »die Neigung des Menschen, intensive affektive Bindungen an bestimmte andere Personen zu entwickeln, zu konzeptualisieren und die durch ungewollte Trennung und Verlust ausgelösten zahlreichen Formen, in denen sich emotionaler Kummer und Persönlichkeitsstörungen, einschließlich Angst, Wut, Depression und emotionaler Distanziertheit, manifestieren, zu erklären« (Bowlby, 1977, S. 210).

Bowlby beschrieb »drei Stadien im Prozess der Trennung«: Das Stadium des »Protestes«, der »Verzweiflung« und der »scheinbaren Überwindung des Verlustes«. Diese Befunde stimmen überein mit Beobachtungen, die Anna Freud und Thesi Bergmann (1977) bei hospitalisierten Kleinkindern anstellten, die längere Zeit von der Mutter getrennt waren.

Wie wird die Reaktion des Kindes auf die Trennung in der Perspektive der Bindungstheorie aufgefasst?

> Die Reaktion des Kindes auf die Trennung ist die Folge des plötzlichen Zerbrechens der instinktmäßigen Bindung an die Mutter und nicht die Folge einer nach innen gekehrten Aggression.

Bowlby lehnte die Triebtheorie ab und ersetzte sie durch ein Kommunikationsmodell, in dem durch unterschiedliche Botschaften (z. B. Verzweiflung als Zustand des Selbst oder erlebter Mangel in der Nähe zur Mutter) innere Verhaltenssysteme aktiviert werden, die Bindungsverhalten auslösen, während es durch andere Botschaften (z. B. Linderung der Verzweiflung durch die mütterliche Nähe) inaktiviert wird. Kritische Einwände gegenüber diesem ethologischen Modell der Regulation des Bindungsverhaltens beziehen sich darauf, dass der Prozess der Internalisierung der Beziehungen zu äußeren Objekten nicht hinreichend berücksichtigt wird (vgl. Böker, 2000a, b). So bleibt unklar, in welchem Ausmaß die Bindungsperson als intrapsychisch oder äußerlich repräsentiert aufgefasst wird.

Spitz

Spitz (1968 [1946]) beschrieb das Syndrom »der anaklitischen Depression« als Reaktion kleiner Kinder, die zunächst eine normale Bindung an ihrer Mutter entwickelt hatten und dann im Alter von sechs Monaten von den Müttern getrennt worden waren. Es ist gekennzeichnet durch Gewichtsverlust, Schlaflosigkeit, mangelnde Reaktionen gegenüber anderen Menschen und einen starren ausdruckslosen Blick.

Wie lässt sich die anaklitische Depression des Säuglings auffassen?

> Die anaklitische Depression im Säuglingsalter ist eine »elementare Form der affektiven Grundreaktion« auf Trennung (Spitz, 1968 [1946]).

Die »anaklitische Objektwahl« wird durch die ursprüngliche Abhängigkeit des Säuglings von der versorgenden Bezugsperson bestimmt. In seinen späteren Arbeiten betonte Spitz die Rolle des Affektaustausches zwischen Mutter und Kind. Hospitalismus und anaklitische Depression werden als Folge einer fehlenden Affektkommunikation verstanden.

In weiteren Untersuchungen der Reaktionen kleiner Kinder auf kurzfristige Trennungen wurden die das Trennungsverhalten auslösenden Faktoren differenziert (Ja. Robertson & Jo. Robertson, 1975). Die untersuchten Kinder (im Alter von 17 Monaten bis zweieinhalb Jahren), die wegen einer Erkrankung der Mutter vorübergehend von ihr getrennt waren und unter emotional günstigen Bedingungen in Pflegefamilien betreut wurden, reagierten nicht mit Protest und Verzweiflung. Im Gegensatz zu den in Heimen untergebrachten Kindern, die eine diskontinuierliche Betreuung durch wechselnde Personen erfuhren, konnten sie den Ersatz für die abwesende Mutter annehmen. Diese Untersuchungsergebnisse

2.2 Psychodynamische/psychoanalytische Klassifikationen und Modelle depressiver Störungen

relativieren Bowlbys kategorische Aussage, nach der die Abwesenheit der Mutter per se die wichtigste Variable des Trennungsverhaltens ist, und belegen, dass die Fähigkeit zu trauern eine Funktion der Ich-Reife und der erreichten Objektkonstanz ist.

Wovon hängt die Fähigkeit zu trauern ab?

> Die Fähigkeit zu trauern hängt ab von der Ich-Reife und der erreichten Objektkonstanz.

Kohut
Kohut konzipierte die Selbstpsychologie als eine von anderen Schulen unabhängige psychoanalytische Entwicklungstheorie und Therapie (vgl. Böker, 2000a, b). Sie unterscheidet sich von der klassischen Psychoanalyse durch
1. den Verzicht auf die Triebmotivierung als zentralen Faktor der Entwicklung und Pathogenese,
2. die Verlagerung von einer Ein-Personen- auf eine Mehr-Personen-Psychologie,
3. die Veränderung des traditionellen Narzissmus-Konzeptes mit einer Spezifizierung der zentralen Beziehung zwischen dem Selbst und seinen Selbstobjekten und
4. die Fokussierung der analytischen Beobachtung auf das Selbst und seine Selbstobjekt-Erfahrung.

Für die Selbstentwicklung stellt »die Beziehung des Selbst zu seinem Selbstobjekt« die entscheidende Determinante dar (Kohut, 1971, 1979 [1977]).

Wie wird in einer selbstpsychologischen Perspektive ein Selbstobjekt aufgefasst?

> Ein Objekt ist ein Selbstobjekt, wenn es intrapsychisch so erlebt wird, als erfülle es in einer Beziehung Funktionen, die das Selbstgefühl wecken, aufrechterhalten oder positiv beeinflussen.

Der Terminus »Selbstobjekt-Beziehung« wird gewöhnlich anstelle der umständlicheren Formulierung »Selbst-Selbstobjekt-Beziehung« benutzt.
Die Selbstpsychologie fasst Symptome in ihrer Mehrzahl als Phänomene auf, die auf eine strukturelle Schwäche infolge des Unvermögens des mütterlichen Selbstobjekts zurückzuführen sind, dem sich entfaltenden Selbst responsiv zu begegnen. Pathologische Objektbeziehungen, excessive Triebäußerungen und

Symptombildungen gehen aus einem gestörten Selbsterleben hervor, das als ein Ergebnis des Versagens des frühen Selbstobjekts gedeutet wird.

> Die wichtigsten Funktionen des Selbstobjektes (vgl. Bacal & Newman, 1994):
> *Einstimmung auf Affektzustände*
> 1. Affekt-Containment
> 2. Spannungsregulation und Beruhigung
> 3. Stützung und Organisation oder Wiederherstellung eines geschwächten Selbstgefühls, das durch ein Versagen des Selbstobjektes in seiner Kohärenz beeinträchtigt wurde
> 4. Anerkennung der Einzigartigkeit und des kreativen Potenzials

Die Erfahrung der »Spiegelung« kennzeichnet eine Selbstobjekt-Beziehung, in der das Subjekt sich in seinen einzigartigen Fähigkeiten, Begabungen und seiner persönlichen Attraktivität von einem wichtigen anderen anerkannt fühlt. Eine »idealisierende Selbstobjekt-Beziehung« kennzeichnet die Erfahrung, sich dem bewunderten Objekt verbunden zu fühlen. In einer »Alter-Ego- oder Zwillings-Selbstobjekt-Beziehung« wird der andere dem eigenen Größenselbst gleich oder ähnlich erlebt.

Wie wird die Störung des Selbstwertgefühls bei Depressiven in der Sichtweise der Selbstpsychologie aufgefasst?

> Die labilisierte narzisstische Regulation Depressiver leitet sich in der selbstpsychologischen Perspektive aus dem fortgesetzten und unbefriedigten Bedürfnis nach den unterschiedlichen Formen der Selbstobjekt-Beziehungen ab.

Dieses Bedürfnis besteht während des ganzen Lebens und wird als Teil der normalen Entwicklung des Selbst betrachtet. Enttäuschte Bedürfnisse nach der Responsivität des Selbstobjektes lösen Hilflosigkeit, Scham und schließlich eine narzisstische Wut auf das kränkende Objekt aus. Die »narzisstische Wut« trägt nicht oder nur sehr kurzfristig zur Wiederherstellung der Selbst-Kohärenz bei.

Ein defensiver Anpassungsschritt besteht in einer »vertikalen Spaltung« des Selbst: Das Selbst passt sich den Bedürfnissen der Bezugsperson an, das reale Selbst – auf der anderen Seite dieser vertikalen Spaltung – erlebt sich als isoliert und leer, da es kein Selbstobjekt gibt, das auf seine Bedürfnisse eingeht.

Es entwickelt sich eine quälende Ambivalenz, Trotz oder auch eine depressive Gefügigkeit.

Infolge eines schwerwiegenden Mangels an freudigen Reaktionen der primären Bezugspersonen auf die Existenz des Kindes und seine Selbstbehauptungsbestrebungen kommt es zu einer massiven Entleerung von Selbstwertgefühl und Vitalität und schließlich zum klinischen Bild der »leeren Depression« (Kohut & Wolf, 1980 [1978], S. 670). Entbehrt das Kind die Erfahrung, an der Ruhe eines idealisierten Erwachsenen teilzuhaben (d. h. mit einem idealisierten Selbstobjekt verschmolzen zu sein), so resultiert in Wechselwirkung mit angeborenen biologischen Faktoren eine Tendenz zur Ausbreitung »überhöhter Selbst-Billigung« in der »Manie« oder eine Neigung zur Selbstanklage und Ablehnung des eigenen Selbst in der »Schuld-Depression«. Diese Dispositionen bleiben als zentrale Schwachstellen in der Organisation des Selbst bestehen.

Blatt
Blatt (2004) entwickelte ein dynamisches Interaktionsmodell der Depression. Darin wird die Depression als Verzerrung der Entwicklung zweier fundamentaler psychischer Prozesse aufgefasst:

> ➢ Entwicklung der Fähigkeit zu interpersoneller Bezogenheit: Abhängigkeit versus Soziotropie
> ➢ Erwerb einer Selbstdefinition/Identität: Selbstkritischer Perfektionismus versus Autonomie

In diesem Modell wird die Bedeutung rekursiver Interaktionen zwischen der biologischen, der sozialen und der Persönlichkeits-Dimension der Depression unterstrichen. Es liefert Grundlagen für das Verständnis therapeutischer Veränderungen (Qualität der interpersonalen Beziehungen, Veränderung der Selbstmodelle). Die Autoren betonen die Notwendigkeit des Einbezugs psychodynamischer Dimensionen in breiter angelegten Ergebnismessungen der Therapieforschung bei depressiv Erkrankten.

Taylor
Taylor (2005) schlug ein Modell psychodynamischer Komponenten der Depression vor, das auch als Rahmen für eine mehrmodale Depressionsforschung (Psychoanalyse, Entwicklungspsychopathologie, Neurowissenschaften, Epidemiologie u. a.) geeignet ist. Dieses Modell schließt sieben psychodynamische Komponenten der Depression ein:

Psychodynamische Komponenten der Depression (Taylor, 2005):
1. abhängig-anaklitisch
2. introjektiv-selbstkritisch
3. Erleben des Selbst als unzulänglich und mangelhaft
4. Überwältigung der Persönlichkeit durch »Missgeschicke« (in der Entwicklung der frühen Beziehungen und im gegenwärtigen Leben)
5. narzisstisch-grandios
6. Masochismus, perverse Herabsetzung des Selbst
7. manisch-triumphierend

Bleichmar
Bleichmar (2010) beschreibt unterschiedliche Typen pathologischer Trauer im Hinblick auf eine Ausdifferenzierung und Verbesserung therapeutischer Interventionen. Er unterscheidet eine primäre Fixierung auf das Objekt, die bereits vor dem Verlust bestand, von einer sekundären Fixierung, die sich einstellt, wenn der gegenwärtige Verlustschmerz zu einer Idealisierung des Objektes führt. Narzissmus, Schuldgefühle und paranoide Ängste bestimmen die Entwicklung der pathologischen Trauer. Vor dem Hintergrund jeweils unterschiedlicher Entwicklungsbedingungen können fünf unterschiedliche »Typen pathologischer Trauer« unterschieden werden:

➢ dominierende primäre Fixierung an das verlorene Objekt
➢ Rückkehr zum verlorenen Objekt
➢ Aufrechterhaltung der Fixierung an das Objekt aufgrund von Schuldgefühlen oder narzisstischer Verletzung
➢ Aktualisierung eines früheren Verlustes durch den gegenwärtigen Verlust aufgrund ähnlicher Bedingungen
➢ Wut und Hass blockieren die Versöhnung mit dem verlorenen Objekt und die Akzeptanz neuer Beziehungen.

Bleichmar schlägt vor, die therapeutischen Interventionen auf den jeweils spezifischen psychodynamischen Typus auszurichten.

Mentzos
Mentzos (1991, 1995, 2009) hat die unterschiedlichen Entwicklungsstränge und Akzentsetzungen der psychoanalytischen Depressionstheorie aufgegriffen und zu einem – wegen seiner Prägnanz und Nähe zu klinischen Erfahrungen – überzeugenden Modell zusammengefasst (vgl. Böker, 2000a, b, 2011): Im Zentrum dieses Depressionsmodells steht das Selbst und die pathologische Selbstwertgefühlregu-

2.2 Psychodynamische/psychoanalytische Klassifikationen und Modelle depressiver Störungen

lation. Die Selbstwertgefühlregulation des Menschen ist gebunden an das synergistische Zusammenspiel des Ideal-Selbst, des Ideal-Objektes und des Über-Ichs.

Das reife »Ideal-Selbst« eines Menschen entwickelt sich in der empathischen, liebevoll Grenzen vermittelnden Begegnung mit den primären Objekten aus dem eher infantilen, unrealistischen Größen-Selbst. Es wird gestärkt durch Erfahrungen der Spiegelung durch wichtige Bezugspersonen.

Das reife »Idealobjekt« entsteht im Zusammenhang mit basalen Wünschen nach einer aktiven, idealisierenden Liebe einer idealisierten Bezugsperson. Das reife »Über-Ich« des Menschen entwickelt sich aus der Identifikation mit dem Über-Ich der Eltern und wird gestärkt durch die Anerkennung eigener Leistungen seitens der Eltern. Das Selbstwertgefühl eines Menschen basiert somit auf drei wesentlichen Mechanismen, durch das es gestärkt wird: Durch Spiegelung, Identifikation mit idealisierend geliebten Bezugspersonen und durch externe Stärkung eigener Leistungen in der Identifikation mit den Über-Ich-Leistungen der Eltern, die dazu beitragen, eine eigene innere, normative Instanz aufzubauen, die Orientierung ermöglicht (vgl. Modell der pathologischen Selbstwertgefühlregulation, S. 157–160).

Diese – auf den drei Säulen des reifen Ideal-Selbst, des reifen Ideal-Objektes und des reifen Gewissens – basierende Selbstwertgefühlregulation ist gebunden an das synergistische Zusammenspiel der einzelnen Selbst-Objekt-Beziehungs-Dimensionen. Unter ungünstigen, pathogenen Bedingungen kommt es zu einem antagonistischen Gegensatz der früheren Entwicklungsstufen der jeweiligen intrapsychischen Strukturen, insbesondere zwischen dem Größen-Selbst und archaischen, aus der Identifikation mit dem rigiden Über-Ich der Eltern resultierenden Über-Ich. Dieser Antagonismus ist mit teilweise unauflösbaren Circuli Vitiosi verknüpft: Bleibt die notwendige narzisstische Gratifikation aus, so versucht der depressive bzw. manische Patient, ein weiteres Absenken seines Selbstwertgefühls durch die regressive Mobilisierung der jeweiligen frühen Entwicklungsstufen der drei wesentlichen intrapsychischen Dimensionen zu verhindern. Es kommt dann zu einer Mobilisierung des archaischen Über-Ichs (in der »Schuld-Depression«) bzw. zu einer Mobilisierung des Größen-Selbst (in der »Manie«). Aufgrund der pathologischen Introjektion des Objektes resultiert jedoch eine zunehmend narzisstische Einschränkung des Depressiven bzw. die Pseudo-Unabhängigkeit des Manikers.

Werden die Bedürfnisse nach Idealisierung und Identifikation mit einem idealisiert geliebten anderen enttäuscht, so resultiert in der Folge eine »Abhängigkeits-Depression«, bei der jede Enttäuschung und Zurückweisung wie ein tiefgreifender Verlust erlebt wird, der die anklammernden Tendenzen deutlich verstärkt (anaklitische Depression im Sinne von Spitz, Es-176–211).

Die »leere Depression« kann schließlich die Folge der sich zunehmend erschöpfenden und sich – auch im Zusammenhang mit körperlichen Faktoren, geringerer Belastbarkeit und zunehmendem Alter – als unzulänglich erweisenden Bewältigungsmechanismen aufgefasst werden.

Zusammenfassend versuchen die psychoanalytischen Modelle der Depression, die unbewusste Determiniertheit und das Konfliktgeschehen depressiver Störungen zu erfassen. Sie sind ein Abbild des jeweiligen Entwicklungsstandes der psychoanalytischen Theorie und Praxis. Dabei haben die im Mittelpunkt der jeweiligen Theorie stehenden Konzeptualisierungen und Begriffe (Trieb, Ich, Selbst, Objekt) einen steten Inhaltswandel erfahren und stehen in einem dynamischen Bezug zueinander.

In psychotherapeutischer Hinsicht geht es letztlich darum, theoretische und praxisrelevante Schwerpunkte in idealtypischer Weise auf den jeweiligen Einzelfall zu beziehen.

2.3 Die Operationalisierte Psychodynamische Diagnostik (OPD-2)

Die Operationalisierte Psychodynamische Diagnostik (OPD) (Arbeitskreis OPD, 2001 [1996], 2014) wurde als ein diagnostisches Instrument und Verfahren in Ergänzung zu der rein phänomenologisch ausgerichteten psychiatrischen Diagnostik (wie ICD-10 oder DSM-IV/-5) entwickelt und ermöglicht die Erfassung und Beschreibung beobachtungsnaher psychodynamischer Konstrukte. Mit der OPD können Einschätzungen zum subjektiven Krankheitserleben der Patienten, zu Voraussetzungen der Behandlung, zur Art und Ausgestaltung maladaptiver, dysfunktionaler Beziehungsmuster, zu intrapsychischen und interpersonellen Konflikten und dem Integrationsniveau der psychischen Struktur erfolgen.

Mit der neu überarbeiteten zweiten Version, der OPD-2 (Arbeitskreis OPD, 2014), ist unter anderem mit der Heidelberger Umstrukturierungsskala (HSCS; Rudolf et al., 2000; Grande et al., 2001; Arbeitskreis OPD, 2014) auch eine Beschreibung und Einschätzung relevanter Therapiefoki und deren Veränderungen im Behandlungsverlauf möglich. Das bedeutet, dass die OPD-2 neben der Psychodynamischen Diagnostik auch ein nützliches Instrument für die Therapieplanung und -evaluation ist. Die OPD hat sich in den Jahren seit seiner Entwicklung als reliabel, praktikabel und gut anwendbar erwiesen (vgl. Arbeits-

2.3 Die Operationalisierte Psychodynamische Diagnostik (OPD-2)

kreis OPD, 2014, S. 47ff.) und stellt Mittel und Möglichkeiten zur Verfügung, die aus psychotherapeutischer Sicht von hohem klinisch-praktischen Nutzen sind:

> ➤ grundlegende psychodynamische diagnostische Einschätzung mittels operationalisierter und manualisierter psychodynamischer Dimensionen und Kriterien
> ➤ Hilfe bei der grundsätzlichen und speziellen Indikationsstellung von Psychotherapie
> ➤ Handlungsanleitungen für die Therapieplanung und Formulierung von Therapiezielen und Schwerpunktsetzungen (Therapiefoki)
> ➤ Beurteilung und Evaluation von Veränderungen im Therapieverlauf

Neben den Einsatzmöglichkeiten im klinischen Einzelfall eignet sich die OPD-2 auch für den Einsatz im Rahmen der Evaluation und Qualitätssicherung von psychiatrisch-psychotherapeutischen Behandlungsangeboten und für die Prozess- und Outcomeforschung in der Psychotherapie.

Der grundlegende Aufbau der OPD-2 ist der eines multiaxialen Systems mit vier psychodynamischen und einer deskriptiven Achse:

> Achse I: Krankheitserleben und Behandlungsvoraussetzungen
> Achse II: Beziehung
> Achse III: Konflikt
> Achse IV: Struktur
> Achse V: Psychische und psychosomatische Störungen (gemäß ICD-10 und DSM-IV/-5)

Die für die Beurteilung und Einschätzung relevanten Informationen werden in der Regel mithilfe eines etwa ein- bis eineinhalbstündigen Interviews erhoben, können aber auch im Verlauf von mehreren Gesprächen erhoben und ergänzt werden. Hier soll nur ein kurzer Überblick über die Achsen I bis IV der OPD-2 erfolgen (zu weiteren ausführlichen Details der OPD-2 sei auf das Manual, Arbeitskreis OPD, 2014, verwiesen).

OPD-2-Achse I: Krankheitserleben und Behandlungsvoraussetzungen
Die Achse I bietet auf einer Skala von 0 bis 4 (0 = nicht, 2 = mittel, 4 = sehr hoch) eine Beurteilung von sieben Dimensionen. Zusätzlich gibt es ein ergänzendes optionales Modul für Psychotherapie mit Fragen nach gewünschter Therapieform, Offenheit und sekundärem Krankheitsgewinn:

1. gegenwärtige Schwere der Störung/des Problems
2. Dauer der Störung/des Problems
3. Krankheitserleben und -darstellung (Leidensdruck; Darstellung körperlicher, psychischer und sozialer Beschwerden/Probleme)
4. Krankheitskonzepte des Patienten (an somatischen, psychischen und/oder sozialen Faktoren orientiert)
5. Veränderungskonzepte des Patienten (gewünschte Behandlungsform: körperlich, psychotherapeutisch, sozialer Bereich)
6. Veränderungsressourcen (persönliche Ressourcen, psychosoziale Unterstützung)
7. äußere und innere Veränderungshemmnisse

Auf der Grundlage der sieben Dimensionen der Achse I lässt sich ableiten, welche Motivation ein Patient für eine Psychotherapie hat, welche Behandlungserwartungen er hat und welche für die Psychotherapie förderliche und hemmende Faktoren sein können.

OPD-2-Achse II: Beziehung
Die Achse II dient der Abbildung von dysfunktionalen und maladaptiven Beziehungsmustern. Die Informationen dazu werden im OPD-Interview aus den Erzählungen der Patienten von Beziehungsepisoden mit anderen sowie der Gesprächsinteraktion und den Gegenübertragungsreaktionen des Untersuchers bzw. Therapeuten während des Interviews gewonnen. Diese Informationen werden dann aus den Erlebensperspektiven des Patienten und anderer (Untersucher, Beziehungspartner, Therapeut) kategorisiert, indem sie dreiundzwanzig vorgegebenen Items zugeordnet werden (je drei Items pro Erlebensperspektive):

➢ Erlebensperspektiven des Patienten:
  ➢ »Der Patient erlebt sich immer wieder so, dass er (andere bzw. an andere) ...«
  ➢ »Der Patient erlebt andere ihm gegenüber immer wieder so, dass sie ...«
➢ Erlebensperspektiven der anderen (Beziehungspartner, Untersucher, Therapeut):
  ➢ »Andere – auch der Untersucher – erleben, dass der Patient (sie) immer wieder ...«
  ➢ »Andere erleben sich gegenüber dem Patienten immer wieder so, dass sie ...«

2.3 Die Operationalisierte Psychodynamische Diagnostik (OPD-2)

Ziel ist die beziehungsdynamische Formulierung der für den Patienten typischen dysfunktionalen und maladaptiven Beziehungsmuster, die für Entstehung und Aufrechterhaltung psychischer Symptome und Störungen und interpersoneller Probleme verantwortlich sind und auf die in der psychotherapeutischen Arbeit fokussiert werden soll.

OPD-2-Achse III: Konflikt
Die Achse III umfasst sieben repetitiv-dysfunktionale Konflikte, die in vier Abstufungen (0 = nicht vorhanden, 1 = wenig bedeutsam, 2 = bedeutsam, 3 = sehr bedeutsam) beurteilt werden. Nach der Einschätzung der einzelnen Konflikte werden ein »Hauptkonflikt« und ein »zweitwichtigster Konflikt« bestimmt:

1. Individuation versus Abhängigkeit
2. Unterwerfung versus Kontrolle
3. Versorgung versus Autarkie
4. Selbstwertkonflikt
5. Schuldkonflikt
6. Ödipaler Konflikt
7. Identitätskonflikt

Ziel ist es hier, überwiegend unbewusste intrapsychische Konflikte, die grundsätzlich bei jedem Menschen in seiner psychischen Entwicklung bedeutsam sein können, aber bei Menschen mit psychischen Erkrankungen nicht adäquat gelöst und psychodynamisch wirksam sind, zu identifizieren, die dann im Rahmen der Psychotherapie zugänglich gemacht und bearbeitet werden sollen. Die Konflikte der OPD sind nicht störungsspezifisch, aber es gibt bestimmte Konflikte die gehäuft bei depressiven Störungen anzutreffen sind (vor allem Versorgung vs. Autarkie, Selbstwertkonflikt, Schuldkonflikt).

OPD-2-Achse IV: Struktur
Die Achse IV setzt sich aus insgesamt vier Dimensionen (mit je zwei Unterdimensionen) zusammen, die in vier Abstufungen – mit Zwischenstufen – von »gut integriert« bis »desintegriert« skaliert sind (gut = 1, mäßig = 2, gering = 3, desintegriert = 4):

1. kognitive Fähigkeiten: Selbstwahrnehmung und Objektwahrnehmung
2. Steuerungsfähigkeit: Selbstregulierung und Regulierung des Objektbezugs

2 Klassifikationen und Modelle depressiver Störungen

3. emotionale Kommunikationsfähigkeit: emotionale Kommunikation nach innen u. außen
4. Fähigkeiten zur Bindung: Bindung an innere und äußere Objekte

Die Achse Struktur erfasst wichtige und stabil verfügbare Fähigkeiten, die die Wahrnehmung, das emotionale und kognitive Erleben, das Verhalten und die Bindungen zu wichtigen anderen deren bestimmen und regulieren. Diese »psychische Struktur« kann unterschiedlich gut entwickelt (integriert) sein, das heißt, Menschen können »strukturelle Einschränkungen« haben, die sie für psychische Erkrankungen prädisponieren können. In der Psychotherapie struktureller Einschränkungen und Fähigkeiten ist es das Ziel, strukturelle Einschränkungen zu beheben oder den Umgang damit zu verbessern.

Fokusauswahl in der OPD-2
Wie können in einer Psychodynamischen Psychotherapie depressiver Störungen therapeutische Foki bestimmt werden?

Der psychodynamische Befund der OPD-Achsen Beziehung, Konflikt und Struktur kann als Grundlage für die Auswahl von Behandlungsschwerpunkten (Therapiefoki) genutzt werden, an denen sich die therapeutische Arbeit orientiert (Rudolf et al., 2000; Arbeitskreis OPD, 2006, 2014; Himmighoffen et al., 2009). Die für die Therapieplanung und die Formulierung von Therapiezielen ausgewählten Foki in der OPD-2 stellen in gewisser Weise eine Konzentrierung auf Befunde dar, die als am wichtigsten erscheinen und bei denen eine Veränderung durch die Behandlung vorrangig ist oder als möglich erscheint, da der Patient bereits schon einen Zugang dazu hat oder in diesen Bereichen eine starke Beeinträchtigung in seinem Befinden, seinem alltäglichen Leben und seinen Beziehungen erlebt (vgl. Fallbeispiel in Kapitel 5, S. 115–123).

Bei der Auswahl stellt die »Beziehung immer einen Fokus« dar, das heißt, es wird die beziehungsdynamische Formulierung als ein Fokus festgehalten. Daneben werden bis zu vier weitere Foki aus der Achse Konflikt und/oder Struktur ausgewählt.

Ein an der OPD orientiertes psychodynamisches Behandlungskonzept, welches strukturbezogen ist, stellt die »Strukturbezogene Psychotherapie« von Rudolf (2006) dar.

Die Heidelberger Veränderungsskala (HSCS)
Eine Möglichkeit der Messung von Veränderung in Bezug auf die gewählten Foki stellt die Heidelberger Veränderungsskala (HSCS) (Rudolf et al., 2000;

Grande et al., 2001; Arbeitskreis OPD, 2014) dar. Dabei wird am Beginn der Therapie eingeschätzt, inwieweit ein Patient sich mit den einzelnen Fokusproblemen beschäftigt. Die HSCS beinhaltet eine Skala, die in sieben Stufen mit ansteigender Folge eine zunehmend bessere Qualität des Umgangs mit dem Fokus beschreibt.

Qualität des Umgangs mit dem therapeutischen Fokus (HCLS):
1. Nichtwahrnehmung des Fokus
2. ungewollte Beschäftigung mit dem Fokusbereich
3. vage Fokuswahrnehmung
4. Anerkennung und Erkundung des Fokusbereichs
5. Auflösung alter Strukturen im Fokusbereich
6. Neuordnung des Fokusbereichs
7. Auflösung des Fokus

Im Verlauf der Behandlung kann dann erneut eingeschätzt werden, ob der Patient sich weiter in Richtung einer Auseinandersetzung oder sogar einer Auflösung und Neustrukturierung von Fokusbereichen entwickelt hat.

Mittels eines Fallbeispiels wird die Anwendung der OPD bei der Durchführung einer Psychodynamischen Psychotherapie depressiver Störungen in Kapitel 5 (S. 115–123) exemplarisch dargestellt.

2.4 Depressionen als Psychosomatosen der Emotionsregulation

Es kann davon ausgegangen werden, dass die meisten schweren Depressionen Folge des Zusammenspiels unterschiedlicher biologischer, psychischer und sozialer Faktoren sind. Hierzu liegt eine Fülle von Befunden der biologischen und neurobiologischen, der epidemiologischen und der psychologischen Depressionsforschung wie auch von klinischen Beobachtungen vor (Übersicht mit ausführlichem Literaturreview in Böker, 2011):
➢ familiäre Häufung (Genetik)
➢ Überaktivität im Hypothalamus-Hypophysen-Nebennierenrinden-System (Stressachse)
➢ Dysregulation im System Hypothalamus-Hypophyse-Schilddrüse
➢ Störung im Schlaf-Wach-Rhythmus
➢ Neurochemie

2 Klassifikationen und Modelle depressiver Störungen

- ➤ Rezeptor-Bindung
- ➤ Neuroneogenese (Bedeutung von Stress, Schlafstörungen, körperlicher Bewegung und Entzündungen für die Regulierung der Neurogenese und die Pathophysiologie affektiver Störungen)
- ➤ Neurophysiologie (Minderaktivität in Frontallappen und Gyrus cinguli; Hyperaktivität in den Mittellinie-Regionen)
- ➤ Persönlichkeitsforschung
- ➤ Auslösung der affektiven Störungen durch körperliche Krankheiten, in Schwangerschaft, Wochenbett und Klimakterium, ferner in Entwurzelungs- und Belastungssituationen

Wie lassen sich diese unterschiedlichen Befunde aufeinander beziehen und auf den jeweiligen Einzelfall anwenden?

Im Folgenden wird ein psychosomatisches Konzept der Depression entwickelt, das eine Brückenbildung zwischen unterschiedlichen Dimensionen ermöglicht und zugleich Ausgangspunkt für die Entwicklung einer therapeutischen Haltung ist, die dem personalen Aspekt depressiven Erlebens gerecht wird. In Anlehnung an das Modell der Psychosen als »Psychosomatosen des Gehirns« (Mentzos, 1995) lassen sich Depressionen als psychosomatische Erkrankungen auffassen bzw. spezifischer als Psychosomatosen der Emotionsregulation. Eine Vorgehens- und Denkweise in der Psychotherapie, der Somatotherapie und im Rahmen der empirischen Erforschung depressiver Erkrankungen, welche die zirkuläre Verknüpfung von Faktoren aus unterschiedlichen Dimensionen berücksichtigt, wird als »psychosomatisches Denken« bezeichnet (Böker, 2002).

Das ursprünglich in der Psychosomatischen Medizin entwickelte Modell der somatopsychischen-psychosomatischen Erkrankungen basierte auf einer von Engel (1980) vorgeschlagenen Arbeitshypothese: Es handelt sich um Erkrankungen, bei denen die prädisponierenden biologischen Faktoren nicht nur schon von Geburt oder früher Säuglingszeit an vorhanden sind, sondern auch direkt oder indirekt an der psychischen Entwicklung beteiligt sind. In dieser systemtheoretischen Perspektive kann eine konstitutionelle, relativ geringfügige Störung unter den Bedingungen eines bestimmten Milieus und einer bestimmten psychosozialen Konstellation (insbesondere gestörte Beziehungen zu den primären Bezugspersonen) zur Entwicklung einer psychischen Struktur beitragen, die mit intrapsychischen Konflikten und Spannungen einhergeht und in einem längeren Prozess zu nunmehr sekundären, auch zusätzlichen somatischen Veränderungen und Störungen führt.

2.4 Depressionen als Psychosomatosen der Emotionsregulation

Wovon geht das psychosomatische Denken in der Depressionsbehandlung aus?

Somatische und psychische Faktoren stehen in einem Wechselwirkungszusammenhang, aufgrund dessen subjektiv Erfahrenes zu einer Veränderung des neurobiologischen Substrates beiträgt und andererseits die somatische Disposition im Verlauf der Erkrankung sich mit biografischen, seelischen und sozialen Bedeutungen verknüpft.

Das Modell der Depression als Psychosomatose der Emotionsregulation ermöglicht es, die vielfältigen biologischen und neurobiologischen Befunde der Depressionsforschung auf die Ergebnisse der psychologischen Depressionsforschung und der Therapie- und Psychotherapieforschung zu beziehen. Ein wesentlicher Ausgangspunkt ist dabei die neurobiologische Verankerung psychosozialer Erfahrungen: Die im Laufe der individuellen Entwicklungen gemachten psychosozialen Erfahrungen bestimmen wesentlich die Art und Weise der Nutzung der neuronalen Strukturen, die das individuelle Denken, Fühlen und Handeln bestimmen. Es kann heute ferner davon ausgegangen werden, dass die im Verlauf der Hirnentwicklung durch die sequenzielle Expression spezifischer Gene und Genkombinationen initial angelegten neuronalen Verschaltungsmuster zeitlebens in Abhängigkeit von der Art ihrer Nutzung verfeinert, umgebaut und überformt werden können (Wiesel, 1994). Die erfahrungsabhängige Neuroplastizität beim Menschen bedingt einerseits, dass schwere psychische Traumata im Gehirn von PTSD-Patienten unerwartet deutlich strukturelle Veränderungen hinterlassen (vgl. van der Kolk et al., 2000) oder dass psychotherapeutische Interventionen eine ebenso deutliche Normalisierung der Aktivierungsmuster im Gehirn Depressiver bewirken wie eine psychopharmakologische Behandlung (vgl. Goldapple et al., 2004; Ressler & Mayberg, 2007).

Im Hinblick auf die Manifestation affektiver Störungen sind Befunde über erfahrungsabhängige Veränderungen in der Aktivität und der strukturellen Ausreifung der global wirksamen monoaminergen Systeme von besonderem Interesse (vgl. Crespi et al., 1992; Winterfeld et al., 1998). Erfahrungsabhängige Veränderungen der Struktur und Funktion monoaminerger Systeme wurden auch noch im Erwachsenengehirn beobachtet. So führten wiederholte unkontrollierbare Belastungen bei Versuchstieren (Ratten) zu dem Phänomen der »erlernten Hilflosigkeit«, das mit deutlichen Veränderungen der Struktur und Funktion insbesondere des noradrenergen und serotonergen Systems einherging (Edwards et al., 1992). Die experimentellen Untersuchungen zeigten, dass das soziale Verhalten einen direkten Einfluss auf den Effekt eines Neuromodulators hat (Yeh et al., 1996). Diese Befunde unterstreichen, dass neuromodulatorische Systeme, die langfristige Reaktionsweisen und Verhaltenstendenzen verändern können, im Zuge der mit komplexeren sozialen Verhaltensweisen einhergehenden Evolution zu Variablen wurden, die von der Umwelt mitgestaltet werden. In diesem Zusammenhang stellte Post (1992) die Hypothese auf, dass psychosoziale Stressoren unter bestimmten Bedingungen zu langfristigen Veränderungen der Gen-Expression führen. Es kommt zu Veränderungen der Neuropeptide und der neuronalen Mikrostruktur (z. B. »dendritic sprouting« oder »cell atrophy«), und es tritt eine räumlich-zeitliche Kaskade von Anpassungsprozessen an den Synapsen ein, die schließlich auch mit kognitiven Veränderungen im Laufe der Depression einhergehen. Während zu Beginn der Erkrankung depressive Phasen durch lebensverändernde Ereignisse (»life events«) ausgelöst werden, reichen bei späteren Erkrankungen immer kleinere – von außen kaum identifizierbare – Belastungen aus, um die manifeste Symptomatik hervorzurufen. Die Erfahrung der depressiven Episode und die damit verbundenen Veränderungen der Neurotransmitter und Peptide hinterlassen möglicherweise Gedächtnisspuren, die zu weiteren Episoden prädisponieren (»episodes beget episodes«). Diese auch als Kindling-Effekt beschriebenen Abläufe tragen zu einer Erniedrigung der vulnerablen Schwelle bei.

In dem Modell der Depression als Psychosomatose der Emotionsregulation wird die Depression als ein psychobiologischer Zustand verstanden, der in verschiedenen Stufen abläuft, auf denen es jeweils zu Wechselwirkungen seelischer und biologischer (neurobiologischer) Prozesse kommt. Letztere betreffen insbesondere die affektiv-kognitive Interaktion auf neuronaler Prozessebene und schließen eine dysfunktionale Aktivierung des autonomen Nervensystems ein.

Welche Faktoren und Wechselwirkungszusammenhänge werden in dem Modell der Depression als Psychosomatose der Emotionsregulation insbesondere berücksichtigt?

Das Modell der Depression als Psychosomatose der Emotionsregulation berücksichtigt neben der gemischten biologischen und psychosozialen Vulnerabilität den Einfluss der Persönlichkeit, aktuelle und chronisch belastende Lebensereignisse, die dadurch induzierte psychobiologische Stressreaktion und die zunehmende Dysfunktionalität der in der emotional-kognitiven Interaktion involvierten neuronalen Netzwerke.

Die unter anderem durch Trennungen, Verlusterfahrungen und weitere Belastungen aktivierte psychobiologische Stressreaktion geht einher mit neurophysiologi-

2.4 Depressionen als Psychosomatosen der Emotionsregulation

schen Störungen, kognitiven Störungen, Störungen der Psychomotorik (Stupor) und dysfunktionellen Bewältigungsstrategien (vgl. Böker, 2002, 2005, 2009a, b, 2011; Abb. 3).

Welche Bedeutung kommt nun psychodynamischen Faktoren im Ablauf der psychosomatischen Depressionsspirale zu?
Es ist gut vorstellbar, dass der depressive Grundkonflikt (vgl. Rudolf, 2003) Aspekte der Internalisierung von frühen Beziehungskonflikten und Bindungsproblemen integriert und verknüpft ist mit der Vulnerabilität der strukturellen und emotionalen Entwicklung. In dieser Perspektive sind die Muster der Verarbeitung für die Entwicklung der später erkrankenden Persönlichkeit entscheidend. Der depressive Grundkonflikt und seine Verarbeitung stellen schließlich eine Disposition einer späteren depressiven Erkrankung dar und werden durch die folgende psychodynamische Konstellation charakterisiert:

➤ Die zentrale Beziehungserfahrung des Verlassenwerdens und des Verlusts ist aufgrund struktureller Unreife des bedürftigen Selbst emotional unerträglich.
➤ Implikationen der zentralen Beziehungserfahrung: Mischung von Objektbedürftigkeit und Objektenttäuschung, Mobilisierung starker Bemühungen, das Objekt zurückzugewinnen und alles zu vermeiden, was die Beziehung zum Objekt gefährden könnte (Objektverlustangst), und Bemühungen, ein ideales Bild des Objektes aufrechtzuerhalten und die Wahrnehmung der Objektenttäuschung zu vermeiden.
➤ Die genannten Bewältigungsversuche sind mit einem permanenten physiologischen Stress angesichts ständiger Bindungsbemühungen, Verlustängste, Anpassungsbereitschaften und andrängender Enttäuschungswut verknüpft.

Der später an einer Depression Erkrankende lebt häufig bereits vor Auftreten der ersten depressiven Symptome in einem andauernden Spannungszustand. In diesem Zusammenhang lässt sich annehmen, dass die durch zahlreiche neurophysiologische Untersuchungen empirisch gesicherte erhöhte zerebrale Ruhe-Zustands-Aktivität (Northoff, 2007; Grimm et al., 2009; Böker & Northoff, 2010a, b) eine Prädisposition für die Reaktivierung früher Objektverlusterfahrungen und Enttäuschungen des Subjekts darstellt. Die klinisch zu beobachtenden Merkmale der schließlich eintretenden Depression (Zunahme des Selbstfokus, Attribution negativer Emotionen zum eigenen Selbst und Zunahme des kognitiven Processing des eigenen Selbst) lassen sich sowohl in Beziehung setzen zu

2 Klassifikationen und Modelle depressiver Störungen

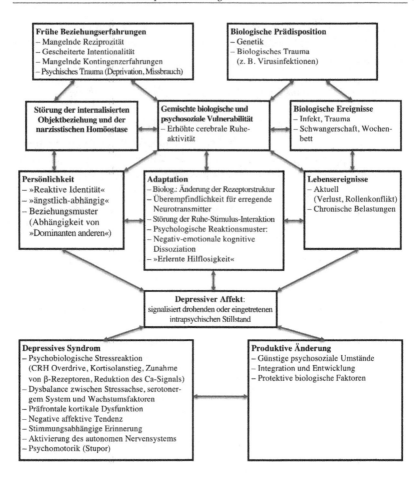

Abb. 3: *Depressionen als Psychosomatosen der Emotionsregulation*

psychodynamischen Dimensionen der Depression (Introjektion, Objektverlust, Ambivalenz) wie auch in Verbindung zu neuronalen Dimensionen der Depression. Die angestoßenen adaptiven Prozesse sind ebenfalls mehrdimensional: Auf der biologischen Ebene kommt es zu einer Änderung der Rezeptorstruktur der »Second-Messenger-Kaskade«; es entwickelt sich eine Überempfindlichkeit für erregende Neurotransmitter (Aldenhoff, 2000). Diese Adaptation könnte im Sinne eines »biological Priming« wirken, welches biologische Veränderungen auslöst, die der Depression lange Zeit vorausgehen. Die biologischen, klinisch

2.4 Depressionen als Psychosomatosen der Emotionsregulation

latenten Veränderungen können schließlich auch einbezogen sein in die Entwicklung der Persönlichkeit und die spezifische Verarbeitung von Lebensereignissen. In psychodynamischer Sicht weisen – wie wir gesehen haben – insbesondere diejenigen Personen eine Disposition für Depressionen auf, die sich – im Sinne einer »reaktiven Identität« (Arieti & Bemporad, 1983) – in extremer Weise auf die Erwartungen anderer eingestimmt haben und die von »dominanten anderen« abhängig sind. Diese Einschätzung korrespondiert mit Befunden der empirischen Persönlichkeitsforschung, die das Vorherrschen eines ängstlich-abhängigen Persönlichkeitsstils bei depressiv Erkrankten unterstreichen (Parker, 2000). Als biologisches Korrelat der »Narbe« sind Veränderungen der Rezeptorstruktur oder einzelner Schritte in der Signaltransduktion denkbar, die zu einem Überwiegen erregender neuronaler Einflüsse bzw. zu einer Abnahme von Hemmfunktionen führen. Die intrazelluläre Calciumkonzentration spielt dabei eine besondere Rolle bei der Aufrechterhaltung des Gleichgewichtes zwischen erregenden und hemmenden neuronalen Einflüssen (Aldenhoff, 1997).

Von besonderer Bedeutung sind die Ergebnisse der Stressforschung (Übersicht in Böker, 2002; Bosch & Wetter, 2011): Diese legen nahe, dass die dauerhafte Aktivierung der Stressachse (bei gleicher Ca-Freisetzung und erhöhter Zahl von CRH-Rezeptoren) zu einer Steigerung der neuronalen Antwort führt, das heißt, bereits geringfügiger Stress wird als starker Stressor verarbeitet. Dabei ist insbesondere auch zu berücksichtigen, dass frühe psychosoziale (Deprivation) und biologische Schädigungen (z. B. Virusinfektion) zu einer Verminderung der Zahl der Kortikoid-Rezeptoren führen. Es ist gut vorstellbar, dass die Bedingungen neurobiologischer Funktionsstörungen normalerweise latent sind und erst in bestimmten Belastungssituationen aktiviert werden. Unter Umständen entsteht ein Anpassungszustand mit einer gesteigerten Empfindlichkeit für spätere depressionsauslösende Situationen (die sogenannte erste Latenzphase, vgl. Aldenhoff, 2000).

Die schließlich zur klinisch-manifesten Depression führende Reaktivierung kann durch bestimmte interpersonelle Konstellationen (Trauer, Rollenwechsel, Verlust wichtiger psychosozialer Rollen, z. B. durch Arbeitslosigkeit, Deprivation, Vereinsamung) herbeigeführt werden. Aktuelle belastende Lebensereignisse sind bei der Majoren Depression – auch unter Berücksichtigung genetischer Faktoren, wie die Untersuchung an eineiigen Zwillingen gezeigt hat (Kendler et al., 1997) – als wichtigste Risikofaktoren bei dem Auftreten einer depressiven Episode anzusehen. Etwa drei Viertel aller Auslösesituationen sind der Dimension »Verlust« zuzuordnen. Allerdings können auch andere, heterogene Belastungen wie Infekte, Operationen oder Unfälle zur Reaktualisierung der depressiogenen Vulnerabilität beitragen. Zu unterstreichen ist, dass durch Verlusterlebnisse, Rollenkonflikte wie auch durch somatische Prozesse das Selbstkonzept der Betroffenen zumindest vorübergehend labilisiert werden kann. Die allgemein formulierten Angst- und Stressbedingungen bilden deshalb nicht die typischen konfliktuösen Konstellationen ab, die vielfach bei der Depressionsauslösung beteiligt sind. Bei Depressionen und Manien sind reale und symbolische Verluste und andere Formen der Beeinträchtigung der Selbstwerthomöostase als typische Auslöser anzusehen (vgl. Mentzos, 2000). Erst das Zusammentreffen zweier relativer Spezifitäten, der biologisch und der sozial bedingten Vulnerabilität, trägt dann zur Dekompensation und dysfunktionalen Reaktionen bei.

In der Phase der Aktivierung kommt es aufgrund der defizitären Bewältigungsstrategien nicht zu einer adäquaten Verarbeitung des auslösenden Ereignisses. Es lässt sich annehmen, dass die emotionale Verarbeitung nicht geleistet wird, weil die erwartete Reaktion – auf die Äußerung von Affekten wie Trauer, Wut usw. – im konkreten interpersonellen Kontext nicht möglich ist oder nicht für möglich gehalten wird. Stattdessen werden kurzfristige emotional-kognitive Verarbeitungsstrategien eingesetzt, die lediglich eine partielle Adaptation erlauben (vgl. Aldenhoff, 2000). In dieser sogenannten zweiten Latenzphase rückt die Problematik, mit der sich die Betreffenden konfrontiert sahen, gemäß ihren retrospektiven Schilderungen nach einigen Wochen scheinbar in den Hintergrund. Depressionsauslösende Einflüsse werden nicht mehr bewusst wahrgenommen (wahrscheinlich im Zusammenhang mit Verdrängungsmechanismen).

Während dieser Zeit tritt allerdings eine zunehmende Dissoziation von kognitiven, emotionalen und vegetativen Funktionen auf. Die Betreffenden berichten im Nachhinein, dass sie sich während dieser Zeit von ihren Denkinhalten nicht mehr lösen konnten, intensiv über ihre Probleme grübelten. Es ist zu vermuten, dass dieser Verlust an Kontrolle über Denken und Antrieb im Sinne von Seligmans Paradigma als hilflos machend erlebt wird. Besonders bemerkenswert ist, dass bereits zu diesem Zeitpunkt – das heißt vor Auftreten der ersten depressiven Symptome – die ersten Auffälligkeiten in der Kortisol-Physiologie nachzuweisen sind (Holsboer, 1983). Die hierdurch ausgelöste Stressreaktion führt schließlich in eine Sackgasse, da der auslösende Prozess infolge des Fehlens einer adäquaten emotional-kognitiven Verarbeitung nicht bewältigt werden kann. Die fortgesetzte Aktivierung des Systems geht mit einem sogenannten Calcium-Overdrive einher, infolge dessen es zu einem starken Kortisol-Anstieg kommt. Dieser ist von einer Veränderung der zentralen Glukokortikoid-Rezeptoren (Zunahme der Beta-Rezeptoren, vgl. Holsboer, 1989) begleitet. Die zentralen Glukokortikoid-Rezeptoren werden herunterreguliert; dadurch kommt es zu einer weiteren Steigerung der erregenden Einflüsse, die negative Rückkopplung der Glukokortikoide ist somit aufgehoben.

Diese psychobiologische Stressreaktion ist für schwere Depressionen typisch (van Praag, 2004). Sie geht einher mit einer Dysbalance zwischen Stressachse, serotonergem System und Nervenwachstumsfaktoren. Durch die vermehrte Ausschüttung des Kortikotropin-Releasing-Hormons (CRH) kommt es auch zu einer Aktivierung des autonomen Nervensystems.

Die Zusammenhänge zwischen den kognitiven Störungen bei Depressionen und den Steroidmechanismen sind inzwischen weitgehend geklärt. Die Mineralokortikoid-Rezeptoren an den Nervenzellen des Hippocampus vermitteln die Wirkungen der phasisch-zirkadianen Steroid-Anstiege; die dort vorhandenen Glucokortikoid-Rezeptoren vermitteln die Wirkung der stressbedingten Steroid-Anstiege auf die Nervenzellaktivität (De Kloet et al., 1990).

Die neurophysiologischen Grundlagen der depressiven Kognitionen (z. B. negative affektive Tendenz, stimmungsabhängige Erinnerungen) sind unter anderem in der präfrontalen kortikalen Dysfunktion zu sehen, die im Zusammenhang mit der Neuropsychodynamik der Depression beschrieben wird.

Hervorzuheben ist, dass die Aktivitätsverschiebung der Stressachse nicht Ausdruck eines generellen unspezifischen Pathomechanismus ist, der bei allen belastenden psychischen Erkrankungen vorkommt. Untersuchungen an Patienten mit posttraumatischen Störungen (PTSD) zeigten beispielsweise nicht den für die Depression typischen »Overdrive«, sondern eine Unterdrückung der Kortisol-Antwort (Jehuda et al., 1992; van der Kolk et al., 2000).

2.5 Neuropsychodynamik der Depression

Das Modell der Depression als Psychosomatose der Emotionsregulation wurde in den vergangenen Jahren auf der Grundlage der vorhandenen empirischen Befunde und insbesondere unter Berücksichtigung psychodynamischer und neuronaler Mechanismen weiterentwickelt zu einem neuropsychodynamischen Modell der Depression (Böker & Northoff, 2016). Aus diesem Modell ergeben sich therapeutische Konsequenzen auch für die Durchführung der Psychodynamischen Psychotherapie depressiv Erkrankter.

Das neuropsychodynamische Modell der Depression fokussiert auf das Selbst und die Veränderung des Selbsterlebens als zentrale Dimensionen der Depression. Das Erleben des Selbst in der schweren Depression lässt sich als Selbstverlusterfahrung charakterisieren. Es wurde ein mechanismusbasierter Forschungsansatz entwickelt, der auf die psychodynamischen, psychologischen und neuronalen Mechanismen bei Gesunden und depressiv Erkrankten zielt. Auf der Grundlage empirischer Befunde zur emotional-kognitiven Interaktion bei depressiv Erkrankten wurden *neuro-psychodynamische Hypothesen zum Selbst in der Depression* entwickelt:

1. Es wird postuliert, dass die empirisch gesicherte erhöhte Ruhe-Zustands-Aktivität in der Depression eine Prädisposition für die Reaktivierung früher Objektverlusterfahrungen des Subjektes darstellt. Der Begriff »Objektverlusterfahrung« zielt dabei nicht nur auf die bei traumatisierten depressiv Erkrankten erlebten traumatischen Beziehungserfahrungen, sondern in einem erweiterten Sinn auch auf den Verlust eines in einem signifikanten Beziehungsgefüge verankerten Selbst.
2. Es wird postuliert, dass die Ruhe-Stimulus-Interaktion in der Depression infolge der erhöhten Ruhe-Aktivität reduziert ist und mit den – mit negativem Affekt verknüpften – introjektiven Prozessen in der Begegnung des Selbst mit den Objekten korrespondiert.
3. Es wird postuliert, dass die Modulation der Ruhe-Zustands-Aktivität durch die stimulusinduzierte Aktivität und die Stimulus-Ruhe-Interaktion bei Depressionen aufgrund der erhöhten Ruhe-Zustands-Aktivität vermindert ist. Aufgrund der reduzierten Stimulus-Ruhe-Interaktion resultiert eine Störung in der Entwicklung der neuronalen Struktur und Organisation, die sich in der Prozessierung aktueller Verlusterfahrungen abbildet.

Die vorhandenen neurophysiologischen, neurochemischen und neuropsychologischen Befunde lassen die Schlussfolgerung ziehen, dass die erhöhte Ruhe-Aktivität bei Depressiven von der Wahrnehmung und Erfahrung des eigenen Körpers entkoppelt ist.

Welches sind die Folgen der erhöhten Ruhe-Zustands-Aktivität bei Depressiven?

Aktuelle Objektbeziehungserfahrungen werden für den Depressiven zunehmend bedeutungslos. Das depressive Selbst wird von der erlebten Bedeutung aktueller Objektbeziehungserfahrungen zunehmend entkoppelt.

Dieser subjektiv wahrgenommene und erlebte externe Objektverlust wird durch die Konstitution interner Objekte (interozeptive und kognitive Stimuli) und so mit einer mentalen Umwelt kompensiert. Anstelle der externen Objekte der Umwelt nimmt der Depressive zunehmend seinen Körper und seine eigenen Kognitionen als seine Umwelt wahr. Diese Kompensationsversuche auf der Basis funktionierender neuronaler Mechanismen führen schließlich zu den bekannten depressiven Symptomen (erhöhter Selbst-Fokus, Ruminationen, negativer Affekt und somatische Veränderungen).

Aus neuropsychodynamischer Sicht sind die depressiven Symptome Ausdruck fehlgeleiteter, aber – für sich selbst betrachtet – normal funktionierender Mechanismen. Ein spezielles Problem der Depression besteht also darin, dass die vorhandenen psychodynamischen, psychologischen und neuronalen Mechanismen auch unter Bedingungen der veränderten Affektlage weiterhin ablaufen. Bei Gesunden sind sie konstitutiv und dienen adaptativen Zwecken. Im Kontext der Depression kehrt sich jedoch die Funktionalität der Bewältigungsmechanismen in Dysfunktionalität um. Diese zunehmende Dysfunktionalität der vorhandenen psychodynamischen, psychologischen und neuronalen Mechanismen in der Depression beruht auf der volatilen und unsicheren Ruhe-Aktivität des Gehirns, insbesondere im Zusammenhang mit frühem Trauma und Objektverlust.

Die Frage, warum die geschilderten Funktionsmechanismen innerhalb eines gestörten Kontextes vermehrter Ruhe-Aktivität aktiviert werden, lässt sich am ehesten mit Hinweis auf das zentrale Ziel der erwähnten Kompensationsversuche beantworten: Das wesentliche Ziel besteht darin, die subjektive Existenz des Selbst mit allen Mitteln aufrechtzuerhalten angesichts der erlebten Bedrohung des Selbstverlustes.

Nicht Läsionen oder Störungen adaptiver neuronaler Mechanismen bestimmen somit die depressive Symptomatik, sondern vielmehr dysfunktionale Kompensationsversuche auf der Grundlage einer erhöhten Ruhe-Aktivität.

Der mechanismenbasierte psychodynamische Ansatz, den bereits Freud bei der Melancholie voraussetzte, findet hier somit seine Entsprechung auf der neuronalen Ebene des Gehirns. Diese enge Verknüpfung beider Ebenen, der psychodynamischen und der neuronalen, ermöglicht somit einen neuropsychodynamischen Ansatz im eigentlichen Wortsinn.

Die Limitationen dieses Ansatzes bestehen unter anderem darin, dass bisher nur Teilaspekte psychodynamischer Dimensionen der Depression einer operationalisierenden Untersuchung zugänglich waren (vgl. Böker & Northoff, 2010b, 2016; Boeker et al., 2013). Die hier zusammenfassend dargestellten empirischen Ergebnisse sind als vorläufig einzuschätzen, weitere Studien zur Validierung der erhöhten Ruhe-Aktivität bei depressiv Erkrankten sind erforderlich. Auf diesem Wege kann auch die empirische Basis der in einem neuropsychodyna-

2 Klassifikationen und Modelle depressiver Störungen

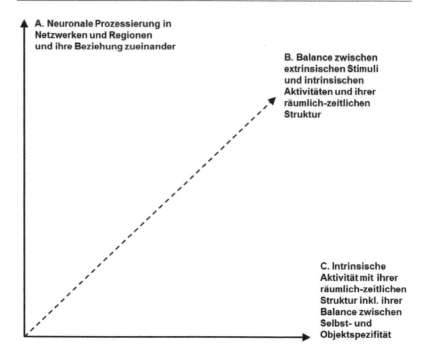

Abb. 4: Dreidimensionale Diagnostik psychischer Störungen im neuropsychodynamischen Kontext

mischen Kontext weiterentwickelten dreidimensionalen Diagnostik psychischer Störungen (ursprünglich von Mentzos, 1982, 2009, für die Dimensionen Abwehr, Konflikt und Struktur formuliert) schrittweise verbreitert werden: Unter Berücksichtigung psychischer und neuronaler Mechanismen bezieht sich die erste Dimension der Abwehr (Abwehr- und Bewältigungsmechanismen) auf die neuronale Prozessierung in Netzwerken und Regionen und ihre Beziehung zueinander, die zweite Dimension des Konflikts umfasst die Balance zwischen extrinsischen Stimuli und intrinsischen Aktivitäten und ihrer räumlich-zeitlichen Struktur und die dritte Dimension der Struktur steht in einem Zusammenhang mit der intrinsischen Aktivität des Gehirns und ihrer räumlich-zeitlichen Struktur inklusive ihrer Balance zwischen Selbst- und Objektspezifität (vgl. Böker & Northoff, 2016; Abb. 4).

Therapeutische Konsequenzen
Wie kann das Wissen um neuropsychodynamische Zusammenhänge in der Behandlung depressiv Erkrankter genutzt werden?

Aufgrund der Mehrdimensionalität und Heterogenität depressiver Erkrankungen besteht grundsätzlich die Notwendigkeit, die zur Verfügung stehenden somatotherapeutischen und psychotherapeutischen Interventionen jeweils auf den einzelnen Erkrankten abzustimmen. Dieses individualisierte Vorgehen wird gerade auch durch das Konzept der Depression als Psychosomatose der Emotionsregulation und die hier entwickelte neuropsychodynamische Theorie der Depression wesentlich unterstützt.

Wesentliches Ziel der Behandlung ist es, die defensiven Strategien Depressiver, die intrapsychischen, interpersonellen und psychosomatischen Teufelskreise aufzulösen (Mentzos, 1995; Böker, 2002, 2012; s. S. 154–157).

Im Kontext der evidenzbasierten Behandlungsansätze (vgl. S3-NVL-Behandlungsleitlinien »Unipolare Depression«) leistet die Psychodynamische Psychotherapie einen wesentlichen Beitrag zur Selbstintegration, Selbstkonsolidierung und Entwicklung günstigerer Bewältigungsmechanismen.

Eine besondere Herausforderung in der Psychotherapie depressiv Erkrankter besteht darin, dass die notwendige Affektabstimmung oftmals erschwert wird durch präsymbolische Affektansteckungen. Der geeignete Zeitpunkt therapeutischer Interventionen (im Sinne der »now moments«, vgl. Stern, 1995) ist gerade auch in der Behandlung depressiv Erkrankter von besonderer Bedeutung. Zu berücksichtigen ist dabei insbesondere auch das oftmals über lange Zeiträume anhaltende Hyperarousal depressiv Erkrankter, das mit einer angstvollen Anspannung, dysfunktionalem Denken und vegetativen Störungen verknüpft ist. Ein spezifisches behandlungstechnisches Problem ergibt sich dabei aus der Begegnung unterschiedlicher Ebenen der Symbolisierung und einem unter Umständen diskontinuierlich verlaufenden Prozess der De- und Resymbolisierung, welcher mit einer temporären Entkoppelung vom psychischen Prozess und manifester Symptomatik verbunden sein kann (vgl. Böker, 2003a, b, 2012).

In einer Psychodynamischen Psychotherapie depressiv Erkrankter entfaltet sich seelisches Erleben im Sinne einer Resymbolisierung von der Teilhabe an einem körperlich geschehenden sensomotorischen Affekt durch transmodale Veränderung zu einem erlebbaren Gefühl (»semiotische Progression«, vgl. Böhme-Bloem, 1999), indem der andere in seiner Andersartigkeit entdeckt wird und die Trennung betrauert werden kann: »Nur was betrauert werden kann, kann symbolisiert werden« (Segal, 1974, S. 158).

In der Zukunft könnten die im Rahmen des neuropsychodynamischen Modells der Depression entwickelten Hypothesen und Befunde herangezogen werden, um spezifischere psychotherapeutische Eingriffsmöglichkeiten zu entwickeln. Dabei lässt sich an psychotherapeutische Interventionen denken, die auf spezifische Abwehr- und Bewältigungsmechanismen gerichtet sind, die sich im Zuge der Depressionsentwicklung als dysfunktional erwiesen haben.

Fazit
Die erhöhte Ruhe-Zustands-Aktivität, die als Hyperarousal bzw. Agitation sowohl vom Patienten selbst wie auch in der therapeutischen Begegnung wahrgenommen werden kann, ist stets beim individuell auf den aktuellen Zustand des Patienten abgestimmten Einsatz therapeutischer Interventionen zu berücksichtigen.

3 Empirische Befunde zur Wirksamkeit Psychodynamischer Kurz- und Langzeitpsychotherapie depressiver Störungen

Ziel dieses Kapitels ist es, einen Überblick über die Ergebnisse der Psychotherapieforschung für die Psychodynamische Psychotherapie bei depressiven Störungen zu vermitteln.

Die Ergebnisse der in den beiden vergangenen Jahrzehnten durchgeführten Outcome-Studien bei depressiv Erkrankten unterstreichen den Stellenwert psychotherapeutischer Interventionen. Die Wirksamkeit der Kognitiven Verhaltenstherapie (KBT) und der Verhaltenstherapie ist bei Depressionen als empirisch gut gesichert anzusehen (Hautzinger, 1998; Hautzinger et al., 1996; Gloaguen et al., 1998). Vor allem für nichtpsychotische, unipolare depressive Patienten erwies sich auch die Interpersonelle Therapie als besonders wirksam (American Psychiatric Association, 1993; Frank et al., 1991; Weissmann, 1997; Schramm et al., 2004, 2008, Cuijpers et al., 2011).

Allerdings ergaben katamnestische Untersuchungen, die im Rahmen der Multicenter-Studie des National Institute of Mental Health (NIMH) durchgeführt wurden, dass bei den meisten Patienten keine der Behandlungsmethoden genügte, um eine Remission herbeizuführen und diese länger als 18 Monate aufrechtzuerhalten (Elkin, 1994; Elkin et al., 1989; Shea et al., 1992). Neuere Studien haben gezeigt, dass depressiv Erkrankte, die im Anschluss an eine erfolgreiche Pharmakomonotherapie mittels CBT behandelt wurden, im Sechsjahresverlauf, eine signifikant geringere Rezidivrate (CBT: 40 Prozent; Treatment-as-usual: 90 Prozent) aufwiesen (Fava et al., 2004). Doch bleibt offen, inwieweit eine größere therapeutische Nachhaltigkeit auch bei depressiv Erkrankten mit höherem Schweregrad der Depression, komplexen, komorbiden Störungen und chronischem Verlauf mittels einer Kurzzeittherapie zu erzielen ist.

Wie wirksam ist die Psychodynamische Psychotherapie und worin besteht ihr besonderer Stellenwert im Rahmen der Depressionsbehandlung? Zur Beantwortung dieser Frage werden die Ergebnisse der vorliegenden Wirksamkeitsstudien zur Psychodynamischen Kurzzeittherapie und Langzeitpsychotherapie bei depressiv Erkrankten rekapituliert (vgl. Böker & Himmighoffen, 2013), aktuelle Studienergebnisse werden ergänzt.

Die Darstellung der Ergebnisse der vorhandenen Wirksamkeitsstudien beginnt mit einer Gegenüberstellung der Wirksamkeit von Psychodynamischer Kurzzeitpsychotherapie und Pharmakotherapie bei depressiv Erkrankten.

3.1 Psychodynamische Kurzzeitpsychotherapie und Pharmakotherapie bei depressiv Erkrankten

Empirische Wirksamkeitsstudien, bei denen medikamentöse und psychotherapeutische Therapieansätze verglichen wurden, belegen für die Psychodynamische Psychotherapie, die Kognitive Verhaltenstherapie und die Interpersonelle Psychotherapie eine Gleichwertigkeit in der Behandlung leichter bis mittelgradiger depressiver Störungen (Shea et al., 1992; de Maat et al., 2006; Salminen et al., 2008). Hervorzuheben ist dabei auch die geringere Abbruchrate bei psychotherapeutisch behandelten depressiv Erkrankten im Vergleich zur Pharmakomonotherapie.

Ist die Kombinationstherapie von Psychotherapie und Antidepressiva der jeweiligen Monotherapie überlegen? Bei der Beantwortung dieser Frage spielen offensichtlich der Schweregrad der depressiven Symptomatik und die Komorbidität eine große Rolle: Bei leichtem bis mittlerem Schweregrad der Depression bringen Kombinationsbehandlungen im kurzfristigen Therapieverlauf mit Psychopharmaka keinen zusätzlichen therapeutischen Gewinn (CBT plus AD: Hollon et al., 1992; Hautzinger et al., 1996; Gloaguen et al., 1998; Lewinsohn & Clarke, 1999; Dimidjan et al., 2006; STPP plus AD: Salminen et al., 2008; Dekker et al., 2008; IPT plus AD: Reynolds et al., 1999; de Mello et al., 2005).

Die Vergleichsstudien bestätigen allerdings die Tendenz einer Überlegenheit der Kombinationstherapie gegenüber der Pharmakomonotherapie (STPP plus AD: Burnand et al., 2002; de Jonghe et al., 2001, 2004; de Maat et al., 2008; Maina et al., 2009; Molenaar et al., 2007; Salminen et al., 2008; CBT plus AD: Thase et al., 1997; Keller et al., 2000; IPT plus AD: Frank et al., 1991; Schramm et al., 2008). Insbesondere bei höherem Schweregrad rezidivierender Depressionen (Thase et al., 1997; Keller et al., 2000) sowie bei komorbid vorhandener Persönlichkeitsstörung (Kool et al., 2005) ergab sich eine statistische Überlegenheit der Kombinationsbehandlung.

Bressi et al. (2010) verglichen in einer RCT-Studie STPP und TAU bei Depressionen und Angststörungen (im Einjahresverlauf). STPP erwies sich als signifikant wirksamer bei der Reduktion depressiver Symptome (SCL-90-R) und interpersoneller Probleme (IIP).

In einer weiteren aktuellen plazebokontrollierten RCT-Studie bei majorer Depression verglichen Barber et al. (2012) Psychodynamische Kurzzeitpsychotherapie (Suppressiv-Expressive Therapie) und Pharmakotherapie: Es fand sich kein Gruppenunterschied hinsichtlich der Responseraten. Bei Gechlechts- und Minoritätsstatus-Variablen fand sich allerdings ein moderierender Einfluss und eine Überlegenheit der Psychotherapie.

Zilcha-Mano et al. (2013) stellten in einer RCT-Studie bei majorer Depression fest, dass die Psychodynamische Psychotherapie (in Form der Supportiv-Expressiven Therapie/SET) im Hinblick auf die Verbesserung der Lebensqualität, die Reduktion depressiver Symptome und Angst und die Reduktion von interpersonellem Stress der Pharmakotherapie gleichwertig war. Es wurden keine signifikanten Unterschiede zwischen den drei Behandlungsbedingungen (SET, antidepressive Medikation/MED und Placebo/PBO) gefunden. Die Bedeutung von »well-being« im Hinblick auf die Prädiktion anschließender symptomatischer Verbesserungen wurde unterstrichen.

Bastos et al. (2013) untersuchten in einer ebenfalls randomisiert-kontrollierten Studie bei mittelschwerer Depression die neurokognitiven Effekte dreier Depressionsbehandlungen: Psychodynamische Langzeitpsychotherapie (LTPP), Fluoxetin und Kombinationstherapie (LTPP und Fluoxetin). LTPP und Kombinationstherapie waren tendenziell wirksamer bei der Modifikation spezifischer kognitiver Areale (gemessen mittels Wechsler Adult Intelligence Scale Version III/WAIS-III) im Vergleich mit der Fluoxetin-Monotherapie (im Zweijahresverlauf).

Beutel et al. (2014) verglichen die Wirksamkeit Psychodynamischer Kurzzeitpsychotherapie (STPP) mit TAU bei Patientinnen mit nicht-metastasierendem Mamma-Karzinom, die ebenfalls an einer Depression litten. Die STPP erwies sich bei der Intention-to-treat-Analyse (ITT) als stärkster Prädiktor hinsichtlich der depressiven Symptomatik und der Lebensqualität.

Weissflog et al. (2015) wiesen in einer randomisiert-kontrollierten Multicenter-Studie den positiven Effekt der STPP und deren Überlegenheit im Vergleich mit TAU bei depressiven Patientinnen mit Mamma-Karzinom im Frühstadium nach: STPP trug zur Reduktion unterschiedlicher Subdimensionen von Fatigue bei (Aktivität, physische Müdigkeit).

Clarici et al. (2015) untersuchten die Kombination von Oxytocin und Psychodynamischer Kurzzeitpsychotherapie (zwölf Sitzungen in wöchentlichem Rhythmus) in der Behandlung der postnatalen Depression in einer randomisierten Doppelblind-Pilotstudie. Die zusätzliche Gabe von Oxytocin trug nicht zu einer bedeutsamen Reduktion depressiver Symptome bei, unterstützte aber die Abnahme narzisstischer Persönlichkeitszüge. Die Bedeutung der Modulation der »narzisstischen affektiven Balance« und der Verbesserung der Akzeptanz des Säuglings und der an seinen Bedürfnissen orientierten Interaktionen wurde unterstrichen.

3.2 Psychodynamische Kurzzeitpsychotherapie: Ergebnisse der Wirksamkeitsstudien

Wirksamkeitsnachweise für Psychodynamische Psychotherapie liegen – wie bei den anderen Psychotherapieverfahren auch – insbesondere für kurz angelegte Therapien vor (Übersicht in Böker & Himmighoffen, 2013). Gerson et al. (1999) führten eine Metaanalyse sämtlicher Untersuchungen zwischen 1974 und 1998 durch, welche pharmakologische und psychotherapeutische Behandlungen an über 55-jährigen depressiven Patienten miteinander verglichen. Psychodynamische Psychotherapie und Kognitive Verhaltenstherapie schnitten dabei – im Gegensatz zu den Metaanalysen von Svartberg & Stiles (1991 und Grawe et al. (1994) – gleichermaßen besser ab als eine Placebo-Behandlung.

Weitere Metaanalysen, die ebenfalls strenge Kriterien an die methodische Qualität der Untersuchungen legten, fanden, dass Psychodynamische Kurztherapie und Kognitiv-Behaviorale Therapie gleichermaßen wirksam waren (Crits-Christoph, 1992; Leichsenring, 1996). In einer Metaanalyse aus der Arbeitsgruppe von Leichsenring (2001) wurde die Wirksamkeit von Psychodynamischer Kurzzeittherapie (»short-term psychodynamic psychotherapy«, STPP) und Kognitiver Verhaltenstherapie (CBT/KBT) bzw. Verhaltenstherapie bei der majoren Depression verglichen. Psychodynamische Kurzzeitpsychotherapie und Kognitive Therapie/Verhaltenstherapie unterschieden sich hinsichtlich der Besserungsraten nicht. Dieses Ergebnis ist konsistent mit den Metaanalysen von Goldfried et al. (1998), Nietzel et al. (1987), Robinson et al. (1990), Steinbrueck et al. (1983) und Zeiss & Steinmetz-Breckenridge (1997). Das Ergebnis korrespondiert ferner mit der diagnosespezifischen Metaanalyse Psychodynamischer Kurzzeitpsychotherapie von Crits-Christoph (1992).

Bei der Interpretation dieser Befunde ist zu berücksichtigen, dass sich die Metaanalyse von Leichsenring (2001) auf Psychodynamische Kurzzeitpsychothe-

3.2 Psychodynamische Kurzzeitpsychotherapie: Ergebnisse der Wirksamkeitsstudien

rapien bezieht, die relativ strukturiert bzw. auf der Grundlage von Behandlungsmanualen durchgeführt wurden (Horowitz & Kaltreider, 1979; Mann, 1973; Rose & DelMaestro, 1990; Shapiro & Firth, 1985; Interpersonelle Psychotherapie gemäß Klerman et al., 1984).

In einer Meta-(Re)analyse von Wampold et al. (2002) – auf der Grundlage der Metaanalyse von Gloaguen et al. (1998) – zur Wirksamkeit Kognitiver Therapie bei Depressionen im Vergleich mit zehn sonstigen nicht kognitiven Psychotherapien (davon vier Psychodynamische Kurzzeittherapien) fanden sich keine Unterschiede.

In der Metaanalyse von Leichsenring et al. (2004) sowie im Cochrane Review von Abbass et al. (2006) zur Wirksamkeit Psychodynamischer Kurzzeitpsychotherapien (STPP) bei verschiedenen psychiatrischen Störungen wurden nach strengen Einschlusskriterien (randomisiert-kontrollierte Studien, Anwendung von Behandlungsmanualen, gut oder speziell ausgebildete Therapeuten, reliable und valide Erfassung von Diagnosen sowie zur Berechnung von Effektstärken nötige Daten) 17 bzw. 23 Studien eingeschlossen. Es fanden sich bis zum Jahr 2006 insgesamt sieben randomisiert-kontrollierte Studien zur STPP bei depressiven Erkrankungen (vgl. Hersen et al., 1984; Thompson et al., 1987; Gallagher-Thompson & Steffen, 1994; Shapiro et al., 1994, 1995; Barkham et al., 1996; Cooper et al., 2003; de Jonghe et al., 2004).

Die Metaanalyse von Leichsenring et al. (2004) erfasste neben Studien von Patienten mit majoren und postpartalen Depressionen solche von Patienten mit sozialer Phobie, PTBS, Essstörungen, Persönlichkeitsstörungen, somatoformen Schmerzstörungen, chronisch funktioneller Dyspepsie sowie Opiat- und Kokainabhängigkeit. In den Studien zur Depressionsbehandlung wurden depressive Patienten verglichen, die entweder mit Psychodynamischer Kurzzeittherapie, CBT oder Verhaltenstherapie behandelt wurden. Es erfolgte zudem ein Vergleich mit Patienten einer Wartekontrollgruppe und mit Treatment-as-usual (TAU). Die Wirksamkeit von Psychodynamischer Psychotherapie konnte belegt werden: Es fanden sich signifikante und große Effektstärken hinsichtlich der allgemeinen psychopathologischen Symptome ($d = 0.90$), der Zielprobleme ($d = 1.39$) und des sozialen Funktionsniveaus ($d = 0.80$) beim Prä-Post-Vergleich. Die Effekte erwiesen sich als stabil und nahmen im Verlauf (durchschnittliche Dauer des Follow-up etwas über ein Jahr) weiter zu (Symptome: $d = 0.95$, Zielprobleme: $d = 1.57$, soziales Funktionsniveau: $d = 1.19$).

Im statistischen Vergleich mit anderen Psychotherapieformen erwies sich die Psychodynamische Psychotherapie als gleichermaßen wirksam. Abbass et al. (2006) ermittelten in den erfassten Studien (Diagnosen: Depressive Störungen,

Angststörungen, Persönlichkeitsstörungen, somatoforme Störungen und kombinierte Störungen) bezüglich Symptomreduktion und sozialem Funktionsniveau eine signifikante Überlegenheit der Psychodynamischen Kurzzeittherapie gegenüber Wartekontrollgruppen oder Treatment-as-usual (TAU), unmittelbar nach Therapieende (bis drei Monate danach) sowie nach mittlerer (bis neun Monate) und längerer (über neun Monate) Katamnesedauer.

Die Metaanalyse von Cujipers et al. (2008) zum Wirksamkeitsvergleich von sieben Kurzzeitpsychotherapieverfahren bei depressiven Störungen (53 RCT mit insgesamt 2.757 Patienten) schloss zehn Studien zur STPP (mit sechs bis 23 Sitzungen) ein. Die anderen Psychotherapieverfahren waren CBT, Non-direktive Supportive Therapie, Verhaltenstherapie, Lösungsorientierte Therapie, IPT und Social Skills Training. Beim Vergleich der Veränderung der depressiven Symptomatik unterschieden sich die verschiedenen Therapieverfahren in ihrer Wirksamkeit während und nach Ende der Behandlung im Follow-up nicht voneinander, lediglich die IPT war statistisch signifikant effektiver ($p < 0.05$) und die Non-direktive Supportive Therapie statistisch signifikant weniger effektiv ($p < 0.05$) als die anderen Verfahren.

Helsinki-Psychotherapie-Studie
In der 2008 publizierten randomisiert-kontrollierten Studie der Helsinki Psychotherapy Study Group (Marttunen et al., 2008) wurden 163 ambulante Patienten mit depressiven Störungen und Angststörungen entweder mit einer Psychodynamischen Kurzzeittherapie (STPP) mit 20 Sitzungen über fünf bis sechs Monate oder einer Lösungsorientierten Therapie (»solution-focused therapy«, SFT) mit zwölf Sitzungen über acht Monate behandelt. Bei der Untersuchung des Behandlungserfolges und möglicher Prädiktoren im Ein-Jahres-Follow-up zeigte sich, dass die Art der Therapiemethode kein Prädiktor für die Remission war: In der Gruppe mit STPP remittierten 59 Prozent der Patienten, in der Gruppe mit SFT 54 Prozent, das heißt, beide Methoden waren gleich und gut effektiv. Negative Prädiktoren hinsichtlich einer Remission waren eine schwere Symptomatik bei Behandlungsbeginn, die zusätzliche Diagnose einer Persönlichkeitsstörung, geringere Schulbildung und ein geringeres Kohärenzgefühl (SOC; nach Antonovsky, 1993).

In weiteren Publikationen zu der randomisiert-kontrollierten Studie mit einer erweiterten Patientenpopulation (N = 326) der Helsinki Psychotherapy Study Group (Knekt et al., 2008a, 2008b) wurden die Effekte von Psychodynamischer Kurzzeitpsychotherapie (STPP), Lösungsorientierter Kurzzeittherapie (SFT) und zusätzlich Psychodynamischer Langzeitpsychotherapie (»long-term psychodynamic psychotherapy«, LTPP) mit zwei bis drei Sitzungen pro Woche auf die Symptomatik, die Arbeitsfähigkeit und die soziale Leistungsfähigkeit und im Verlauf eines Drei-Jahres-Follow-up beschrieben. In den primären Erfolgsmaßen, das heißt der Symptomatik und Symptombelastung (Werte in BDI, HAMD, Ängstlichkeit im SCL-90, HAMA), und im Bereich der Arbeitsfähigkeit und Arbeitskapazität zeigten alle drei Therapiebedingungen (STPP, SFT und LTPP) signifikante Verbesserungen mit großen Effektstärken ($\geq$ 0.8 bis 1.52). Die beiden Kurzzeittherapien erbrachten jedoch im ersten Jahr des Follow-up signifikant schnellere und größere Verbesserungen als die LTPP. Im zweiten Jahr des Follow-up fanden sich zwischen den Kurzzeittherapien (STPP, SFT) und der Psychodynamischen Langzeitpsychotherapie (LTPP) keine signifikanten Unterschiede mehr. Im dritten Jahr des Follow-up war die LTPP signifikant effektiver als STPP und SFT bezüglich der primären Erfolgsmaße. Am Ende des Follow-up reduzierte sich zudem die Anzahl der Krankheitstage in der Gruppe der LTPP stärker als in den beiden anderen Gruppen.

In der anschließenden Publikation der Helsinki Psychotherapy Study Group (Knekt et al., 2013) wurden die Ergebnisse von weiteren 41 Patienten ergänzt, die während der Studie mit hochfrequenter Psychoanalyse (PSA) mit vier Sitzungen pro Woche im Liegen über fünf Jahre behandelt worden waren. Im ersten Jahr waren SFT und STPP signifikant wirksamer in der Reduktion depressiver Symptome (BDI) als die PSA, in den weiteren drei Jahren des Follow-up waren die Unterschiede nicht mehr signifikant, lediglich die LTPP war der SFT, STPP und PSA signifikant bei der Reduktion depressiver Symptome (BDI) und Angstsymptome (SCL-90-Anxiety) überlegen. Im abschließenden fünften Jahr des Follow-up war die PSA in dieser Hinsicht signifikant effektiver als SFT und STPP und auch als die LTPP hinsichtlich der Depressivität in der Fremdbeurteilung.

Im Fünf-Jahres-Follow-up wurden persönlichkeitsstrukturelle Veränderungen (Selbstkonzept, Abwehrmechanismen, Beziehungsmuster, Ebene der Persönlichkeitsorganisation) der oben beschriebenen Stichprobe genauer untersucht (Lindfors et al., 2015). Die Psychoanalytische Langzeittherapie (LPP) trug zu größeren und nachhaltigeren Veränderungen im Vergleich mit den Kurzzeittherapien bei (insbesondere durch Veränderungen im Selbstkonzept).

Die Kosteneffektivität wurde ebenfalls im Fünf-Jahres-Follow-up analysiert (Maljanen et al., 2016). Sowohl direkte wie auch indirekte Kosten wurden gemessen. Auch hinsichtlich der Kosteneffektivität erwies sich die Psychoanalytische Langzeittherapie (LPP) überlegen im Vergleich mit den Kurzzeittherapien.

Die von Driessen et al. (2010) publizierte Metaanalyse zur Wirksamkeit von STPP bei depressiven Störungen mit Einschluss von 23 Studien – mit 13 RCTs, drei nicht-randomisierten, kontrollierten und sieben naturalistischen Studien – (n = 1.365) zeigte auf, dass sich die depressiven Symptome unter STPP signifikant effektiver verbesserten als bei den Patienten der Kontrollgruppen (Warteliste, »treament-as-usual«). Es fanden sich dabei große Effektstärken nach Behandlung zugunsten der STPP von 0.69 im Vergleich zu den Kontrollgruppen (bei alleiniger Berücksichtigung der RCTs sogar 0.80). Beim Vergleich vor und nach Behandlung mit STPP fand sich bezüglich der Depressivität im BDI für die STPP eine große Effektstärke von 1.34. Der Wirksamkeitsvergleich von STPP mit anderen Psychotherapien zusammengenommen (CBT, Kognitive Therapie, Verhaltenstherapie, Non-direktive Therapie, Supportive Therapie und Kunsttherapie) zum Zeitpunkt des Abschlusses der Behandlung ergab eine gering größere, aber statistisch signifikante Effektstärke von 0.3 zugunsten der anderen Psychotherapien. Für die bessere Einschätzung der klinischen Relevanz dieses Befundes geben die Autoren noch dazu ergänzende Outcome-Maße an. Die zu der Effektstärke von 0.3 äquivalente Number needed to treat beträgt 5.95, was bedeutet, dass, wenn sechs Patienten mit den anderen Psychotherapien und sechs Patienten mit STPP behandelt würden, eine erfolgreiche Behandlung mehr durch die anderen Psychotherapien erwartet werden könnte. Obwohl in der Metaanalyse von Driessen et al. (2010) eine statistisch signifikante Überlegenheit der anderen Psychotherapien gegenüber der STPP bei Therapieende gefunden wurde, werten die Autoren die klinische Relevanz der unterschiedlichen Effektstärke eher gering; auch weisen sie darauf hin, dass sich in den Follow-up-Untersuchungen der eingeschlossenen Studien nach einem Jahr keine signifikanten Unterschiede mehr zwischen STPP und den anderen Psychotherapien in Bezug auf ihre Wirksamkeit feststellen ließen.

Vitriol et al. (2009) verglichen die Wirksamkeit einer dreimonatigen, strukturierten Psychodynamischen Psychotherapie bei Patientinnen mit schweren Depressionen, die ein Kindheitstrauma aufwiesen. Im Vergleich mit der Standardbehandlung war die Psychotherapie nach drei Monaten wirksamer bei der Reduktion der depressiven Symptomatik und der Verbesserung von Beziehungsstörungen, nach sechs Monaten fanden sich bedeutsame Verringerungen von PTSD-Symptomen.

Depression und komorbide Persönlichkeitsstörung
In einer neueren Studie von Abbass et al. (2011) wurde die Wirksamkeit von STPP bei depressiv Erkrankten untersucht, die an einer komorbiden Persönlichkeitsstörung litten. Acht vorhandene Studien wurden berücksichtigt und – sofern möglich – einer Metaanalyse zugeführt. Im Prä-Post-Vergleich zeigten sich große Effektstärken (d = 1.00–1.27) im Hinblick auf die symptomatische

3.2 Psychodynamische Kurzzeitpsychotherapie: Ergebnisse der Wirksamkeitsstudien

Verbesserung. Diese Effekte waren bei der Follow-up-Untersuchung nach eineinhalb Jahren stabil. Im Vergleich mit anderen Psychotherapieverfahren (CBT, Supportive Therapie, Kunsttherapie und TAU) ergaben sich keine signifikanten Unterschiede. STPP war überlegen gegenüber der Warteliste-Gruppe. Die untersuchten Patienten mit komorbider Persönlichkeitsstörung (Cluster A, B und C) sprachen gut auf STPP an und eine Mehrheit aller untersuchten Patienten zeigte bedeutsame Veränderungen in der klinischen Selbstbeurteilung und im Hinblick auf das Beziehungserleben. Nach Einschätzung der Autoren unterstreichen diese Befunde, dass die STPP eine First-line-Behandlung für depressiv Erkrankte mit komorbider Persönlichkeitsstörung ist.

In einer weiteren randomisiert-kontrollierten Studie (Leichsenring et al., 2016) wurden Patienten mit Cluster-B-Persönlichkeitsstörungen eingeschlossen, die im Rahmen eines stationären Behandlungssettings entweder mit manualgeleiteter Psychoanalytisch-Interaktioneller Therapie (PIT) oder nicht manualisierter Psychodynamischer Therapie durch Experten (E-PDT) behandelt wurden. Eine quasi-experimentelle Kontrollbedingung bestand in TAU oder Warteliste. Primäre Ergebnismaße waren das Niveau der Persönlichkeitsorganisation und psychologischer Stress, als sekundärer Outcome wurde die Depression und die Angstsymptomatik wie auch die interpersonelle Problematik untersucht.

Sowohl PIT wie auch E-PDT führten zu signifikanten Verbesserungen in allen Ergebnismaßen und waren der Kontrollbedingung überlegen. Zwischen PIT und E-PDT fanden sich keine Unterschiede, der Typ der Cluster-B-Persönlichkeitsstörung beeinflusste die Ergebnisse nicht.

Kramer et al. (2013) untersuchten die Veränderungen von Abwehr- und Coping-Mechanismen von Patienten mit einer rezidivierenden depressiven Störung im Zweijahresverlauf und verglichen die Supportive-Expressive Therapie (Luborsky, 1984), Psychoanalyse, Kognitive Therapie (Beck, 1970, 1974) gegen TAU. Sämtliche Patienten wurden zusätzlich pharmakotherapeutisch behandelt. Veränderungen der Abwehr- und Bewältigungsmechanismen erwiesen sich als wichtige Prozessparameter erfolgreicher Therapien, die sich darin von der Kontrollbedingung (klinisches Management) unterschieden.

In der Studie von Johansson et al. (2013) wurde die höhere Wirksamkeit der »Affect-focused psychodynamic psychotherapy for depression and anxiety« (IPDT, Davanloo, 1995) in einer randomisierten kontrollierten Studie im Vergleich mit einer Online-Therapie und klinischer Monitorisierung gezeigt.

Ajilchi et al. (2013) untersuchten die Wirksamkeit intensiver psychodynamischer Kurzzeitpsychotherapie (ISTDP) im Vergleich mit einer Warteliste und fanden einen bedeutsamen Rückgang des Schweregrads der Depression.

Gibbons et al. (2016) verglichen die Psychodynamische Psychotherapie mit der Kognitiven Therapie bei Major Depression in einem ambulanten allgemeinpsychiatrischen Setting (»Community Mental Health Setting«). Im Zeitraum von 2010 bis 2014 wurden 237 erwachsene Patienten randomisiert erfahrenen Psychotherapeuten zugewiesen und von diesen mit einer Anzahl von 16 Sitzungen im Zeitraum von fünf Monaten behandelt. Hinsichtlich der Reduktion der depressiven Symptomatik (gemessen mittels HAMD) fanden sich am Ende der Kurztherapie keine signifikanten Unterschiede zwischen beiden Behandlungsmethoden.

Tavistock-Adult-Depression-Studie (TADS)
In der aktuellen Studie von Fonagy et al. (2015), bei der das von Taylor (2010) entwickelte Behandlungsmanual für Depressionen eingesetzt wurde, konnte die Wirksamkeit von Psychoanalytischer Psychotherapie im Langzeitverlauf bei therapieresistenter Depression im Vergleich mit TAU gezeigt werden. Die Remissionsrate war am Ende der Behandlung (nach 18 Monaten) in beiden Gruppen gering. Signifikante Unterschiede fanden sich jedoch im 24-, 30- und 42-Monate-Follow-up. Es wird unterstrichen, dass die Untersuchung von Kurzzeittherapieverläufen und kurzen Follow-ups die Bedeutung verzögerter therapeutischer Effekte im Langzeittherapieverlauf der behandlungsresistenten Depression verpasst.

Diese Übersicht zeigt, dass Psychodynamische Kurzzeittherapien ebenso wirksam wie andere Psychotherapieverfahren sind. Allerdings wird bei einem großen Anteil depressiver Patienten nur eine partielle Besserung erzielt; die Wirkung ist vielfach nicht nachhaltig, das heißt, es besteht ein großes Rückfallrisiko. Der Schweregrad der Depression sowie das Vorhandensein einer komorbiden Persönlichkeitsstörung haben einen erheblichen Einfluss auf die Gesundung. Eine besondere Herausforderung an die zukünftige Psychotherapieforschung besteht daher in der Fragestellung, bei welchen depressiv Erkrankten eine Kurzzeittherapie ausreicht und bei welchen eine weitere therapeutische Intervention, zum Beispiel eine Langzeittherapie, indiziert ist. Im Folgenden werden die Studien zur Psychoanalytischen Langzeittherapie dargestellt.

3.3 Psychoanalytische Langzeitpsychotherapie: Ergebnisse der Wirksamkeitsstudien

DPV-Katamnese-Studie
Die von Leuzinger-Bohleber et al. (2001) durchgeführte Katamnese-Studie basierte auf einer repräsentativen Stichprobe aller ehemaligen Patienten, die

bei Analytikern der Deutschen Psychoanalytischen Vereinigung zwischen 1990 und 1993 ihre Behandlung beendet hatten. Es handelt sich um eine methoden-kritische Studie, die psychoanalytische, qualitative Beobachtungen aus den Katamnese-Interviews mit quantitativen Verfahren kombiniert. Die Gesamtstichprobe bestand aus 401 ehemaligen Patienten, die katamnestisch untersucht wurden. Nach den dabei eingestuften Hauptdiagnosen litten die 129 ehemaligen Patienten vor der Behandlung unter gravierenden psychischen und psychosomatischen Störungen (88 Prozent wiesen einen »extremen« oder »starken« Beeinträchtigungs-Schwere-Score nach Schepank, 1995 auf). 51,2 Prozent litten an Persönlichkeitsstörungen, 27,1 Prozent an affektiven Störungen, 10,9 Prozent an neurotischen Störungen und 6,2 Prozent and einer Schizophrenie (nach ICD-10). 80 Prozent der ehemaligen Patienten berichteten über positive Veränderungen durch die Langzeitbehandlungen in Bezug auf Befinden, inneres Wachstum und Beziehungen. Zwischen 70 Prozent und 80 Prozent stellten positive Veränderungen in Bezug auf die Lebensbewältigung, das Selbstwertgefühl, die Stimmung sowie von Lebenszufriedenheit und Leistungsfähigkeit fest. Beim Vergleich der einzelnen Diagnosegruppen zeigte sich, dass sich die Ergebnisse der Subgruppe Depressiver nicht von denjenigen der anderen Diagnosegruppen unterschieden (Leuzinger-Bohleber et al., 2002). Die Symptombelastung, das heißt der Global Severity Index (GSI) des SCL-90, war bei den untersuchten ehemaligen und erfolgreich therapierten Patienten nicht mehr im klinisch-pathologischen Bereich. Bezüglich der globalen Einschätzungen des Therapieerfolgs unterschieden sich die depressiven Patienten nicht von jenen mit anderen Diagnosen, das heißt, etwa 80 Prozent der ehemaligen Patienten mit Depressionen waren durchschnittlich sechseinhalb Jahre nach Abschluss ihrer Behandlungen mit den Ergebnissen der Behandlung und den erzielten Veränderungen zufrieden. Zudem konnten die aufwändigen Analysen zu den Ausgaben im Gesundheitsbereich zeigen, dass die Kosten durch Langzeitbehandlung dauerhaft gesenkt werden können.

Stockholm Outcome of Psychotherapy and Psychoanalysis Project (STOPPP)
In der prospektiv-naturalistischen Langzeitpsychotherapiestudie von Sandell et al. (1999, 2001, 2004) und Sandell (2001) wurde eine Gesamtstichprobe von über 700 Patienten in Psychoanalysen (PSA, vier bis fünf Sitzungen pro Woche) oder Langzeitpsychotherapien (LTPP, eine bis zwei Sitzungen pro Woche) sowie eine kleine Gruppe von Patienten in Psychodynamischer Kurzzeitpsychotherapie in den drei Jahren während der Behandlung und drei weitere Jahre nach Abschluss der Behandlung – also insgesamt über sechs Jahre – untersucht. Von den

untersuchten Patienten hatten 50 Prozent eine Achse-I-Störung nach DSM-III-R (zumeist depressive Störungen und Angststörungen) und 27 Prozent eine Achse-II-Störung nach DSM-III-R (also eine Persönlichkeitsstörung); 13 Prozent litten unter Zuständen, die nach strengen Kriterien nicht einer psychiatrischen Störung entsprachen, aber behandlungsbedürftig waren und 11 Prozent hatten keine sichere Diagnose (Sandell, 2001; Sandell et al., 2004). Es handelte sich um eine kombinierte Quer- und Längsschnittstudie mit insgesamt sieben Erhebungszeitpunkten (Behandlungsbeginn und danach jährlich über sechs Jahre). Beim letzten Erhebungszeitpunkt verblieben 418 Patienten in der Stichprobe, die sich in unterschiedlichen Behandlungsphasen befanden. Hinsichtlich der psychischen Symptombelastung lagen beide Gruppen (PSA, LTPP) bei Therapiebeginn gleichermaßen im pathologischen Bereich: Der Global Severity Index (GSI) des SCL-90-R lag bei 1.1. Im Verlauf der Therapien zeigte sich in beiden Gruppen ein stetiger Rückgang des GSI, der bei Therapieabschluss nach drei Jahren mit 0.8 nur noch im klinisch-pathologischen Grenzbereich lag (0.8 = Bereich der klinisch-pathologischen Vergleichsgruppe, das heißt 1.28 SD über dem Mittelwert der gesunden Normstichgruppe). Im Drei-Jahres-Follow-up setzte sich dieser Rückgang ohne weitere Therapie fort, was bei den Patienten, die in Psychoanalyse gewesen waren, deutlich ausgeprägter war, als bei den Patienten in Langzeitpsychotherapie: GSI bei PSA 0.4 und bei LTPP 0.7, das heißt die Patienten mit Psychoanalyse lagen mit einem GSI von 0.4 sogar im Bereich der gesunden Normgruppe. Die Effektstärken hinsichtlich der Veränderung der Symptombelastung waren in beiden Gruppen groß: PSA 1.55 und LTPP 0.6.

Die Ergebnisse der Katamnese-Studie von Leuzinger-Bohleber et al. (2001) und des STOPPP-Projektes (Sandell et al., 1999, 2001, 2004; Sandell, 2001) sprechen dafür, dass Langzeitpsychotherapie und Psychoanalyse klinisch bedeutsame dauerhafte und zunehmende Symptomreduktionen bewirken und diese Wirkung nicht mit Kurzzeitverfahren erreicht wird. Der erzielte Behandlungserfolg war dabei nicht nur mit einer besseren Lebensanpassung, sondern auch mit einer relevanten Reduktion der Symptomatik verknüpft. Auch zeigte sich im STOPPP-Projekt, dass hochfrequente Behandlungen (vier bis fünf Sitzungen pro Woche) nach Abschluss der Therapie im weiteren Verlauf eine zusätzliche stärkere und nachhaltigere Symptomreduktion bewirkten als die niederfrequenten Behandlungen (ein bis zwei Sitzungen pro Woche).

Frankfurt-Hamburg-Langzeittherapiestudie
Brockmann et al. (2001, 2003, 2006) verglichen in einem prospektiv-naturalistischen Design 31 Patienten mit Langzeitverhaltenstherapie (im Mittel 63 Sitzun-

gen) und 31 Patienten mit psychoanalytisch orientierter Langzeitpsychotherapie (im Mittel 185 Sitzungen). In die Studie wurden ausschließlich Patienten aufgenommen, welche die DSM-III-R-Kriterien für das Vorliegen einer depressiven Störung oder einer Angststörung erfüllten. Zum Behandlungsbeginn unterschieden sich die beiden Gruppen bezüglich der Schulbildung, des Zugangsmodus zur Psychotherapie (ärztliche Überweisung bzw. Selbstanmelder), der Symptombelastung und des Gebrauchs von Psychopharmaka. Die Psychoanalyse-Patienten hatten eine signifikant höhere Bildung, wurden bedeutend weniger ärztlich überwiesen, hatten eine wesentlich geringere Symptombelastung und einen deutlich geringeren Gebrauch von Medikamenten.

Im Behandlungsverlauf zeigten sich bei beiden Gruppen signifikante Verbesserungen bezüglich der Symptombelastung und der interpersonellen Problematik, wobei die Veränderungen auf der interpersonellen Ebene der Verbesserung in der Symptombelastung nachfolgten. Die Veränderungen auf der interpersonellen Ebene traten bei den Patienten in der Verhaltenstherapie-Gruppe später ein als bei der Psychoanalyse-Gruppe. Die Veränderungen in den Bereichen Erleben und Verhalten sowie in der Zielerreichung waren über die Zeit gemessen für beide Gruppen signifikant. Bezüglich des Therapieverlaufs und in den katamnestischen Nachuntersuchungen zeigten beide Gruppen deutliche Veränderungen, unterschieden sich jedoch nicht signifikant voneinander.

Auch in einem weiteren Sieben-Jahres-Follow-up waren die signifikanten Veränderungen in beiden Behandlungsgruppen bezüglich der Symptomatik und der interpersonalen Problematik stabil. Erfreulich war, dass in beiden Therapiegruppen nach sieben Jahren die Rückfallquote nur bei 19 Prozent lag. Die Ergebnisse der Studien von Brockmann et al. (2001, 2003, 2006) unterstreichen, dass beide Psychotherapieverfahren sehr erfolgreich waren und zu einer bedeutsamen Verringerung der Symptombelastung beitrugen. Beide Patientengruppen hatten ähnliche Erwartungen an die Therapie, die weniger auf die Symptomreduktion als auf die Verbesserung des allgemeinen Funktionsniveaus zielten. Dieser Befund stützt die Schlussfolgerungen von Seligmann (1995) bei seiner Bewertung der Ergebnisse der Consumer Reports Study, in der die Zielsetzungen und Einschätzungen psychotherapeutisch behandelter Patienten systematisch erfasst wurden.

Heidelberg-Berlin Praxisstudie
In dieser Studie (Grande et al., 2006, Jakobsen et al., 2007) wurden ebenfalls in naturalistischem Design hochfrequente analytische Langzeitbehandlungen (mindestens 120 Stunden) und niederfrequente Psychodynamische Langzeittherapien

(mindestens 25 und maximal 100 Stunden) an einer Stichprobe von 58 Patienten mit Depressionen, Angst- und Zwangsstörungen sowie Anpassungs- oder Persönlichkeitsstörungen auf ihre Wirksamkeit hin untersucht und verglichen. Dabei bezog sich der Vergleich zwischen der Wirksamkeit der beiden Verfahren nicht auf das eigentliche Zielkriterium Analytischer Psychotherapie (die strukturelle Veränderung), sondern auf die allgemeine Symptomatik sowie interpersonelle Probleme der Patienten.

Aus den Ergebnissen geht hervor, dass sowohl die hochfrequente Psychoanalytische Therapie als auch die Psychodynamische Therapie bei Patienten mit depressiver Symptomatik sowie Angst- und Zwangsstörungen gleichermaßen wirksam ist. In der Patientengruppe mit Persönlichkeitsstörungen zeigte sich statistisch eine Überlegenheit der hochfrequenten Analytischen Therapie. Die Effekte blieben zur Katamnese hin stabil.

Göttinger Psychotherapiestudie
Leichsenring et al. (2008) konnten ebenfalls Verbesserungen in der Symptomatik und den interpersonellen Problemen durch Analytische Langzeittherapie sowohl bei Therapieende als auch in der Einjahreskatamnese aufzeigen.

Leichsenring und Rabung (2008) untersuchten in einer anspruchsvollen Metaanalyse 23 hochwertige prospektive Psychodynamische Langzeittherapiestudien (zwölf randomisiert-kontrollierte und elf naturalistische Arbeiten), welche insgesamt 1.053 Patienten mit chronifizierten und komplexen psychischen Störungen erfassten. Alle in die Analyse aufgenommenen Langzeittherapien dauerten mindestens ein Jahr oder 50 Sitzungen lang. Es wurde in dieser Metaanalyse die Wirksamkeit der Psychodynamischen Langzeittherapie sowohl mit jener der Psychodynamischen Kurzzeittherapie als auch mit jener von anderen kurzfristig angelegten Therapieformen wie KVT, Dialektisch-Behaviorale Therapie, Kognitiv-Analytische Therapie, Familientherapie sowie der Supportiven Therapie verglichen.

Die Analyse aller Studien hat ergeben, dass die Psychodynamische Langzeittherapie allen kürzeren Formen der Psychotherapie im direkten Vergleich bezüglich ihrer generellen Wirksamkeit sowie hinsichtlich persönlichkeitsstruktureller Veränderungen und formulierten Therapiezielen signifikant überlegen ist. Eine separate Auswertung für verschiedene Störungsbilder ergab zudem große, signifikante und dauerhafte Effekte für komplexe depressive Störungen (in Bezug auf die generelle Wirksamkeit, die psychiatrische Symptomatik und das psychosoziale Funktionsniveau mit Effektstärken von 0.99 bis 1.3), welche nach Therapieende zum Follow-up hin sogar weiter signifikant zunahmen. Leichsenring und Rabung kommen mit dieser Metaanalyse zu dem zentralen Ergebnis, dass es Patienten mit schweren psychischen Erkrankungen nach einer Psychodynamischen Langzeitbehandlung im Durchschnitt besser geht als 96 Prozent der Patienten der Vergleichsgruppe.

Münchener Psychotherapie-Studie (MPS)
Die Arbeitsgruppe von Huber und Klug (Huber et al., 2012; Klug et al., 2016) untersuchte in einem zum Teil randomisierten, quasi-experimentellen und prospektiven Studiendesign 100 Patienten mit depressiven Störungen, das heißt unipolar depressiven Episoden (ICD-10 F32), rezidivierenden depressiven Störungen (F33) oder Double Depression (F32/F33 und F34.1). Die Patienten wurden nach randomisierter Zuteilung über einen Zeitraum von circa drei Jahren entweder mit Analytischer Psychotherapie (PA, zwei bis drei Sitzungen pro Woche im Liegen mit im Durchschnitt 234 Sitzungen, n = 35) oder Tiefenpsychologisch fundierter Psychotherapie (PD, eine Sitzung pro Woche mit im Durchschnitt 88 Sitzungen, n = 31) behandelt. Wegen nicht ausreichender Behandlungskapazitäten bei Studienbeginn wurden zu einem späteren Zeitpunkt 34 Patienten mit Kognitiver Verhaltenstherapie (CBT) behandelt und in die Studie eingeschlossen (eine Sitzung pro Woche mit im Durchschnitt 44 Sitzungen über einen Zeitraum von zwei Jahren). Nach Abschluss der Therapien wurden die Patienten noch weiter im Verlauf untersucht (Ein-, Zwei- und Drei-Jahres-Follow-up). Die primären Outcome-Variablen waren die Depressivität im BDI und die psychischen strukturellen Veränderungen in den Skalen psychischer Kompetenzen (SPK; Huber et al., 2006); sekundäre Outcome-Variablen waren unter anderem das Ausmaß der subjektiven Symptombelastung gemessen mit dem Global Severity Index (GSI) des SCL-90-R und das Ausmaß interpersoneller Probleme im Inventar Interpersoneller Probleme (IIP-D; Horowitz et al., 2000).

Alle drei Therapiebedingungen waren ohne signifikante Unterschiede sehr effektiv bezüglich der Depressivität (BDI) und der subjektiven Symptombelastung (GSI) mit großen Effektstärken (post-treatment: PA 2.4, PD 2.1, CBT 1.8; Ein-Jahres-Follow-up: PA 2.3, PD 2.0, CBT 1.8). Diese Veränderungen waren auch klinisch signifikant.

Beim Ausmaß der interpersonellen Probleme (IIP) erbrachten die Analytische Psychotherapie und die Tiefenpsychologisch fundierte Psychotherapie im Prä-Post-Vergleich signifikant größere Effekte als die Kognitive Verhaltenstherapie (Effektstärken post-treatment: PA 1.4, PD 1.3, CBT 0.5); im Ein-Jahres-Follow-up zeigte sich dann eine Überlegenheit der Analytischen Psychotherapie sowohl gegenüber der Tiefenpsychologisch fundierten Psychotherapie als auch der Kognitiven Verhaltenstherapie mit signifikant größerer Effektstärke (Effektstärken Ein-Jahres-Follow-up: PA 1.5, PD 1.0, CBT 0.4).

Hinsichtlich der psychisch strukturellen Veränderungen (SPK) zeigte sich die Analytische Psychotherapie am effektivsten und unterschied sich darin signifikant von der Tiefenpsychologisch fundierten Psychotherapie und der Kognitiven Verhaltenstherapie (Effektstärken: post-treatment: PA 1.8, PD 1.2, CBT 0.7; Ein-Jahres-Follow-up: PA 2.0, PD 1.4, CBT 1.1).

An derselben Stichprobe untersuchten Huber et al. (2016) die Trajektorien und Mediatoren der festgestellten Veränderungen: Während der frühen und weiteren Behandlung zeigte sich eine Abnahme der Symptomatik in allen drei Gruppen, eine zunehmende Reduktion der depressiven und allgemeinpsychiatrischen Symptome nach dem Ende der Behandlung in der Psychoanalyse-Gruppe im Vergleich mit PD und CBT, eine größere Abnahme der interpersonellen Probleme in der PD-Kohorte im Vergleich mit PA und CBT bereits während der frühen Behandlung, eine signifikante Verminderung interpersoneller Probleme im weiteren Verlauf der Behandlung mittels PA im Vergleich mit PD und CBT und eine weitere bedeutsame Abnahme interpersoneller Probleme auch nach Abschluss der Behandlung in der PA-Kohorte im Vergleich mit CBT.

Therapeutische Allianz und Introjekt wurden als Mediatoren definiert und mittels des Helping Alliance Questionnaire (HAQ; Bassler et al., 1995) und des SASB (Introject Surface; Monsen et al., 2007) untersucht. Die Analysen der Mediationseffekte ergaben, dass weder die therapeutische Allianz noch die Introjekt-Affiliation die differenziellen, therapeutischen Effekte vermittelten.

Zusammengefasst zeigt sich in der Münchner Psychotherapie-Studie, dass alle drei angewandten Therapiemethoden sehr effektiv in der Behandlung depressiver und genereller psychischer Symptome sind, aber die Analytische Psychotherapie und Tiefenpsychologisch fundierte Psychotherapie möglicherweise Vorteile gegenüber der Kognitiven Verhaltenstherapie haben, wenn es um die Veränderungen interpersoneller Probleme und der psychischen Struktur geht.

Der im gesundheitspolitischen Kontext relevante Gesichtspunkt der Kosteneffektivität von Psychoanalytischer Langzeitpsychotherapie im Hinblick auf die Beanspruchung des Gesundheitssystems und die Arbeitsbeeinträchtigung wurde von de Maat et al. (2007) untersucht (Review für den Zeitraum 1970 bis 2005 unter Einschluss von sieben Studien, n = 861).

Die Daten deuten darauf hin, dass Langzeittherapien substanziell zu weniger Inanspruchnahme des Gesundheitssystems führen und auch die Anzahl der

Krankheitstage reduzieren helfen. Diese Ergebnisse sind kohärent mit den Befunden der Studie von Leuzinger-Bohleber et al. (2001) sowie den Untersuchungen von Knekt et al. (2008a, 2008b, 2011).

3.4 Schlussfolgerungen

Angesichts der teilweise inkonsistenten Studienergebnisse und der schwierigen Vergleichbarkeit der Studien zur Wirksamkeit der unterschiedlichen Therapiemethoden ist eine zusammenfassende Beurteilung weiterhin nur mit einem gewissen Vorbehalt möglich. Aufgrund der empirischen Verlaufs- und Therapieforschung in den vergangenen Jahren besteht eine empirische Evidenz dahingehend, dass sämtliche angewandten Formen der Psychodynamischen Kurzzeitpsychotherapie, der Kognitiven Therapie/Verhaltenstherapie und der Interpersonellen Psychotherapie in der Behandlung der Depression (bei sämtlichen einbezogenen Gruppen depressiver Patienten) wirksam sind und eine zentrale Bedeutung in der Depressionsbehandlung haben (vgl. Ankarberg & Falkenström, 2008; Imel et al., 2008).

Empirische Wirksamkeitsstudien, bei denen medikamentöse und psychotherapeutische Therapieansätze verglichen wurden, belegen für die Psychodynamische Psychotherapie, die Kognitive Verhaltenstherapie und die Interpersonelle Psychotherapie eine Gleichwertigkeit in der Behandlung leichter bis mittelgradiger depressiver Störungen (Shea et al., 1992; de Maat et al., 2006; Salminen et al., 2008).

Zu berücksichtigen ist dabei auch die geringere Abbruchrate bei psychotherapeutisch behandelten depressiv Erkrankten.

Bei leichtem bis mittlerem Schweregrad der Depression bringen Kombinationsbehandlungen im kurzfristigen Therapieverlauf mit Psychopharmaka keinen zusätzlichen therapeutischen Gewinn (CBT plus AD: Hollon et al., 1992; Hautzinger et al., 1996; Gloaguen et al., 1998; Lewinsohn & Clarke, 1999; Dimidjian et al., 2006; STPP plus AD: Salminen et al., 2008; Dekker et al., 2008; IPT plus AD: Reynolds et al., 1999; de Mello et al., 2005).

Die Datenlage im Hinblick auf die Frage ob die Kombinationstherapie (Psychotherapie plus Antidepressivum) der jeweiligen Psychotherapie als Monotherapie überlegen ist, ist weiterhin als inkonsistent anzusehen. Die aktuellen Vergleichsstudien bestätigen allerdings die Tendenz einer Überlegenheit der

Kombinationstherapie gegenüber der Pharmakomonotherapie (CBT plus AD: Thase et al., 1997; Keller et al., 2000; STPP plus AD: Burnand et al., 2002; de Jonghe et al., 2004; de Maat et al., 2008; Maina et al., 2009; Molenaar et al., 2007; IPT plus AD: Frank et al., 1991; Schramm et al., 2002).

Insbesondere bei »höherem Schweregrad rezidivierender Depressionen« (Thase et al., 1997; Keller et al., 2000) sowie bei »komorbid vorhandener Persönlichkeitsstörung« (Kool et al., 2005) ergab sich eine »statistische Überlegenheit der Kombinationsbehandlungen«.

Worin bestehen die Langzeiteffekte Psychoanalytischer Psychotherapie bei affektiven Störungen?

In aktuellen Studien zur Psychoanalytischen Langzeittherapie wurde ein starker und auch noch nach Behandlungsende vorhandener Therapieerfolg (Carry-over-Effekt) auf depressionsassoziierte Symptome (Sandell et al., 1999, 2001, 2004; Leuzinger-Bohleber et al., 2001; Rudolf et al., 2000; Leichsenring et al., 2004, 2008, 2016; Grande et al., 2006) und eine weitere und zunehmende Abnahme interpersoneller Störungen beschrieben (Klug et al., 2016).

Die Propagierung kurzer Therapien entspricht gerade bei der Depression weder der klinischen Alltagserfahrung noch der vorhandenen empirischen Datenlage (vgl. Böker, 2000b, 2005). Die Indikation zu einer zusätzlichen Psychotherapie besteht bei einer initialen medikamentösen Monotherapie, wenn ein hohes Rezidivrisiko nach Absetzen der Antidepressiva besteht, erhebliche Compliance-Probleme bezüglich der Einnahme von Medikamenten vorhanden sind oder trotz adäquat durchgeführter Medikation eine bedeutsame depressive Residualsymptomatik fortbesteht (vgl. Böker, 2011; Schauenburg et al., 1999). Ferner legen maladaptive und geringe Problemlösungsstrategien, widrige Lebensumstände oder mangelhafte Unterstützungsressourcen und die Komorbidität von Depression und Persönlichkeitsstörung ein psychotherapeutisches Vorgehen nahe. Im einzelnen Behandlungsfall sind stets auch persönliche und psychosoziale Umstände sowie die Auswirkungen der Erkrankung im Alltag zu berücksichtigen.

All diese Umstände und Sachverhalte erfordern »Modifikationen in der Psychotherapieforschung bei depressiv Erkrankten«. So sollte nach einem Vorschlag von Shadish et al. (1997) eine mehrstufige Evaluation von Psychotherapieverfahren erfolgen, bei der randomisiert-kontrollierte Studien nur ein Element möglicher Forschungsdesigns darstellen:

3.4 Schlussfolgerungen

➤ Pilotstudien zur Klärung von Effekten, Risiken, Anwendbarkeit unter anderen
➤ »Efficacy«-Studien (Wirksamkeit unter Idealbedingungen): kontrollierte, klinische Studien unter konstruierten Idealbedingungen (u. a. mit einer wirksamen Kontrollbedingung)
➤ Erprobung der Intervention an speziellen Populationen (z. B. komorbide Störungen, ältere Patienten)
➤ Effectiveness-Studien (Wirksamkeit unter realen Bedingungen): Evaluation im öffentlichen Gesundheitswesen und unter realen Praxisbedingungen (Nutzen-Schaden-, Nutzen-Kosten-Gesichtspunkte, Langzeiteffekte, d. h. ausreichend lange Behandlungs- und Katamnesezeiträume, weitergehende Dimensionen wie Lebensqualität, Morbidität usw.)

Im Fokus der zukünftigen Psychotherapieforschung bei depressiv Erkrankten sollten Fragen der Passungs-Problematik, der Differenzialindikation für eine Kurz- oder Langzeittherapie und der prognostischen Parameter (Prädiktorvariablen) stehen.

Die Synopsis der empirischen Studien ergibt, dass die Psychotherapieforschung die Wirksamkeit der am häufigsten untersuchten Psychotherapieverfahren (KVT, IPT und Psychodynamische Psychotherapie/Psychoanalytische Psychotherapie) bei Depressionen untermauert hat. Die Schwere depressiver Erkrankungen, die hohe Rezidiv- und Chronifizierungsrate unterstreichen, dass Depressionsbehandlungen jenseits der notwendigen intensiven Interventionen nach Erstmanifestation insbesondere auch den Langzeitverlauf depressiver Erkrankungen berücksichtigen müssen.

Fazit
Die Psychodynamische Psychotherapie trägt als wirksames Psychotherapieverfahren zu einer adäquaten Behandlung einer großen Gruppe depressiv Erkrankter bei, bei denen eine persönlichkeitsstrukturell verankerte Dynamik, intrapsychische und/oder interpersonelle Konflikte zur Auslösung depressiver Episoden und zur Chronifizierung des Krankheitsgeschehens führen können (vgl. Rudolf, 2006).

4 Grundlegende Konzepte, Modelle und Techniken Psychodynamischer Psychotherapie

4.1 Das Unbewusste

Die Annahme der Psychoanalyse, dass ein großer Anteil psychischer Prozesse unbewusst verläuft, stellte in ihrer Anfangszeit eine revolutionäre Erkenntnis dar. Freud (1914c) identifizierte zwei verschiedene Arten unbewusster Inhalte:
1. das Vorbewusste (mentale Inhalte, die leicht ins Bewusstsein gerückt werden können, indem die Aufmerksamkeit verlagert wird)
2. das eigentliche Unbewusste (mentale Inhalte, die zensiert sind, weil sie inakzeptabel und deshalb unterdrückt sind, und nicht ins Bewusstsein zu rücken sind)

Zusammen bilden beide Systeme das, was Freud (1900a) als topografisches Modell bezeichnet hat.

Das Vorhandensein und die Bedeutung unbewusster Prozesse werden inzwischen nicht mehr angezweifelt, nicht zuletzt auch wegen der Ergebnisse neurowissenschaftlicher Forschung (Übersicht in Northoff, 2014c). Selbstverständlich ist dabei zu berücksichtigen, dass das Verständnis des Unbewussten seitens der Neurowissenschaften sich nicht ganz mit dem Konzept des dynamischen Unbewussten Freuds deckt.

Anders als Freud verstehen wir heute Bewusstes, Vorbewusstes und Unbewusstes nicht mehr topisch, sondern als unterschiedliche Organisationsformen seelischen Materials (vgl. Piegler & Northoff, 2016). Folglich ist es hilfreicher, sich den Ablauf psychischer Prozesse als auf einem Kontinuum angesiedelt vorzustellen, dessen beide Pole das Bewusste und das Unbewusste bilden (Bohleber, 2013, S. 813f.).

Was das Unbewusste, also das von uns als Subjekten primär oder gar nicht fassbare Intrapsychische im Einzelnen, – heutigem Wissensstand entsprechend – alles umfasst, soll im Folgenden skizziert werden (vgl. Piegler & Northoff, 2016):

1. Vorgänge in Gehirnregionen außerhalb der assoziativen Großhirnrinde, die grundsätzlich unbewusst ablaufen. Hierher gehört auch die Tätigkeit der von Rizzolatti et al. 1992 entdeckten Spiegelneurone, die in uns zum Beispiel Empathie auslösen (Rizzolatti et al., 2006).
2. Sämtliche perzeptiven, kognitiven und emotionalen Prozesse, die im Gehirn des Fötus, des Säuglings und des Kleinkindes vor Ausreifung des assoziativen Cortex ablaufen. Alle neurobiologischen Befunde sprechen dafür, dass sich ichbezogene Bewusstseins- und explizite Gedächtnisinhalte erst im Kontext mit der Verbalisierungsfähigkeit ab Ende des dritten Lebensjahres entwickeln (das »nicht-verdrängte Unbewusste«; Bohleber, 2013, S. 811). Dieses Unbewusste beinhaltet alle frühkindlichen Beziehungserfahrungen (vgl. Sterns RIGs, d. h. »Representations of Interactions that have been Generalized«; Klöpper, 2014, S. 219), die implizit abgespeichert werden und als implizites Beziehungswissen unser Leben bestimmen. Der anatomische Speicherort dafür sind die Kerne des limbischen Systems.
3. Unterschwellige (subliminale) Wahrnehmungen, das heißt Wahrnehmungen, die von ihrer Reizstärke oder -dauer her zu schwach für eine bewusste Verarbeitung sind, aber gleichwohl unser Denken und Handeln beeinflussen.
4. Inhalte, die einmal bewusst waren, aber ins Unbewusste abgesunken sind. Hierher gehört in erster Linie all das, was – bedrängenden inneren Konflikten entsprungen oder als Trauma – verdrängt oder verleugnet wird (»dynamisches Unbewusstes«, Bohleber, 2013, S. 810).
5. Vorbewusste Inhalte von Wahrnehmungsvorgängen, die nach hinreichender Aktivierung der assoziativen Großhirnrinde bewusst, das heißt durch aktive Aufmerksamkeit erinnerbar werden.
6. »Das Kreative Unbewusste« (Bohleber, 2013, S. 812f.), welches Entwicklungsprozesse voranbringt. Hier sieht Bohleber unter anderem die kreativen Prozesse des Träumens angesiedelt.
7. »Energetisches Unterbewusstsein« (Northoff, 2011, 2014a, b, c): Dieses energetisch-dynamische Unbewusste ist nicht auf bestimmte Inhalte bezogen, sondern basiert auf der spontanen Aktivität des Gehirns und ist charakterisiert durch eine bestimmte räumlich-zeitliche Struktur.

> **Psychotherapeutisches Fazit**
> Während Bewusstes unmittelbar erfahr- und erlebbar ist in Form von Spüren, Wahrnehmen, Denken, Fühlen, Erinnern und Handeln, kann das Unbewusste nur durch das bewusst Wahrgenommene, Gefühlte und Erlebte in einem zweiten Schritt erschlossen werden.

Die therapeutische Einflussnahme auf das im limbischen System verankerte »implizite Beziehungswissen« ist ein langwieriger Prozess, der aus emotionalen Neuerfahrungen in der intersubjektiven Beziehung zwischen Patient und Therapeut resultiert und wahrscheinlich durch Neuropeptide, wie sie in einer sicheren Bindung ausgeschüttet werden, gebahnt wird.

4.2 Intrapsychische und interpersonelle Abwehr

Abwehr- und Bewältigungsmechanismen sind wesentliche Ich-Funktionen. In ihnen drücken sich am ehesten die Beziehungen des einzelnen zu sich selbst und zu emotional bedeutsamen anderen Personen aus.

Abwehrmechanismen wurden erstmalig systematisch in dem grundlegenden Werk »Das Ich und die Abwehrmechanismen« von Anna Freud (1982 [1936]) beschrieben. Darin wird insbesondere auch die Bedeutung der Abwehrmechanismen für die Psychotherapie betont, in der diese als Widerstand manifest werden.

Allen Abwehrmechanismen ist gemeinsam deren Schutzfunktion des Ichs gegenüber triebhaften Bedürfnissen (Freud, 1926d). Es lässt sich eine Hierarchie reiferer und weniger reifer Abwehrmechanismen – ohne pejorative Konnotation – annehmen; die jeweils vorliegende Abwehrkonstellation kann dabei als ein Barometer psychischer Gesundheit aufgefasst werden.

Die Wirkungsweise und Funktion der unterschiedlichen Abwehrmechanismen werden in den Tabellen 5 und 6 zusammenfassend beschrieben.

Die adaptativen Ich-Funktionen sind nicht nur auf Abwehrprozesse beschränkt. Hartmann (1950, 1970) beschrieb eine autonome »konfliktfreie Sphäre des Ichs«, unabhängig von triebhaften Bedürfnissen und Konflikten. Diese umfasst unter anderem Denken, Lernen, Wahrnehmung, motorische Kontrolle und Sprache. Zu den Ich-Funktionen zählen ferner auch Realitäts- und Impulskontrolle, Urteilsbildung und synthetisch-integrative Funktionen.

Abwehrmechanismus	Wirkungsweise und Funktion
Intellektualisierung	Vorgang, durch den das Subjekt Konflikte und Gefühle rational zu formulieren versucht mit einem Überwicht abstrakten Denkens gegenüber den auftauchenden Affekten und Fantasien.
Rationalisierung	Sekundäre Rechtfertigung in akzeptable Überzeugungen oder Verhaltensweisen, um sie für einen selbst erträglich zu machen.
Affektisolierung	Abtrennung des vorstellungsmäßigen Inhaltes, der bewusst bleibt, von dem dazugehörigen Affekt, der verdrängt wird.
Ungeschehenmachen	Versuch, sexuelle, aggressive oder beschämende Implikationen einer vorangegangenen Bemerkung oder Verhaltensweise durch einen entgegengesetzten Gedanken oder durch einen magischen symbolischen Akt zu negieren.
Reaktionsbildung	Unerwünschte, unerlaubte oder Angst erzeugende Impulse und Tendenzen werden durch Entwicklung entgegengesetzter Tendenzen und Haltungen abgewehrt. Es handelt sich um einen dauerhaften und habituellen Vorgang, der mit der Entwicklung entsprechender Charakterzüge einhergeht.
Verschiebung	Loslösung emotioneller Reaktionen von ihren ursprünglichen Inhalten und Verknüpfung mit anderen, weniger wichtigen Situationen oder Gegenständen. Autoaggressive Verlagerung der ursprünglich nach außen gerichteten Aggression nach innen.

4.2 Intrapsychische und interpersonelle Abwehr

Identifikation	Verinnerlichung der Eigenschaften einer anderen Person, indem man sich ihr angleicht. Es handelt sich um einen entwicklungspsychologisch zentralen Vorgang, durch den intrapsychische Strukturen entstehen (reifere Form der Internalisierung). Häufige Nutzung der Identifikation als Abwehr, zum Beispiel bei der Identifikation mit dem Aggressor oder bei Identifikationen innerhalb konversionsneurotischer Symptombildungen zur Abwehr seelischen Schmerzes nach Verlust und Trennungen.
Introjektion	In-sich-hinein-Nehmen von Aspekten einer wichtigen Person ist von großer Bedeutung bei der Selbstentstehung, insbesondere innerhalb der frühen psychischen Entwicklung. Regressive Nutzung als pathologische Abwehr zur Vermeidung und zum Rückgängigmachen schmerzlicher Trennungen vom Objekt und/oder der Unterscheidung zwischen Subjekt und Objekt.
Verdrängung	Universeller psychischer Vorgang, der mit der Bildung des Unbewussten verknüpft ist. Die oben beschriebenen Abwehrformen dienen der Verdrängung im weiteren Sinne, das heißt der Unbewusstmachung. Bei der Verdrängung im engeren Sinne versucht das Subjekt, die mit triebhaften Wünschen zusammenhängenden Vorstellungen (Gedanken, Bilder, Erinnerungen) in das Unbewusste zurückzustoßen oder dort festzuhalten (Amnesie, Skotomisierung bestimmter Inhalte).
Sublimierung	Umsetzen verdrängter Triebimpulse in sozial gewertete Tätigkeiten, auf die das Triebziel verschoben wird. Der Begriff ist umstritten, insbesondere Freuds Prämisse, das kulturelle Leistungen notwendigerweise einen Triebverzicht voraussetzen.

Tab. 3: Hierarchie der reiferen Abwehrmechanismen

Abwehrmechanismus	Wirkungsweise und Funktion
Idealisierung	Anderen werden überhöhte, perfekte Eigenschaften zugeschrieben, um Angst oder negative Gefühle (Wut, Neid, Verachtung) zu vermeiden.
Psychotische Introjektion	In-toto-Verinnerlichung des wichtigen anderen zur Vermeidung bzw. zum Rückgängigmachen der Trennung vom Objekt und/oder der Unterscheidung zwischen Subjekt und Objekt.
Projektion	Wahrnehmung von und Reaktion auf inakzeptable innere Vorgänge, indem sie nach außen, in eine andere Person, verlegt werden. Auf diese Weise kommt es zu einer groben Verzerrung der Wahrnehmung der Realität (z. B. im Wahn).
Projektive Identifizierung	Intrapsychischer Abwehrmechanismus, der eng verknüpft ist mit einer spezifischen Form zwischenmenschlicher Kommunikation. Der Betreffende verhält sich so, dass eine andere Person subtilem zwischenmenschlichem Druck ausgesetzt wird, damit sie Merkmale eines auf sie projizierten Aspekts des Ich oder inneren Objekts annimmt. Die Person, die Ziel der Projektion ist, beginnt sich entsprechend dem auf sie Projizierten zu verhalten, zu denken und zu fühlen.
Abspaltung	Vermeidung des Zusammentreffens inkompatibler Inhalte, die die eigene Person oder andere betreffen. Die inkompatiblen Inhalte werden zeitweilig und nach Bedarf abwechselnd verleugnet und bleiben – im Gegensatz zur Verdrängung – prinzipiell bewusst bzw. vorbewusst.
Verleugnen	Vermeidung der Kenntnisnahme von Aspekten der äußeren Wirklichkeit, die in einer Weigerung des Subjekts besteht, die Realität einer traumatisierenden Wahrnehmung anzuerkennen.

4.2 Intrapsychische und interpersonelle Abwehr

Dissoziation	Unterbrechung des Empfindens der Kontinuität im Bereich der Identität, des Gedächtnisses, des Bewusstseins oder der Wahrnehmung, um die Illusion der psychologischen Kontrolle aufrechtzuerhalten und Hilflosigkeit und Kontrollverlustängste zu bewältigen. Im Gegensatz zur Abspaltung kann die Dissoziation aufgrund der Loslösung des Ich von dem betreffenden Ereignis unter Umständen mit der Verzerrung der Erinnerung an Ereignisse einhergehen.
Agieren (Acting-out)	Impulsive Umsetzung eines unbewussten Wunsches oder einer unbewussten Fantasie in eine Handlung, um einen schmerzlichen Affekt zu vermeiden. Durch diese unbewusste Form der Aktualisierung der Vergangenheit in der Gegenwart wird deren Ursprung und Wiederholungscharakter verkannt.
Somatisierung	Umwandlung von Affektzuständen, unter anderem emotionale Schmerzen, in körperliche Symptome und Fokussierung auf körperliche Phänomene (anstelle psychischen Erlebens). Die Somatisierung weist unterschiedliche funktionelle Modalitäten auf: Somatisierung über »histrionische« Identifikation (in der Konversion), Somatisierung via emotionelles Korrelat (bei somato-psychosomatischen Prozessen) und projektive Somatisierung (Externalisierung unerträglicher Affekte und Schmerzen in den eigenen Körper im Rahmen der Hypochondrie).
Regression	Rückkehr in eine frühere Phase der Entwicklung oder psychischer Funktionen, um die mit der gegenwärtigen Situation verbundenen Konflikte, Schmerzen und Spannungen zu vermeiden.
Autismus	Rückzug in die eigene innere Welt, verknüpft mit schizoiden Fantasien, um Angst in zwischenmenschlichen Situationen zu vermeiden.

Tab. 4: Hierarchie der unreiferen (frühen) Abwehrmechanismen

Eine besonders bedeutsame Gruppe von Abwehrmechanismen bezieht sich nicht mehr nur auf intrapsychische Vorgänge, sondern auf die Entwicklung von Beziehungskonstellationen, welche die intrapsychischen Veränderungen bestätigen, rechtfertigen und real erscheinen lassen. Damit eröffnet sich eine Mehr-Personen-Perspektive, die von Mentzos (1982) als »psychosoziale Arrangements« und von Willi (1975) als »Kollusion« beschrieben wurde. Diese unbewusst gestalteten Konstellationen von Beziehungen haben zahlreiche Varianten, gehen unter anderem mit Rollenzuweisungen einher und schließen auch sadomasochistische Beziehungen ein.

4.3 Intrapsychische Konflikte

Spezifische innere Widersprüche eines Menschen oder Verwerfungen innerhalb von Beziehungen können sich pathogen auswirken. Die Bearbeitung von Konflikten ist in der Psychodynamischen Psychotherapie von zentraler Bedeutung. Dies ergibt sich aus der Entwicklung jedes einzelnen, stellt diese doch in gewisser Weise einen dialektischen Prozess dar, innerhalb dessen potenziell unvereinbar erscheinende Gegensätzlichkeiten bzw. »Bipolaritäten« immer wieder ausbalanciert werden (Mentzos, 2009). Die Risiken bestehen dabei in einem möglichen dichotomisierenden »Entweder-oder« bei der Lösung eines Konfliktes und/oder in der Bildung bleibender rigider Strukturen.

Grundsätzlich lassen sich äußere Konflikte (auf einer realen überindividuellen Ebene angesiedelte Konstellationen) und innere Konflikte unterscheiden. Letztere sind häufig nicht bewusst, sondern rühren von starken unbewussten Kräften her, die nach Ausdruck streben und von entgegengesetzten Kräften kontrolliert werden müssen. Diese interagierenden, gegensätzlichen Kräfte können als Wunsch oder als Abwehrmechanismus verstanden werden (Böker & Northoff, 2016).

Der psychophysische Organismus ist beständig damit beschäftigt, Bedürfnisse und Interessen zu befriedigen und Gefahren abzuwenden. Diese Funktionen hatte Freud (1911b) mit den Begriffen »Lust-Unlust-Prinzip« und »Realitätsprinzip« umschrieben. Lustempfindungen und Unlustempfindungen und die damit einhergehenden Affekte lassen sich funktionell als Indikatoren eines emotionalen Regulationssystems auffassen, das der Aufrechterhaltung eines optimalen Spannungsniveaus dient. Die im Konflikt enthaltenen und in ihrer Gegensätzlichkeit unter gewissen Umständen »eingerasteten« Motivbündel (Mentzos, 2009) können zu einer erhöhten Spannung beitragen und schließlich mit dys-

4.3 Intrapsychische Konflikte

funktionalen Anpassungsprozessen und Reaktionen der Stressachse einhergehen, wodurch weitere neurobiologische und psychosoziale Circuli vitiosi induziert werden. Diese zunehmende Dysfunktionalität ist insbesondere auch von sehr großer Bedeutung bei depressiven Störungen (Teufelskreise der Depression).

Ein zentraler, primärer Konflikt des Menschen besteht in dem Gegensatz zwischen selbstbezogenen und objektbezogenen Tendenzen, das heißt dem Gegensatz zwischen Bedürfnissen nach autonomer Identität und Selbstständigkeit einerseits und Bedürfnissen nach Bindung, Kommunikation und emotionaler Nähe andererseits.

Ausgehend von dem Vorhandensein normaler Bipolaritäten können die in der gestörten psychischen Entwicklung auftauchenden Konflikte als Variationen dieses Grundkonfliktes aufgefasst werden (vgl. Mentzos, 2009). Die Konflikte schlagen sich dabei im Laufe der Entwicklung – abhängig von der neurobiologischen Disposition, dem Temperament, der Persönlichkeit und dem psychosozialen Umfeld – in unterschiedlichen Konfliktkonstellationen nieder. Diese gehen mit spezifischen Ängsten einher.

Die Konflikte, ihre jeweils extremen Pole und die damit korrespondierenden Emotionen sind in Tabelle 7 zusammengefasst (vgl. Abschnitt Konfliktdimension in der OPD).

	Konflikt	Angst vor
I	Autistischer Rückzug versus Fusion mit dem Objekt	Selbstverlust durch Objektlosigkeit oder durch Fusion mit dem Objekt
II	Absolut autonome Selbstwertigkeit versus vom Objekt absolut abhängige Selbstwertigkeit	Selbstwertverlust durch Selbstentwertung oder durch Entwertung des idealisierten Objekts
III	Separation – Individuation versus Bindung – Abhängigkeit	Selbstgefährdung durch Objektverlust oder durch Umklammerung seitens des Objekts
IV	Autarkie versus Unterwerfung und Unselbstständigkeit	abgelehnt, nicht geliebt werden, Trennung oder demütigender Abhängigkeit
V	Identifikation mit dem Männlichen versus Identifikation mit dem Weiblichen	totalem Aufgeben des Weiblichen versus endgültigem Aufgeben des Männlichen (bzw. Geschlechtsdiffusion)

	Konflikt	Angst vor
VI	Loyalitätskonflikte	Aufgeben oder Verratenmüssen des einen oder des anderen Objekts
VII	Triadische »ödipale« Konflikte	Ausschluss durch das Elternpaar, Bedrohung der eigenen Integrität und Sicherheit, »Kastrationsangst«

Tab. 5: Konflikte, extreme Polaritäten und korrespondierende Emotionen

4.4 Psychische Struktur

Die psychische Struktur stellt den Hintergrund dar, auf welchem sich Konflikte mit ihren gut oder schlecht angepassten Lösungsmustern abspielen. Der Reifegrad der psychischen Struktur des Subjekts ist eng verknüpft mit den Beziehungen zum emotional bedeutsamen anderen (»Objekt«) und zum Ich. Die Annahme, dass alle psychischen Störungen konflikthafter Natur sind, wird nicht durch die Erfahrungen infrage gestellt, dass eine Untergruppe struktureller Störungen, die auf einer pathologischen Verarbeitung sehr früher Konflikte beruht, vorwiegend durch die dabei entstehenden psychischen Mängel bedingt ist und somit nicht durch die Konflikte selbst. Kohut (1971, 1979 [1977]) fasste diese Untergruppe unter der Bezeichnung »Selbstpathologie« zusammen. Mentzos (2009) fasste die Psychosen, die Borderline-Zustände und die narzisstischen Störungen als Variationen der strukturellen Mängel (Selbstpathologie) auf.

Wie lassen sich psychische Struktur und strukturelle Störungen in einer systematischen Weise erfassen und definieren?
Dazu schlug Rudolf (2006) eine Einteilung der Struktur (Reifegrade, Variationen der strukturellen Mängel bzw. Selbstpathologie) in vier Stufen vor:

➢ gut integriert
➢ mäßig integriert
➢ gering integriert
➢ desintegriert

Eine Einschätzung des Integrationsniveaus bzw. des Funktionsniveaus der Patienten entsprechend dieser Stufeneinteilung im Sinne ihrer strukturellen Fähigkeiten und Vulnerabilitäten erfolgt auch auf der OPD-Strukturachse (s. OPD, Achse-4) hinsichtlich *sechs persönlichkeitsstrukturell relevanter Dimensionen*:

- Selbstwahrnehmung
- Selbststeuerung
- Abwehr
- Objektwahrnehmung
- Kommunikation
- Bindung

Dieses Vorgehen ist im Hinblick auf die diagnostische Einschätzung des Strukturniveaus, die Durchführung der Psychotherapie und die operationalisierte Untersuchung persönlichkeitsstruktureller Veränderungen im Verlauf der Behandlung sehr nützlich. Es ist auch an den von Kernberg (1981) definierten Strukturniveaus orientiert. Jede der sechs strukturellen Dimensionen weist mehrere untergeordnete Aspekte auf: Beispielsweise enthält die Fähigkeit zur Selbststeuerung die Aspekte der Affekttoleranz, Selbstwertregulation (von zentraler Bedeutung bei depressiv Erkrankten), Impulssteuerung und Antizipation.

4.5 Übertragung und Gegenübertragung

Manche Kindheitsmuster der seelischen Organisation können im Erwachsenenalter fortbestehen: Auf diese Weise wiederholt sich die Vergangenheit in der Gegenwart. Eigenschaften emotional wichtiger Personen in der Kindheit werden dem aktuellen Partner oder auch dem Behandelnden in einer Psychotherapie zugeschrieben, die mit der historischen Situation verknüpften Gefühle werden auch in der aktuellen Begegnung empfunden.

Die Übertragung ist nicht nur bedeutsam in der therapeutischen Beziehung, sondern sie ist ein Phänomen von allgemeiner Bedeutung, »weil sie in jeder Situation zustande kommt, in der ein anderer im Leben eines Menschen wichtig ist« (Brenner, 1982 [1955], S. 195). Dementsprechend fasste Brenner jede Objektbeziehung als eine Erweiterung der ersten definitiven Bindungen der Kindheit auf.

Frühe Beziehungserfahrungen haben sich im Gedächtnis in einer Weise festgesetzt, dass sie alle Wahrnehmungen einer gegenwärtigen Beziehung modifizieren können. Entscheidend ist dabei, dass dieser Einfluss, der durch die frühen Beziehungserfahrungen stattfindet, unbewusst ist.

In einer neuropsychodynamischen Perspektive sind die inneren Objektrepräsentanzen, die durch reale Eigenschaften des Therapeuten getriggert werden, in einem Neuronennetzwerk verankert, das zusammen aktiviert werden kann (vgl. Böker & Northoff, 2016). Die Besetzungsenergie bei der Übertragung besteht dementsprechend aus Anteilen der gegenwärtigen und gleichzeitig der früheren Beziehungserfahrungen, die unbewusst sind.

Nicht nur in der klassischen Psychoanalyse, sondern auch im Verlauf einer längeren Psychodynamischen Psychotherapie besteht eine wesentliche therapeutische Aufgabe in der Bewusstmachung der Elemente aus früheren Beziehungserfahrungen. Auf diesem Wege wird eine Modifikation verzerrter Wahrnehmungen und Konstellationen in den aktuellen Beziehungen der Patienten unterstützt.

In der Interaktion zwischen Patient und Therapeut in einer Psychodynamischen Psychotherapie gibt es im Erleben des Therapeuten ebenfalls Einstellungen und Gefühlsreaktionen, die das Gegenstück zur Übertragung darstellen: Die Gegenübertragung (Freud, 1910d, S. 108). Darunter wurden zunächst die komplementären unbewussten Prägungen aus der eigenen Kindheit des Psychotherapeuten verstanden. Im Laufe der Zeit wurde das Verständnis dieses Begriffes erweitert. Heute versteht man darunter die Gesamtheit der unbewussten Reaktionen, die sich in Gefühlen, Haltungen und Handlungen eines Therapeuten oder Therapeutenteams manifestieren können (Laplanche & Pontalis, 1972; Kernberg, 1991 [1985]).

Für den psychotherapeutischen Prozess ist es von großer Bedeutung, dass sich der Psychotherapeut seiner Gegenübertragung bewusst wird. Die bewusst gemachte Gegenübertragung ist ein sehr zuverlässiges Instrument zur Erfassung unbewusster psychischer Anteile im Patienten und kann auch für therapeutische Interventionen genutzt werden.

4.6 Affekte und psychoanalytische Affekttheorie

Affekte wurden in der Psychoanalyse zunächst eher biologisch betrachtet als somatische Abfuhrmöglichkeit, ohne dass ihnen weitere Funktionen zugeschrieben wurden. Diese Auffassung hat sich erheblich verändert, insbesondere im Zusammenhang mit psychodynamischen Modellen, die eng an Bindung, Entwicklung und Intersubjektivität orientiert sind (Krause, 1988; Fonagy et al., 2011 [2003]).

In seiner ursprünglichen Affekttheorie sah Freud (1914) Affekte eng an Triebe gekoppelt, als Triebabkömmlinge und als somatische Abfuhr von Triebenergie in den Körper, ohne Bezug zur Außenwelt. Er revidierte diese Auffassung in der

Theorie der Signalangst, in der er Affekten eine innerpsychische Signalfunktion zuschrieb.

In aktuellen psychoanalytischen Affekttheorien (Krause, 1988) werden Primäraffekte (Freude, Ekel, Ärger, Verachtung, Angst, Überraschung und Trauer) von strukturellen Affekten (wie Scham und Schuld) unterschieden. Das Affektsystem wird als Vermittler zwischen der Umwelt auf der einen Seite und Soma und Psyche eines Individuums auf der anderen Seite aufgefasst. Dabei werden biologische von kognitiven und objektbezogenen Komponenten unterschieden. Diese Differenzierung lässt sich auch mit den Begriffen Affekt, Gefühl und Empathie ausdrücken (Krause, 1988). Primäraffekte signalisieren, ob Nähe zum oder Abstand vom Objekt angestrebt wird.

In entwicklungspsychologischer und klinischer Perspektive haben Affekte und der affektive Austausch zwischen Kleinkind und Bezugssystem die größte Bedeutung gerade auch für die Herausbildung psychischer Strukturen wie das Selbst sowie für die Entwicklung von Fähigkeiten zur Selbst- und Beziehungsregulierung (Fonagy et al., 2011 [2003]).

Es bestehen deutliche Parallelen zwischen dieser aktuellen psychoanalytischen Sicht der Affekte und neurobiologischen Affekttheorien (z. B. derjenigen von Panksepp, 1998), insbesondere hinsichtlich des Umweltbezugs, der sozialen Funktionen, der Differenzierung affektiver Zustände in unbewusste, körperbezogene und bewusste sowie kognitiv überarbeitete Affektmanifestationen. In beiden Sichtweisen werden Affekte funktional und relational aufgefasst einschließlich ihrer Rolle bei der Entstehung und Manifestation einzelner psychopathologischer Störungsbilder.

4.7 Mentalisierung

Die Entwicklung der Affektivität, der Affektregulation und des affektiven Austausches ist eng mit der Entwicklung des Selbst verbunden. Fonagy & Target (2003) und Fonagy et al. (2011 [2003]) beschreiben, wie Säuglinge und Kleinkinder aus Zuständen von Koregulierung im Kontakt mit den emotional wichtigsten Bezugspersonen zunächst deren Funktionen übernehmen und schließlich zu mehr Selbstregulierung und Autonomie finden. Innerhalb dieses Austausches entwickelt sich die Mentalisierungsfähigkeit.

Worin besteht die Mentalisierungsfähigkeit?
Mentalisieren heißt, sich von den Gedanken, Gefühlen und Fantasien anderer Menschen eine Vorstellung machen zu können.

Bezugnehmend auf Fonagy et al. (1998) und Fonagy & Target (2003) definieren Piegler & Dümpelmann (2016, S. 180) die Mentalisierungsfähigkeit folgendermaßen:

»Mentalisieren ist die [...] meist vorbewusste imaginative Fähigkeit, ›terms of mental states‹ (Gedanken, Gefühle, Überzeugungen und Wünsche) intentional auszutauschen, wodurch ein Individuum implizit und explizit die Handlungen von sich selbst und anderen als sinnhaft versteht.«

Reifes Mentalisieren schließt die Fähigkeit ein, zu begreifen, dass das eigene Handeln durch subjektive innere Zustände verursacht wird (Selbst als Urheber), die nicht zwangsläufig mit den inneren Zuständen anderer identisch sein müssen. Es schließt auch die Möglichkeit ein, Vorstellungen und Fantasien zu entwickeln, ohne dabei den Kontakt zur aktuellen Wirklichkeit zu verlieren (Spielen mit der Realität).

Gute Mentalisierungsfähigkeit entwickelt sich auf dem Boden einer sicheren Bindung im Austauschprozess mit der Mutter (Containment, Holding, Spiegelung) und stellt eine wichtige Voraussetzung für die seelische Gesundheit und die Entfaltung kreativer Möglichkeiten dar. Umgekehrt führen Mentalisierungsdefizite zu auffälligem sozialem Verhalten, Schwierigkeiten in Schule, Beruf und Partnerschaft und tragen unter Umständen zur Entwicklung psychischer Störungen bei.

In neuropsychodynamischer Perspektive besteht ein enger Zusammenhang zwischen Mentalisierungsfähigkeit, der neuronalen Aktivität in bestimmten Hirnarealen (»Mentalisierungsnetzwerk«) und der Entwicklung der Spiegelneurone. Zu den Komponenten des Mentalisierungsnetzwerkes gehören der mediale präfrontale Kortex, der vordere zinguläre, der posteriore-superiore temporale Sulcus und das Kleinhirn (Frith & Frith, 2003; Sebanz & Frith, 2004). Ferner ist die Mentalisierungsfähigkeit verknüpft mit der Entwicklung des Bindungssystems und der Symbolisierungsfähigkeit. Es wird in einen Zusammenhang gestellt mit der sogenannten »Theory of mind« (ToM): Die Fähigkeit, sich in einen anderen Menschen hineinzuversetzen und sich auf den anderen einzustimmen, ist eine wesentliche Voraussetzung der Begegnung in der Psychotherapie.

Die *Entwicklung der Mentalisierung* erfolgt in mehreren Phasen, die sich überlappen und im späteren Leben unter bestimmten Voraussetzungen wieder in Erscheinung treten können:

➤ *Teleologischer Modus* (neunter Monat bis 1,5 Jahre): Bezieht sich auf das Ergebnis, welches einer Aktion folgt. Die Umwelt muss für den Säugling funktionieren, um eigene innere Spannungszustände zu mindern.

➤ *Äquivalenzmodus* (1,5 bis 3,5 Jahre): Eigene Gedanken und äußere Wirklichkeit können noch nicht unterschieden werden. Konkretismus.

➤ *Als-ob-Modus* (3,5 bis 4,5 Jahre): Handlungen anderer und später auch die eigenen können mit innerem Abstand wahrgenommen und die Sichtweisen anderer von den eigenen differenziert werden.

➤ *Reflexiver Modus* (ab viertem bis fünftem Lebensjahr): Nachdenken über das eigene Selbst und das vermutete Innenleben anderer Menschen ist möglich. Metakognitionen und empathisches Einfühlen in andere.

Bei Kindern, die Opfer von Vernachlässigung oder Missbrauch sind, kommt es zu Mentalisierungsdefiziten. Solche Kinder vermeiden es, sich mit dem zu beschäftigen, was in ihren Eltern vorgeht, und spalten ihre Gefühle ab. Die auftretenden emotionalen und kognitiven Störungen und die dysfunktionalen interpersonellen Beziehungen sind Ausdruck des jeweiligen persistierenden Modus.

Es gibt inzwischen eine Reihe von Manualen zur Erfassung reflexiver Fähigkeiten (Übersicht in Piegler & Dümpelmann, 2016). Dazu zählt insbesondere das Reflective Functioning Manual (Fonagy et al., 1998).

Mentalisierungsbasierte Therapie (MBT) wurde – in manualisierter Form – erstmals in der Behandlung der Borderline-Persönlichkeitsstörungen angewandt (Bateman & Fonagy, 1999, 2004). Mittlerweile liegen Erfahrungen vor in der Behandlung anderer psychischer Störungen, unter anderem der posttraumatischen Belastungsstörung (PTSD; Allen, 2001) und depressiver Störungen (Allen et al., 2009). Das Wesentliche in der MBT besteht in einer Haltung, die darauf abzielt, Patienten Schritt für Schritt zum Mentalisieren zu bringen.

Auch in der Psychodynamischen Psychotherapie stellt die Förderung der Mentalisierungsfähigkeit einen wichtigen therapeutischen Fokus dar. Grundlegende Schritte zu diesem Ziel sind Empathie, Unterstützung (Einsatz supportiver Elemente) und Klarifizierung, im weiteren Verlauf auch die sorgfältige Handhabung von Übertragungsdeutungen (vgl. Kapitel 5).

4.8 Bindungssystem

Die Bindungstheorie (Bowlby, 1958, 1960a, b, 1969, 1977, 1982) geht in einer ethologischen Perspektive davon aus, dass das Kind einen physischen Zustand anstrebt, der durch die Nähe zur Mutter erreicht wird. Im Laufe der Entwicklung wandelt sich das physiologische Ziel zu dem eher psychologischen, nämlich ein Gefühl der Nähe zur Mutter bzw. zur Betreuungsperson zu erreichen. Eine sichere

Bindung hat einen starken Einfluss auf die Entwicklung der inneren Arbeitsmodelle von Beziehungen, die als mentale Themen – im Hinblick auf die Erwartungen an das Verhalten anderer gegenüber dem eigenen Selbst – gespeichert werden.
Ainsworth et al. (1978) studierten Bindungsstrategien unter Laborbedingungen. Das Untersuchungsparadigma (»The Strange Situation«) bezog sich auf die Reaktionen des Kleinkindes nach Trennung von der Bezugsperson. Es ließen sich vier unterschiedliche Bindungstypen definieren:

> *Sichere Kleinkinder* suchten die Nähe der Betreuerin, sie fühlten sich getröstet, wenn diese zurückkehrte.
> *Ängstlich-vermeidende Kleinkinder* schienen während der Trennung weniger Angst zu haben und reagierten aggressiv auf die Rückkehr der Betreuerin.
> *Ängstlich-ambivalente Kleinkinder* litten sehr unter der Trennung und zeigten bei der Rückkehr der Betreuerin Ärger, waren angespannt und klammerten.
> *Unorganisiert-desorientierte Kleinkinder* hatten keine kohärente Strategie für den Umgang mit der Trennungserfahrung.

Vieles spricht dafür, dass diese Bindungsmuster auch im Erwachsenenalter fortbestehen (George, 1996). Zu berücksichtigen ist dabei einerseits, dass das biologisch-genetisch verankerte Temperament einen Einfluss auf die Reaktion des Kindes in der Trennungssituation haben kann (Allen, 2001) und dass andererseits das angeborene Temperament durch die Qualität von Fürsorge und Bindung günstig beeinflusst wird. Letzteres konnte für die Temperamentseigenschaften, die prädisponierend sind für die Entwicklung von Scheu und sozialer Angst, gezeigt werden (Gabbard, 2014, S. 64).

Die vier bei der Reaktion auf die Trennung (in der »Strange Situation«) festgestellten Muster korrespondieren mit den Bindungsmustern des Erwachsenen (George, 1996):
1. Sicher-gebundene autonome Individuen schätzen Bindungen.
2. Unsicher-gebundene Individuen verleugnen, entwerten oder idealisieren frühere oder aktuelle Beziehungen.
3. Ängstlich-ambivalente Individuen reagierten mit Verwirrung oder waren überwältigt von früheren und aktuellen Beziehungen.
4. Desorganisierte Individuen litten häufig unter Vernachlässigung oder wurden traumatisiert.

Trotz dieser zeitlich überdauernden Bindungsmuster sollte nicht übersehen werden, dass vielfältige Faktoren – wie Längsschnittstudien gezeigt haben – damit assoziert sind: Dazu zählen belastende Lebensereignisse wie der Tod der Eltern, Scheidung, schwere Erkrankungen beider Eltern oder der Kinder, daneben aber auch protektive Faktoren in Form von Unterstützung durch das soziale Umfeld (George & Salomon, 2016).

Hervorzuheben ist, dass die Bindungstheorie wesentliche Beiträge geliefert hat zum Verständnis von Patienten, die sich in psychotherapeutische Behandlung begeben. Dies gilt nicht zuletzt auch für depressiv Erkrankte, die sich in Psychodynamischer Psychotherapie befinden.

Worin bestehen wesentliche Beiträge der Bindungstheorie?

Durch die Bindungstheorie wurde die Bedeutung emotionaler Vernachlässigung und anderer früher Traumata und deren emotionaler Prozessierung in das Zentrum psychoanalytischer Theorie und Therapie gerückt.

Welcher Zusammenhang besteht zwischen Bindung und Vulnerabilität für das Auftreten psychiatrischer Erkrankungen?

Es ist heute unbestritten, dass auf der einen Seite desorganisierte Bindung einen Vulnerabilitätsfaktor für spätere psychiatrische Erkrankungen darstellt und dass auf der anderen Seite sichere Bindung als protektiver Faktor gegen Psychopathologie im Erwachsenenalter dienen kann (Fonagy et al., 1998; Fonagy & Target, 2003).

Die Mentalisierung stellt ein Kernkonzept der Bindungstheorie dar (s. Kap. 4.1.8).
Wir haben bereits gesehen, dass die Annahme monokausaler Zusammenhänge von Ursachen und Wirkungen bei Depressionen – nicht nur aus erkenntnistheoretischen Gründen – nicht weiterführend ist. In diesem Zusammenhang soll eine weitere mögliche depressiogene Konstellation erwähnt werden, die nicht aus frühen Verlusterfahrungen resultiert, sondern umgekehrt aus einer nicht gelösten Objektbindung. So kann die autonome Selbstentwicklung und Durchsetzungsfähigkeit blockiert und eine langfristige negative Selbsteinschätzung (Hilflosigkeit, Abhängigkeit) befördert werden, wenn Eltern – aus verschiedensten, zumeist unbewussten Motiven – ihr Kind klein und abhängig halten, auch wenn dies vordergründig mit einer – scheinbaren – Verwöhnung einhergeht (vgl. Rudolf, 2006).

5 Spezifische Praxis Psychodynamischer Psychotherapie depressiver Störungen

5.1 Therapiebeginn

5.1.1 Indikationsstellung

Die Indikation zu einer Psychodynamischen Psychotherapie bei depressiv Erkrankten setzt eine umfassende Erhebung der Anamnese, des Verlaufes der Erkrankung und des aktuellen psychopathologischen Befundes voraus. Dabei geht es insbesondere auch darum, den Schweregrad der Erkrankung und die im Vordergrund stehenden Beschwerden, unter denen die Patienten aktuell am meisten leiden, zu erfassen.

Warum ist die Erfassung des Schweregrades der Depression von großer Bedeutung?

> ➤ Der Schweregrad der depressiven Symptomatik bestimmt unter anderem die Indikation zu einer möglichen Kombinationstherapie mit Antidepressiva.
> ➤ Therapeutische Interventionen sind auf die aktuell im Vordergrund stehende Symptomatik abzustimmen (z.B. keine komplexen Deutungen bei schweren Konzentrationsstörungen).

Weitere für die Indikation speziell zu einer Psychodynamischen Psychotherapie wichtige Hinweise ergeben sich aus der Einschätzung der folgenden Kriterien:

Leidensdruck
> ➤ hoher Leidensdruck: regelmäßige Sitzungen in kurzen Abständen (z. B. eine Wochenstunde à 50 Minuten, unter Umständen zwei Sitzungen pro Woche à 30 Minuten)
> ➤ eher niedriger Leidensdruck: zunächst weitere Vorgespräche; im Verlauf niedrige Sitzungsfrequenz (z. B. eine Sitzung pro Monat à 30 oder 50 Minuten)

Motivation
> ➤ Grundsätzliche Voraussetzung jeglicher Psychotherapie. Es ist wichtig, abzuklären, ob der Patient vor allem eine Linderung der aktuellen depressiven Symptomatik sucht und/oder bereits jetzt an einer längerfristigen Psychotherapie und der Bearbeitung spezifischer Fragen, Erlebnisse oder Konflikte, die nach seiner/ihrer Einschätzung eine Rolle spielen beim Auftreten oder Rückfällen depressiver Episoden, interessiert ist.
> ➤ Bei Menschen aus eher »psychotherapiefernen« sozialen Gruppen und/oder einer bisher fehlenden Vorstellung davon, was Psychotherapie ist und was sie bewirken kann, sollte der Versuch unternommen werden, die Motivation zu fördern und Neugier zu wecken.

Introspektionsfähigkeit
> ➤ Diese bezieht sich auf die Einsicht in mögliche eigene, innere psychologische Komponenten (psychogene Faktoren, psychodynamische und interpersonelle Zusammenhänge), die auch depressionsrelevant sind und von deren Überwindung sich der/die Erkrankte eine Besserung, aktuell und zukünftig, verspricht.
> ➤ Bei hoher Introspektionsfähigkeit sollten zunächst drei Vorgespräche erfolgen, um die Symptomatik und den Verlauf der Depression abzuklären, biografische und konflikthafte Zusammenhänge zu eruieren, das geeignete Setting gemeinsam festzulegen und den Fokus der Psychotherapie zu definieren.
> ➤ Beginn der Psychotherapie: In den meisten Fällen besteht die Indikation zu einer niedrigfrequenten Psychodynamischen Psychotherapie (z. B. eine Wochenstunde à 50 Minuten im Sitzen). Der Fokus liegt auf den aktuellen Konflikten der Patienten.
> ➤ Antizipierend sollten bereits in der Anfangsphase unterschiedliche Optionen der Psychotherapie angesprochen werden: a) mögliche Beendigung nach 30 bis 50 Sitzungen; b) mögliche Fortsetzung als niedrigfrequente

mittel-langfristige Psychotherapie (ein bis drei Jahre); c) mögliche Fortsetzung als höherfrequente Langzeitpsychotherapie (zwei bis fünf Jahre), alternativ zwei Wochenstunden (à 50 Minuten) im Sitzen oder Liegen oder höherfrequente Psychoanalytische Psychotherapie (drei bis vier Wochenstunden à 50 Minuten im Liegen).

➢ Ist die Entscheidung zu einer Fortsetzung der Psychotherapie in einem höherfrequenten Setting getroffen worden, so liegt der therapeutische Fokus auf der weitergehenden Bearbeitung depressionsfördernder intrapsychischer und interaktioneller Mechanismen.

➢ Unter gewissen Umständen kann bereits nach den ersten drei Vorgesprächen (eventuell auch weiteren) mit einer höherfrequenten Psychoanalytischen Psychotherapie (drei bis vier Wochenstunden im Liegen, »klassische Psychoanalyse«) begonnen werden. Die Indikation dazu setzt neben hoher Introspektionsfähigkeit, Motivation und Erkenntnisinteresse das Fehlen einer aktuell schweren depressiven Symptomatik und akuter Suizidalität (Kontraindikation!) voraus.

➢ Ferner besteht die Indikation zu höherfrequenter Psychoanalytischer Psychotherapie bei ausgeprägten persönlichkeitsstrukturellen Anteilen der depressiven Störung (ängstlich-abhängige Züge bzw. Persönlichkeit/Persönlichkeitsstörung, narzisstische Struktur bzw. narzisstische Persönlichkeitsstörung, depressive Struktur im Sinne der früheren sogenannten depressiven Neurose).

Schwere und Dauer der Erkrankung

➢ Kurzer Krankheitsverlauf: Im Vordergrund steht die umfassende Abklärung der aktuellen Symptomatik und der Lebensumstände des Patienten. Grundlegende Information über Zusammenhänge der Depression (Psychoedukation). Bei Bedarf Angebot einer Krisenintervention, unter Umständen mit Einbezug der Partner und Angehörigen. Bei belastenden Lebensereignissen (u.a. Trennung, Tod, Arbeitsplatzverlust) Abklärung der Indikation zu einer Psychodynamischen Kurzzeitpsychotherapie.

➢ Langjähriger Krankheitsverlauf: Bei dieser Untergruppe von Patienten mit schweren Depressionen liegt oftmals ein frühes Erstmanifestationsalter vor, es besteht eine hohe Rezidivrate (»episodes beget episodes«) und eine erhebliche Chronifizierungsgefahr. Unter Umständen ist bereits eine Chronifizierung (im Sinne einer chronischen, therapieresistenten Depression) mit erheblichen psychosozialen Einbußen eingetreten. Es besteht die Indikation zu einer längerfristigen niedrigfrequenten Psychotherapie (z.B. ein bis zwei Sitzungen pro Monat à 30 Minuten, oftmals über mehrere Jahre).

Alternativ (gelegentlich auch in Kombination) kann die Teilnahme an einer ambulanten Psychodynamischen Gruppenpsychotherapie (eineinhalb Wochenstunden, wöchentlich oder zweiwöchentlich, über mehrere Jahre), deren Mitglieder sich zusammensetzen aus Patienten mit ebenfalls schweren, langjährigen affektiven Störungen (vgl. Kap. 5.1.5, Therapeutisches Setting, S. 128–132). In der ambulanten Gruppenpsychotherapie können günstigere Bewältigungsmechanismen, unter anderem durch den wechselseitigen Austausch der Patienten, unterstützt werden. Darüber hinaus können komplexere intrapsychische und interpersonale Konflikte (Über-Ich-, Ideal-Selbst-Thematik, Abhängigkeit) bearbeitet werden. Letzteres setzt eine relative Konstanz der Gruppenteilnehmer voraus. Im Sinne einer »slow-open-group« ist aber auch ein späterer Einstieg neuer Patienten möglich. In der Regel wird die Gruppenpsychotherapie von einem Therapeuten-Paar geleitet.

Bei Frühmanifestation der depressiven Erkrankung, emotionaler Vernachlässigung, unter Umständen Traumatisierung in Kindheit und Jugend und chronischem Verlauf (sogenannte »Early-Onset Depression«), besteht die Differenzialindikation zur Behandlung mittels CBASP (Cognitive-Behavioural-Analysis-System of Psychotherapy; McCullough, 2006).

Persönlichkeitsstruktur
➤ Vor Beginn einer Psychodynamischen Psychotherapie bei depressiv Erkrankten sollte eine »Strukturdiagnose« (Mundt, 1996) gestellt werden. Folgende Persönlichkeitsmerkmale bzw. persönlichkeitsstrukturelle Akzentuierungen und Typen sind zu unterscheiden:

Typus melancholicus-Struktur (Tellenbach, 1974): Es handelt sich um einen oftmals mit schweren, psychotischen Depressionen assoziierten Charaktertypus, der dem inneren Zwang unterliegt, seine Um- und Mitwelt in pathogener Weise gestalten zu müssen. Besonders charakteristische Merkmale bestehen in der »Inkludenz« (Eingeschlossensein in nicht mehr übersteigbaren, selbstgeschaffenen Grenzen; starre Festlegung auf einen Lebensentwurf, der durch Ordnung, Pedanterie und Aufopferung gekennzeichnet ist) und »Remanenz« (Zurückbleiben hinter eigenen, nicht erfüllten und überhöhten Ansprüchen). Bei dieser Untergruppe depressiv Erkrankter ist die Indikation zu einer Psychodynamischen Psychotherapie in Einzelfällen abzuwägen, sie sollte jedoch eher zurückhaltend gestellt werden, da diese Patienten in einer ihnen empfohlenen Psychotherapie in einen Circulus vitiosus aus »Sollensdruck« und »Eingesperrtsein in der Pflichtsituation« geraten können (Mundt, 1996).

Narzisstische Struktur: Die Indikation zu einer Psychodynamischen Psychotherapie, die im Verlauf unter Umständen auch höherfrequent (bzw. im Liegen) durchgeführt wird, ist gegeben.

Depressive Struktur (im Sinne der neurotischen Depression): Die Indikation zu einer Psychodynamischen Psychotherapie, die im Verlauf unter Umständen auch höherfrequent (bzw. im Liegen) durchgeführt wird, ist ebenfalls gegeben.

5.1.2 Psychodynamische Diagnostik und Therapieplanung

Für die Diagnostik, die Therapieplanung und -evaluation einer Psychodynamischen Psychotherapie lässt sich die Operationalisierte Psychodynamische Diagnostik (OPD-2, Arbeitskreis OPD, 2014) heranziehen (siehe auch Kapitel 2.3 zur allgemeinen Einführung in die OPD).

Der mögliche Einsatz der OPD soll anhand eines Fallbeispiels veranschaulicht werden (dieses Fallbeispiel wurde freundlicherweise von Herrn Dr. med. H. Himmighoffen, Zürich, zur Verfügung gestellt):

Frau B.: Schwere depressive Episode und chronische Schmerzstörung (Migräne)

Beginn der Behandlung, Krankheitsvorgeschichte und wichtige biografische Aspekte: Frau B., 45 Jahre alt, kam nach einem ersten stationären Aufenthalt aufgrund einer schweren depressiven Episode ohne psychotische Symptome (ICD-10 F32.3) und in Teilremission in teilstationäre und schwerpunktmäßig psychotherapeutische Behandlung. Der Beginn dieser ersten depressiven Episode lag circa ein Jahr zurück. Auslöser waren ein Konflikt mit dem 19-jährigen Sohn und Schwierigkeiten, die Arbeit zu bewältigen. Erschwerend kam eine bekannte Migräne mit Aura (ICD-10 G43.9) hinzu, die sich verschlimmerte und mit sehr häufigen Migräneattacken, circa eine bis zweimal pro Woche, zu einer fast chronischen Schmerzsymptomatik führte.

In den ersten Gesprächen zur Biografie und Krankheitsentwicklung inklusive eines OPD-Interviews zur Therapieplanung ergab sich Folgendes: Die ursprünglich aus Lateinamerika stammende Patientin war vor 15 Jahren nach Deutschland gekommen, weil sie einen Deutschen geheiratet hatte. Sie berichtete eine sehr belastende Kindheitsgeschichte mit traumatisierenden Erlebnissen und emotionaler Vernachlässigung in ihrer Ursprungsfamilie, wobei auffällig war, dass sie diese Erlebnisse lange Zeit gedanklich zurückdrängen konnte, diese sie aber nun im Rahmen der Depression zusätzlich gedanklich beschäftigten und emotional belasteten. Kurz nach ihrer Geburt hatten sich ihre Eltern getrennt, die Mutter konnte sich nicht um sie und ihren zwei Jahre älteren Bruder kümmern, weshalb der Vater sie und ihren Bruder zur Familie seiner Mutter, also der Großmutter der Patientin, brachte. Dort nicht akzeptiert und geliebt, war sie wiederholt Schuldvorwürfen, Liebesentzug und auch massiven seelischen und körperlichen Bestrafungen durch die Großmutter ausgesetzt, ohne dass sie die Gründe dafür nachvollziehen konnte. Ab dem zwölften Lebensjahr konnte sie zeitweise bei ihrer Mutter und dann beim Vater leben, wo es ihr gut erging. Nach erfolgreichem Schulabschluss konnte sie studieren und schloss erfolgreich ihr Studium ab, wonach sich eine sichere Festanstellung im akademischen Bereich ergab.

Nach der Heirat und der Geburt des ersten Sohnes kam es sehr bald zur Trennung vom ersten Ehemann. Frau B. lernte einen neuen Mann aus Deutschland kennen, wo sie sich die Möglichkeit eines Neuanfangs und der Gründung einer Familie erhoffte. Sie folgte, zusammen mit ihrem damals vier Jahre alten Sohn, ihrem zweiten Ehemann nach Deutschland. Am neuen Ort wurde ihr akademischer Abschluss allerdings nicht anerkannt, außerdem musste sie Deutsch lernen, weshalb sie einfachste Arbeiten, bei denen zunächst kaum Deutschkenntnisse erforderlich waren, annahm. Nach Verbesserung ihrer Deutschkenntnisse absolvierte sie eine Berufsausbildung, die ihr eine gut bezahlte angestellte Tätigkeit ermöglichte. Ein zweiter Sohn wurde geboren. Die zweite Ehe entwickelte sich jedoch nicht günstig, weshalb es nach zwölf Jahren Ehe zur Trennung und Scheidung kam. Beide Söhne entwickelten psychische und soziale Probleme und obwohl Frau B. sich sehr um sie bemühte, wendeten beide sich von ihr ab. Die Söhne vermieden den Kontakt (sie suchten diesen nur, wenn sie finanzielle Unterstützung benötigten) und machten ihre Mutter verantwortlich für ihre Probleme. Das Lebensziel von Frau B., eine intakte und sich zusammengehörig fühlende Familie zu haben, war aus ihrer Sicht gescheitert. Sie stellte damit auch sich und ihr Leben infrage.

Das OPD-Interview ergab folgende Befunde:

OPD-Achse I »Krankheitserleben/Behandlungsvoraussetzungen«
Auf der OPD-Achse I »Krankheitserleben/Behandlungsvoraussetzungen« zeigte sich ein sehr hoher Leidensdruck und eine sehr deutliche Darstellung seelischer und körperlicher Beschwerden. Frau B. wies ein Krankheitskonzept auf, das stark

an psychischen Faktoren orientiert war, aber auch körperliche und soziale Faktoren mit einschloss. Sie wünschte psychotherapeutische Unterstützung, aber auch die Fortführung der medikamentösen Behandlung und die Durchführung sozialer Therapiemaßnahmen (wie Arbeitsintegration).

Frau B. war grundsätzlich offen gegenüber psychotherapeutischen Interventionen, Deutungen und Erklärungsmodellen und es lag kein sekundärer Krankheitsgewinn vor. Es bestand eine gewisse Einschränkung von Ressourcen zur Veränderung und die aktuelle psychosoziale Unterstützung war eher gering. Ihre Erwartungen an die Psychotherapie zentrierten vorrangig auf die Reduktion der psychischen Symptome und die emotional-supportive Entlastung von den traumatischen Kindheitserinnerungen. Dazu wünschte sie mehr aktive Anleitung und war vorerst weniger an Reflexion und Klärung widersprüchlicher Motive und intrapsychischer Konflikte interessiert (obwohl diese sehr deutlich wurden, siehe weiter unten).

OPD-Achse II »Beziehung«
In Bezug auf die OPD-Achse II »Beziehung« ergaben sich folgende habituelle und dysfunktionalen Beziehungsmuster:

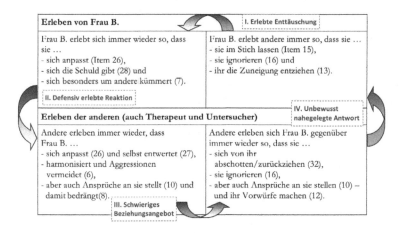

Abb. 5: Frau B.: OPD-Achse II »Beziehung«

Die daraus gefolgerte beziehungsdynamische Formulierung lautete:
I.   Frau B. erlebt wiederholt, dass andere sie im Stich lassen, sie ignorieren und ihr die Zuneigung entziehen (→ Frau B.s Enttäuschung von Wünschen nach Zuneigung und Beachtetwerden).

II. Sie passt sich daran an, sucht die Schuld bei sich und bemüht und kümmert sich um die anderen (→ von Frau B. defensiv erlebte Reaktion, um letztlich so die erwünschte Zuneigung zu bekommen und zu verdienen).
III. Andere erleben Frau B. wiederholt so, dass sie sich anpasst und harmonisiert, aber auch – in nicht direkt ausgesprochener Weise – Ansprüche nach Zuwendung und Beachtetwerden stellt (→ schwieriges, zum Teil widersprüchliches Beziehungsangebot von Frau B.).
IV. Andere erleben sich Frau B. gegenüber wiederholt so, dass sie sich vor ihr abschotten und sich zurückziehen; sie sogar ignorieren und zum Teil auch Ansprüche an sie stellen oder ihr gar Vorwürfe machen (→ unbewusst nahegelegte Antwort an Frau B.; »Gegenübertragung«).

Dieser Ablauf bestätigt Frau B. letztlich in ihrem Erleben (siehe I.).

OPD-Achse III »Konflikt«
Auf der OPD-Achse III »Konflikt« waren die folgenden Konflikte sehr bedeutsam bzw. bedeutsam:
Als »Hauptkonflikt« wurde der »Schuldkonflikt« (im passiven Modus) gewertet: Frau B. übernahm und übernimmt rasch und in unangemessener Weise die Verantwortung für Dinge und Geschehnisse, die eigentlich andere betreffen, und gibt sich die Schuld daran. Sie neigt zu Selbstvorwürfen und Selbstentwertung. Es gab mehrere weitere bedeutsame Konflikte: »Versorgung versus Autarkie« und »Unterwerfung versus Kontrolle«: Frau B. stellte eigene, sehr starke Wünsche nach Zuneigung und emotionaler Versorgung zurück und versorgte die anderen emotional und auch mit konkreten Zuwendungen, um so ihre eigenen Wünsche nach Zuneigung und Versorgung befriedigt zu bekommen. Auch unterwarf und unterwirft sie sich in übertriebener und stark anpassender Weise anderen und pass sich deren Ansprüchen an.

OPD-Achse IV »Struktur«
Auf der OPD-Achse IV »Struktur« ergab sich die Gesamteinschätzung eines mäßigen Integrationsniveaus. Dabei waren von den insgesamt 24 strukturellen Merkmalen bzw. Fähigkeiten die folgenden sechs hinsichtlich ihres Ausmaßes an Einschränkung besonders auffällig und somit *für eine Psychotherapie wichtige Foki:*
➤ *Affektdifferenzierung* (Strukturdimension Selbstwahrnehmung)
➤ *Ganzheitliche Objektwahrnehmung* (Strukturdimension Objektwahrnehmung)

5.1 Therapiebeginn

➤ *Interessenausgleich* (Strukturdimension Regulierung des Objektbezugs)
➤ *Affekte erleben* (Strukturdimension Emotionale Kommunikation nach innen)
➤ *Affektmitteilung* (Strukturdimension Emotionale Kommunikation nach außen)
➤ *Introjekte nutzen* (Strukturdimension Bindung an innere Objekte)

Von diesen sechs waren es insbesondere »Interessenausgleich« und »Affekte erleben«, die letztlich als Foki für die Behandlung ausgewählt wurden.

Beim Strukturmerkmal »Interessenausgleich« geht es um die Fähigkeit, die eigenen und die Interessen anderer in einen letztlich für beide angemessenen und flexiblen Ausgleich bringen zu können. Eine Einschränkung dieser Fähigkeit besteht, wenn dies nicht möglich ist und dauerhaft die eigenen oder die Interessen anderer im Vordergrund stehen, sodass kein Interessenausgleich erfolgt. Dies war bei Frau B. der Fall: So standen bei ihr stets die Interessen anderer im Vordergrund.

Beim Strukturmerkmal »Affekte erleben« geht es um die Fähigkeit, Affekte in ihrer Vielfältigkeit zuzulassen und erleben zu können und sich dadurch lebendig zu fühlen. Dies war bei Frau B. nicht der Fall: Das affektive Erleben war eingeschränkt und starr und vorwiegend durch anhaltend negative Affekte geprägt (Enttäuschung, geringes Selbstwertgefühl, Gefühle von Verlassenheit und Resignation, sich nicht lebendig fühlen).

OPD-Fokusauswahl und -beurteilung mit der Heidelberger Umstrukturierungsskala (HSCS)
Neben dem obligatorischen Beziehungsfokus wurden je zwei Konflikte und strukturelle Merkmale als Behandlungsfoki ausgewählt und mit der HSCS eingeschätzt.

Auf der siebenstufigen Skala der HSCS stellt der Wert »zwei« eine »ungewollte Beschäftigung mit dem Fokus« dar, was sich durch Symptomdruck und interpersonelle Schwierigkeiten äußert und vom Patienten als von außen kommende Zumutungen erlebt wird.

Ein Wert von »drei« beschreibt eine »vage Wahrnehmung des Fokus«, bei der eine passive Beschäftigung mit dem Fokus besteht, der Fokus ansatzweise in seiner Bedeutung anerkannt wird und der Patient eine Ahnung davon entwickelt, was seine Verantwortung für das Bestehen dieses Fokus ist.

5 Spezifische Praxis Psychodynamischer Psychotherapie depressiver Störungen

Fokus		HSCS
1. Beziehung	Beziehungsfokus	3
2. Konflikt 1	Schuldkonflikt	3 -
3. Konflikt 2	Versorgung vs. Autarkie	3
4. Strukturmerkmal 1	Interessenausgleich	3 +
5. Strukturmerkmal 2	Affekte erleben	2 +

Tab. 6: Frau B.: OPD-Fokusauswahl und -beurteilung mittels HSCS

OPD-Befund von Frau B.: Konsequenzen für Therapieplanung
Aus dem Befund der OPD ergaben sich für die Psychotherapie von Frau B. einige Konsequenzen für die Therapieplanung:

Hinsichtlich des *Krankheitserlebens und der Behandlungsvoraussetzungen (OPD-Achse I)* wurde deutlich, dass bei Frau B. ein recht hoher Leidensdruck und auch weiterhin noch recht ausgeprägte depressive Beschwerden bestanden. So war sie an einer Fortsetzung der bestehenden medikamentösen Behandlung mit Antidepressiva und anderen Psychopharmaka sowie den Medikamenten gegen die Migräne interessiert. Gleichzeitig sah Frau B. psychologische Zusammenhänge als sehr relevante Faktoren für ihre Depression an, wobei es einerseits um aktuelle enttäuschende interpersonelle Ereignisse und Situationen und andererseits um reaktualisierte Erinnerungen an die traumatisierenden Ereignisse in der Kindheit ging. Sie war sehr für eine Psychotherapie motiviert und hatte dabei zunächst die Erwartung an eine Symptomreduktion und hoffte ferner, durch die emotional-supportive Haltung des Therapeuten von quälenden Emotionen entlastet zu werden. Sie war zunächst weniger an einer Reflexion und Klärung innerpsychischer Motive und Konflikte interessiert. Es wurde deutlich, dass sie aktuell wenig persönliche Ressourcen und psychosoziale Unterstützung hatte bzw. diese nur begrenzt nutzen konnte. Zentrale Aufgabe im Rahmen der Psychodynamischen Psychotherapie war die Etablierung einer stützenden und sehr tragfähigen therapeutischen Beziehung bei der Holding, Containing sowie Verlässlichkeit und Vertrauen eine große Bedeutung haben sollten.

Auf der *Beziehungsebene (OPD Achse II)* wurde deutlich, dass sie sich in Beziehungen eher zurückzieht, anpasst, harmonisiert sowie eigene Bedürfnisse zurückhält, sodass davon ausgegangen werden musste, dass sich dies in aktuellen

Beziehungen wiederholen und auch in der therapeutischen Beziehung ereignen würde. Auf diese problematische Beziehungsgestaltung sollte bei sich bietender Gelegenheit in der Therapie fokussiert werden.

Auf der Grundlage der *OPD-Achsen III Konflikt* und *IV Struktur* fanden sich deutliche Hinweise, dass längerfristig eine Konfliktorientierung für die Psychotherapie sinnvoll ist, die auf die Themen »Schuld« bzw. »übermäßige Übernahme von Schuld«, »andere versorgen und eigene Versorgungsbedürfnisse adäquat äußern und anbringen« sowie »übermäßige Anpassung an Forderungen und Erwartungen anderer« fokussiert. Dabei waren auch Einschränkungen bei »strukturellen Merkmalen« (insbesondere »Interessenausgleich« und »Affekte erleben«) zu berücksichtigen.

Therapieverlauf
Das Behandlungssetting umfasste zwei Einzeltherapiesitzungen im Sitzen pro Woche, ergänzt durch ein tagesklinisches Behandlungsprogramm mit Gruppentherapien (thematisch offene Gesprächsgruppe, psychoedukatives Gruppenprogramm zum Umgang mit Depressionen) und Musik-, Bewegungs- und Ergotherapie in der Gruppe sowie milieutherapeutische Aktivitäten an dreieinhalb Tagen pro Woche.

Frau B. konnte sich gut einlassen; ihre Übertragung war von dem Wunsch geprägt, vom Therapeuten gestützt, entlastet und getragen zu werden, was auch durch die regelmäßigen und fest vereinbarten Sitzungen gewährleistet wurde. Das Behandlungssetting wurde aber wiederholt beeinträchtigt: Die Migränekopfschmerzen der Patientin traten recht häufig auf und waren sehr stark (zeitweise bis zum Status migränosus mit Beschwerden länger als drei Tage – hier war die Zusammenarbeit mit dem Kopfschmerzspezialisten der Patientin wichtig), was zu Ausfällen von Sitzungen führte. Es konnte aber dennoch eine tragfähige und stabile therapeutische Beziehung, die ein Holding und Containing durch den Therapeuten bot, etabliert werden.

Frau B. konnte viele Dinge offen ansprechen und thematisieren: Situationen im Alltag und bei den tagesklinischen Behandlungsangeboten, welche die mittels der OPD beschriebenen dysfunktionalen Beziehungsmuster bestätigten. Diese habituellen Muster konnten in den Therapiesitzungen aufgegriffen und bearbeitet werden. Gleichzeitig fiel auf, wie hartnäckig Frau B. die Verantwortung und Schuld immer wieder bei sich suchte und ihre eigenen Bedürfnisse und Ansprüche unterdrückte und zurückstellte (auch wenn der Wunsch nach Befriedigung und Berücksichtigung ihrer Bedürfnisse hintergründig immer spürbar war). Die große Enttäuschung über das aus ihrer Sicht gescheiterte Lebensziel, eine intakte Familie zu haben, war evident und stellte eine massive emotionale Last dar, unter der Frau B. sehr stark litt und bei ihr zu einer zeitweisen massiven lähmenden Lethargie führte. Im Gegenüber (also auch dem Therapeuten) kamen auch starke negative Gefühle auf. Frau B. versuchte, ihre negativen Emotionen zu vermeiden, um sich und andere davor zu schützen und die Beziehungen zu anderen nicht zu gefährden. In der »Gegenübertragung« waren diese negativen Gefühle zeitweise sehr präsent und es war viel innerpsychische Arbeit und Reflexion beim Therapeuten erforderlich, um sich durch diese Last nicht erdrücken zu lassen und emotional einen Ausweg zu finden, den er der Patientin vermitteln konnte. Dies war eine Haltung zwischen empathischem An- und Aufnehmen der negativen Gefühle und der Sichtweise der Patientin und dem Aufzeigen der Option, auch andere, positive Emotionen und Erlebnisse erleben zu können.

Im Verlauf war Frau B. mehr und mehr in der Lage, neben Traurigkeit, Enttäuschung und Resignation weitere Emotionen wie Ärger und Wut zuzulassen und zu äußern und Aktivitäten zu entdecken, die positive Emotionen förderten (z. B. die Bewegungstherapie). Auch konnte sie ihre eigenen Bedürfnisse offener ansprechen und anbringen, sich und andere in einen besseren und weniger einseitigen Interessenausgleich bringen und die fast reflexartige Übernahme von Schuld und Verantwortung relativieren. Eine einmalige suizidale Krise nach erneuten, sehr enttäuschenden Begegnungen mit dem älteren Sohn, der ihr massive Vorwürfe und sie für seine Probleme verantwortlich machte, konnte mit einer einwöchigen stationären Krisenintervention bewältigt werden.

Im weiteren Verlauf konnte die Patientin für sich und ihr Leben wieder mehr eine Perspektive entwickeln; so plante sie, ein mehrmonatliches Belastungstraining für eine berufliche Wiedereingliederung zu absolvieren. Auch ihre starke Tendenz zum sozialen Rückzug besserte sich. Sie ließ mehr Kontakt zu einem Freund zu, der sich sehr für sie einsetzte und ihr immer wieder Unterstützung anbot, ohne große Forderungen an sie zu stellen.

Therapieabschluss und Verlaufsbeurteilung mittels OPD und der Heidelberger Umstrukturierungsskala (HSCS)
Bei Behandlungsabschluss im tagesklinischen Programm nach neun Monaten war eine weitere Teilremission der depressiven Symptomatik erreicht (BDI-II: 17 Punkte [bei Therapiebeginn 24], HAMD-21: 15 Punkte [bei Therapiebeginn 28]).

In Bezug auf die OPD-Befunde zeigten sich anhand der Heidelberger Umstrukturierungsskala (HSCS) deutliche Veränderungen nach neun Monaten:

Fokus		HSCS (Verlauf)	HSCS (Beginn)
1. Beziehung	Beziehungsfokus	4 +	3
2. Konflikt 1	Schuldkonflikt	5 -	3 -
3. Konflikt 2	Versorgung vs. Autarkie	4 -	3
4. Strukturmerkmal 1	Interessenausgleich	4	3 +
5. Strukturmerkmal 2	Affekte erleben	3 +	2 +

Tab. 7: Frau B.: Verlaufsbeurteilung und Veränderung der OPD-Foki mittels HSCS

Ein Wert von »vier« auf der HSCS weist auf eine Anerkennung und Erkundung eines Fokus hin (verbunden mit einem interessierten Problemverstehen, einer aktiven Arbeitsbeziehung und Bewältigung). Ein Wert von »fünf« geht in Richtung der Auflösung alter Strukturen im Fokusbereich, das heißt, die Abwehr wird brüchig, der therapeutische Prozess wird zur »Passion« und es kommt bearbeitbare Trauer (statt Depression) auf. Frau B. konnte ihr dysfunktionales Beziehungsverhalten anerkennen und dieses in ersten Ansätzen verändern (OPD-Achse II »Beziehung«). Sie konnte ihre Konfliktdynamik wahrnehmen und bearbeiten, zum Teil mit beginnender »Auflösung« beim Schuldkonflikt (OPD-Achse III »Konflikt«). Veränderungen in der Wahrnehmung und im Umgang mit strukturellen Merkmalen (OPD-Achse IV »Struktur«) waren ebenfalls deutlich. Die Behandlung war immer wieder erschwert durch die häufig, das heißt mindestens einmal alle zwei Wochen auftretenden starken Migränebeschwerden; hier war die enge Zusammenarbeit mit dem Neurologen eines Kopfschmerz-Zentrums hilfreich. Nach Abschluss der tagesklinischen Behandlung kehrte Frau B. dann zunächst zu ihrer ehemaligen Psychiaterin und Psychotherapeutin, bei der sie vor der stationären Behandlung gewesen war, in ambulante Behandlung zurück, bis sie sich entschloss, bei dem Therapeuten, der sie im Rahmen der tagesklinischen Behandlung behandelt hatte, in eine längerfristige ambulante Psychodynamische Einzelpsychotherapie zu gehen.

5.1.3 Zielformulierung

Zur Formulierung therapeutischer Ziele lässt sich, wie oben dargestellt, die Operationalisierte Psychodynamische Diagnostik (OPD) heranziehen. Dies setzt jedoch entsprechende Kenntnisse voraus, die in OPD-Seminaren gewonnen werden können.

Auch ohne Anwendung der OPD lassen sich selbstverständlich Therapieziele auf der Grundlage der Vorgespräche (zumeist drei) formulieren. Dies erfordert in der Psychodynamischen Psychotherapie depressiver Störungen einen »bifokalen Ansatz« (Hoffmann, 2008), der zunächst auf die Symptomatik – sie bringt die Patienten, wie Hoffmann zurecht betont, ja erst einmal in die Therapie! – und zugleich auf die intrapsychische und interpersonelle Dynamik gerichtet ist.

Unabdingbar ist dabei in der Psychotherapie Depressiver meines Erachtens die Erhebung des psychopathologischen Befundes: Sie ermöglicht die Einschätzung des Schweregrads der aktuell vorhandenen depressiven Symptomatik, der Haupt- und Nebenkriterien der Depression, möglicher kognitiver Beeinträchtigungen (u. a. Konzentrationsstörungen, Denkstörungen) und der viele Patienten quälenden inneren Unruhe, des Hyperarousals und der Angst. Nicht unterlassen werden darf die Erfassung einer akuten Suizidalität. Suizidversuche, Selbstverletzungen, Störungen des Essverhaltens und Zwangssymptome werden oftmals nur auf Anfrage berichtet. Weitere Fragen zielen auf das Vorhandensein von vegetativen und somatischen Beschwerden (u. a. Schlaf- und Appetitstörungen, darüber hinaus auch »leibnahe« Befindlichkeitsstörungen, wie zum Beispiel ringförmige Druckgefühle über der Brust oder Spannungsgefühle am Kopf).

Depressive fühlen sich durch das konzentrierte und sorgfältige Eingehen auf ihre jeweiligen Beschwerden in der Regel sehr ernst genommen und erleben durch diese »Externalisierung« und »Objektivierung« ihrer bis dahin vielfach nicht kommunizierten Beschwerden eine erste Entlastung ihrer Anspannung und ihres Affektdrucks.

Immer wieder erstaunt es mich, dass dieser erste Zugang zu Patienten, die wegen ihrer Depression zu einer psychotherapeutischen Behandlung überwiesen werden, bis zu diesem Zeitpunkt vernachlässigt wurde!

Weitere Schritte bestehen in einer informierenden Aufklärung der Patienten über das Krankheitsbild der Depression (durchaus im Sinne der sogenannten Psychoedukation), über das angewandte psychotherapeutische Verfahren, mögliche Alternativen, Therapiechancen und gegebenenfalls mögliche Nachteile der Behandlung.

Es geht von Anfang an um die Herstellung eines offenen Dialogs mit dem Patienten. Dabei ist auch in dieser diagnostischen Vorphase der Behandlung stets das Postulat des adäquaten Timings therapeutischer Interventionen zu berücksichtigen. Die Patienten sollten nicht durch einen schweigenden Therapeuten verunsichert werden! Der Erstkontakt in der Psychodynamischen Psychotherapie ist kein Stresstest (vgl. Hoffmann, 2008, S. 25)!

Die Anamnesetechnik in der Psychodynamischen Psychotherapie geht – im Gegensatz zum psychoanalytischen Erstinterview – nicht davon aus, dass Patienten spontan berichten bzw. dass relevante konflikthafte, biografische und unbewusste Zusammenhänge sich szenisch (und als szenische Information verstehbar) darstellen. Der Psychotherapeut sollte vielmehr aktiv nach der Biografie, Partnerschaft und Familie, dem Beruf, den aktuellen Lebensumständen, möglichen Lebensereignissen (z. B. Trennungen, Todesfälle, Arbeitsplatzverlust) und gravierenden Krankheiten (psychiatrischen und somatischen) fragen.

Dazu bieten sich einfache Formulierungen an, zum Beispiel »Wie sind Sie aufgewachsen?«, »Waren Sie eher Mutters/Vaters Tochter/Sohn?«, »Wie stehen Sie zu Freundinnen/Freunden/Berufskolleginnen/Berufskollegen?«, »Was bereitet Ihnen an Ihrem Beruf Freude?« oder »Welche Sorgen tragen Sie von der Arbeit mit nach Hause?«.

Es sollte nicht versäumt werden, nach Abhängigkeiten (u. a. Alkohol) zu fragen.

Die sexuelle Anamnese kann unaufdringlich, zum Beispiel im Rahmen des Gespräches über Partnerschaften und Ehe, angesprochen werden. Dabei ist zu berücksichtigen, dass die häufigen sexuellen Störungen (u. a. Libidoverlust) bei Depressionen vom depressiven Patienten als weiterer Bestandteil des an sich selbst wahrgenommenen Mangels und Versagens erlebt werden.

In der Regel werden zwei oder drei weitere Vorgespräche vereinbart. Dabei sollte darauf hingewiesen werden, dass der Therapeut am Ende der dritten (oder vierten) Sitzung einen Therapievorschlag machen und diesen mit dem Patienten besprechen wird.

Die Reaktion des Patienten auf das Erstgespräch ermöglicht es dem Therapeuten, erste Hypothesen zu entwickeln (steht der Leidensdruck aufgrund der aktuellen Symptomatik ganz im Vordergrund oder besteht bereits zu diesem Zeitpunkt ein erkennbares Interesse, lebensgeschichtlich verankerte Zusammenhänge und Hintergründe im Verlauf der Depression besser zu verstehen?).

In der zweiten Sitzung können dann die bereits angesprochenen Themen wieder aufgegriffen und vertieft werden, vielfach werden belastende Umstände, wiederkehrende Muster in Beziehungen und dysfunktionale Bewältigungsmechanismen (im Zusammenhang mit einem negativen Selbstwertgefühl) deutlicher. Eine aktive Fragetechnik des Psychotherapeuten ist weiterhin erforderlich.

Am Ende der dritten (gegebenenfalls vierten) Sitzung wird dann intensiver über Möglichkeiten und Bedingungen der Psychotherapie gesprochen. Dabei ist zu berücksichtigen, dass die Patienten ihre emotionale Grundeinstellung zum Behandelnden und ihre grundlegenden Erwartungen an die Therapie in dieser Einleitungsphase der Psychotherapie entwickeln.

Ein grundlegendes therapeutisches Prinzip besteht darin, dass die Patienten sich jederzeit in der Therapie orientieren können müssen!

Dies setzt eine klare, umfassende und verständliche Information des Patienten voraus zu:
➤ Diagnose, Depressionstyp, Krankheitsverlauf (episodisch-rezidivierend?), Spontanverläufe der Depression
➤ Vorgehen in der Psychodynamischen Psychotherapie
➤ möglichem Einsatz von Antidepressiva (Kombinationstherapie?)
➤ Schwerpunkt und Fokussierung in der Psychotherapie

Am Ende der Vorgespräche sollte das *Therapieziel* gemeinsam erörtert und festgelegt werden. Dies kann grundsätzlich auf drei unterschiedlichen Ebenen erfolgen:
➤ *Symptomorientiert:* »Welche Beschwerden möchten Sie in der Therapie vorrangig angehen? Bitte nennen Sie die zwei für Sie wichtigsten.«
➤ *Strukturbezogen:* »Haben Sie den Wunsch, Eigenschaften bei sich zu verändern?«, »Möchten Sie Ihre Selbstwertzweifel überwinden?«, »Möchten Sie Ihre Neigung überwinden, stets Schuld auf sich zu nehmen?«.
➤ *Interpersonell:* »Möchten Sie bestimmte, wiederkehrende Muster im Umgang mit anderen Menschen in der Therapie überwinden?«

Die Therapieziele lassen sich als Resultat des begonnenen Dialogs zwischen Patient und Psychotherapeut auffassen. Bei ihrer Festlegung ist deren Anzahl und Angemessenheit im Auge zu behalten. Strukturelle Veränderungen sind nicht in einer Kurzzeittherapie, zum Beispiel in 25 Therapiesitzungen, möglich, sondern erfordern eine deutlich höhere Anzahl von Therapiesitzungen im Rahmen einer Langzeitpsychotherapie. Letzteres gilt auch für die chronische Depression und die »Early-Onset Depression«.

Therapieziele werden explizit formuliert. Sie können als Bestandteil des Behandlungsvertrags auch schriftlich fixiert werden. Im Behandlungsverlauf wird auf die Therapieziele immer wieder eingegangen unter Berücksichtigung der Erfahrungen in der Psychotherapie und der gewonnenen Einsichten. Dementsprechend können sie auch im weiteren Verlauf revidiert werden.

5.1 Therapiebeginn

Im Hinblick auf zu erwartende Stimmungsschwankungen des Patienten, zunächst fehlende Nachhaltigkeit erster Erfolge in der Behandlung, mögliche Rezidive einer episodisch verlaufenden Depression und Krisen in der therapeutischen Beziehung empfiehlt es sich, solche Verlaufskrisen antizipierend anzusprechen. Diese Antizipation kann ganz wesentlich zur Entwicklung und Vertiefung einer vertrauensvollen Beziehung im Verlauf der Psychotherapie beitragen.

5.1.4 Therapievereinbarungen

Die mit den Patienten zu treffenden Vereinbarungen berücksichtigen den jeweiligen Therapierahmen und das Setting: Psychodynamische Psychotherapie hat als Verfahren der Kurzzeittherapie eine Einleitungsphase, eine Phase des Durcharbeitens und eine Beendigungsphase.

Die Regelfrequenz ist eine Sitzung pro Woche (mit einer Dauer von jeweils 50 Minuten). Eine Kurztherapie umfasst circa 30 bis 40 Sitzungen. Unter Berücksichtigung von Ferien- und Urlaubszeiten können demgemäß etwa 40 Sitzungen in einem Jahr durchgeführt werden.

Psychodynamische Psychotherapie als mittelfristige Therapie kann bei wöchentlicher Sitzungsfrequenz zwei bis drei Jahre dauern. Dieser Zeitraum kann durch Streckung der Sitzungsintervalle im Verlauf der Behandlung noch verlängert werden.

Eine Langzeitpsychotherapie ist bei chronischen Depressionen und komorbiden Persönlichkeitsstörungen indiziert und hinsichtlich der Krankheitsbewältigung und Entwicklung der Patienten außerordentlich sinnvoll (s. Kap. 5.1.5).

Die Therapievereinbarungen umfassen:
➢ Darstellung des Therapieplans, Zwischenbilanzierungen, Therapieende und Angebot für Nachsorgetermine (sogenannte Booster-Sitzungen)
➢ allgemeine Regelungen: Festlegung von Sitzungen (möglichst kontinuierlich am selben Wochentag zur selben Uhrzeit), rechtzeitiges Absagen von Sitzungen, Ausfallabsprachen und die Berichterstattungspflicht des Therapeuten an die Krankenkasse bzw. Versicherungen

Die Therapiesitzungen der Psychodynamischen Psychotherapie finden in der Regel im Sitzen statt. Es bietet sich ein »Gegenüber-über-das-Eck-Arrangement« an, bei dem Patient und Therapeut sich anschauen können, aber nicht müssen.

Gelegentlich kann die Behandlung auch als niedrigfrequente Psychodynamische Psychotherapie im Liegen (also mittels des klassischen Couch-Settings) durchgeführt werden. Dies setzt eine entsprechende psychoanalytische Weiterbildung des Psychotherapeuten und eine entsprechende Motivation des Patienten voraus, sich auf einen unter Umständen regressionsfördernden Erlebnis- und Erkenntnisprozess einlassen zu wollen (ohne den Augenkontakt in der »konventionellen« Kommunikation).

5.1.5 Therapeutisches Setting

Fragen der Indikation und die Klärung des geeigneten therapeutischen Settings stehen am Beginn einer ambulanten Psychodynamischen Psychotherapie depressiv Erkrankter. Bei den unterschiedlichen Verlaufsformen und Schweregraden depressiver Erkrankungen eignen sich – als Orientierung – vier ambulante Therapiesettings, die in Anlehnung an die Vorschläge von Mentzos (1986, 1995) beschrieben werden (vgl. Tab. 8).

Setting A	– niedrige Sitzungsfrequenz (Abstände von zwei bis vier Wochen über viele Jahre) – kurze Sitzungsdauer (20 bis 30 Minuten, bei größeren Abständen 30 bis 50 Minuten) – konstant akzeptierende therapeutische Haltung (trägt zu der neuen Erfahrung schuldfreier Autonomie und einer schamfreien Bindung an das Objekt bei, vgl. Wurmser, 1987) – Erhaltungspsychotherapie (Schauenburg & Clarkin, 2003): Eine Sitzung pro Monat, unter Umständen auch nach Abschluss einer höherfrequenten Psychotherapie. Klärung der Indikation einer antidepressiv-medikamentösen Erhaltungstherapie bzw. Rückfallprophylaxe (u. a. Behandlung mit Mood Stabilizern)
Setting B	– mittlere Sitzungsfrequenz (zumeist eine Wochenstunde) – inhaltlicher Schwerpunkt: aktuelle Konflikte (z. B. Partnerschaft, Beruf) – zunächst keine, später gelegentliche Deutung der Übertragung und Rekonstruktionen

	– Zur therapeutischen Haltung: Neben der Notwendigkeit des Containing bleibt das ambivalente Introjekt in der Reflexion des Therapeuten von großer Bedeutung (vgl. Mentzos, 1995)
Setting C	– höhere Sitzungsfrequenz (zwei bis drei Wochenstunden) – Deutung der Übertragungsbeziehung – vertiefte Einsicht und »korrigierende emotionale Erfahrung« (Alexander & French, 1946), Evidenzerleben des Patienten (die Wertschätzung des Objektes bleibt auch trotz spürbar gewordener Aggression und Abgrenzung erhalten)
Setting D	– ambulante Gruppenpsychotherapie (eineinhalb Wochenstunden) – Bewältigung und Prophylaxe der Erkrankung bei langen Krankheitsverläufen, Rezidivierung und Chronifizierung (psychoedukative Elemente) – Steigerung der sozialen Kompetenz im interaktionellen Erfahrungsaustausch – multilaterale Übertragungen: Erfahrung und Auflösung sozialer und kommunikativer Circuli vitiosi in der aktuellen Gruppensituation – schrittweise Bearbeitung des ambivalenten Wunsches nach dem Idealobjekt (vgl. Böker, 2000b).

Tab. 8: Vier therapeutische Settings in der ambulanten Psychodynamischen Psychotherapie depressiv Erkrankter

Für die Indikation und Auswahl der oben beschriebenen therapeutischen Settings sind die folgenden Kriterien maßgeblich (vgl. Böker, 2011; Indikationsstellung, S. 111–115):

➤ Grundsätzlich ist zu klären, welche *Therapie-Erwartungen* und *Therapie-Ziele* der Patient hat (vgl. Hohagen, 1996).

➤ *Leidensdruck:* Bei hohem Leidensdruck im sogenannten symptomarmen Intervall bietet sich das Setting B an (mit mittlerer Sitzungsfrequenz), bei niedrigem Leidensdruck nach Abklingen der depressiven Verstimmung ist eher das Setting A indiziert.

➤ *Motivation:* Grundsätzliche Voraussetzung einer Psychotherapie auch der schweren Depression, die während und nach der stationären Behandlungsphase oder in ärztlichen Gesprächen abzuklären und unter Umständen zu fördern ist.

5 Spezifische Praxis Psychodynamischer Psychotherapie depressiver Störungen

➤ *Introspektionsfähigkeit:* Bei bereits vorhandener hoher Introspektionsfähigkeit ist am ehesten das Setting B (mit dem Fokus auf den aktuellen Konflikten) oder zur weitergehenden Bearbeitung depressionsfördernder intrapsychischer und interaktioneller Mechanismen das Setting C (höhere Sitzungsfrequenz) indiziert.

➤ *Schwere und Dauer der Erkrankung:* Bei einem langjährigen Krankheitsverlauf und erheblichen psychosozialen Einbußen eignet sich das Setting A oder auch die Gruppentherapie mit Patienten, die einen ähnlichen Erfahrungshintergrund aufweisen (Setting D; vgl. Böker, 2000b).

➤ *Persönlichkeitsstruktur:* Bei der Indikation zu den einzelnen Psychotherapieformen sind persönlichkeitsstrukturelle Gesichtspunkte zu berücksichtigen. Mundt (1996) schlug vor, durch eine »Strukturdiagnose«, die zusätzlich zur psychopathologischen Diagnose vor Beginn der Behandlung gestellt wird, und durch ein zusätzliches »Staging« des Krankheitsstadiums das pathogenetische Arbeitsfeld der Psychotherapie zu präzisieren. Ein therapeutischer Fehler bestehe unter Umständen darin, den Circulus vitiosus aus Sollensdruck und Eingesperrtsein in der Pflichtsituation (Remanenz und Immanenz im Sinne von Tellenbach, 1974) bei Depressiven zu unterschätzen (Mundt, 1996, S. 187f.). Er empfiehlt deshalb eine zurückhaltende Indikationsstellung bei Patienten mit Typus-Melancholicus-Struktur, während er die Prognose einer Psychotherapie bei Patienten mit narzisstischer Struktur und depressiver Struktur (im Sinne einer neurotischen Depression nach ICD-9) für günstiger einschätzte. Ein zentraler therapeutischer Fokus richtet sich dabei auf »Objektnähe« und »Idealisierung« als depressionstypische Merkmale der sozialen Wahrnehmung, die im Rahmen der psychiatrischen Persönlichkeitsforschung mittels qualitativer Einzelfallstudien zu Selbstbild und Objektbeziehungen depressiv Erkrankter empirisch erfasst wurden (vgl. Boeker et al., 2000).

Die Einschätzung des Strukturniveaus kann mittels der Anwendung der Operationalisierten Psychodynamischen Diagnostik (OPD-I, 1996, OPD-II, 2009; vgl. OPD, S. 54–59) erfolgen. Sechs beobachtbare Funktionen als Kennzeichen der Beziehung des Selbst zum anderen wurden in operationalisierter Weise definiert:

Die Fähigkeiten zur Selbstwahrnehmung, Selbststeuerung, Abwehr, Objektwahrnehmung, Kommunikation und die Bindungsfähigkeit. Die Einschätzung des Strukturniveaus wird durch die Beurteilung des Integrationsgrades bestimmt:

5.1 Therapiebeginn

➤ gut integriertes Strukturniveau: intra- und interpsychische Konfliktfähigkeit und Fähigkeit, in Belastungssituationen autonom zu funktionieren
➤ mäßig integriertes Strukturniveau: Die oben genannten Fähigkeiten sind situativ herabgesetzt.
➤ wenig integriertes Strukturniveau: herabgesetzte Verfügbarkeit über die regulierenden Funktionen und Vorherrschen interpersonell ausgetragener Konflikte
➤ desintegriertes Strukturniveau: Fragmentierungen, Gefahr des psychotischen Zusammenbruchs und psychotischer Restitutionsversuche

Indikationskriterien		A	B	C	D
Leidensdruck	hoher Leidensdruck		X	(X)	(X)
	niedriger Leidensdruck	X			
Motivation	grundsätzliche Voraussetzung, notwendige Abklärung, unter Umständen Förderung	X	X	X	X
Introspektionsfähigkeit	hohe Introspektionsfähigkeit			X Fokus: aktuelle Konflikte	X Bearbeitung krankheitsfördernder intrapsychischer Mechanismen
	niedrige Introspektionsfähigkeit	X			X
Schwere und Dauer der Erkrankung	langjähriger Krankheitsverlauf, erhebliche psychosoziale Einbußen	X	(X)		X

Indikationskriterien		A	B	C	D
Persönlichkeits-struktur	schwere Persönlichkeitsstörungen mit gering integriertem Strukturniveau nach OPD	X	X		(X)
	narzisstische Struktur (mittleres Strukturniveau nach OPD)		X	(X)	(X)
	gut integrierte Struktur (nach OPD mit histrionischen und ängstlich-selbstunsicheren Zügen)		X	X	

Tab. 9: *Auswahl des therapeutischen Settings für eine Psychodynamische Psychotherapie depressiver Störungen (OPD = Operationalisierte Psychodynamische Diagnostik)*

5.1.6 Langfristige, niederfrequente Erhaltungs-Psychotherapie

Eine besondere Herausforderung ergibt sich aus der Behandlung von Patienten mit therapieresistenten, chronischen Depressionen. Hierin besteht auch eine wichtige Aufgabe der Psychodynamischen Psychotherapie bei depressiven Störungen.

Aufgrund von zahlreichen Untersuchungen kann davon ausgegangen werden, dass 15–40 Prozent depressiver Erkrankungen einen chronischen Verlauf nehmen (Übersicht bei Böker, 2016, S. 472ff.). Chronische Depressionen bestimmen die weitere Entwicklung eines Menschen maßgeblich, sie sind eng mit dessen Biografie verknüpft und tragen zu großem subjektivem Leiden bei. Sie führen oftmals auch zu erheblichen Belastungen für die Partner und Kinder der Betroffenen. Dementsprechend kann das Therapieziel nicht nur in der ausschließlichen Symptomreduktion zum gegenwärtigen Zeitpunkt bestehen, sondern muss sich an einer Langzeitperspektive orientieren, die sowohl die Persönlichkeit des Erkrankten wie auch sein Lebensumfeld miteinbezieht.

5.1 Therapiebeginn

Aufseiten der Behandelnden setzt diese komplexe Behandlungssituation eine therapeutische Grundhaltung voraus, welche die empathische Einstimmung auf den einzelnen Patienten in seiner depressiven Sackgassen- und Rückzugssituation, die geduldige therapeutische Begleitung und die gemeinsame Suche nach günstigeren Bewältigungsversuchen befördert. Die in einer tragfähigen und authentischen therapeutischen Beziehung – vor dem Hintergrund oftmals langjähriger oder jahrzehntelanger psychischer und sozialer Misslichkeiten – erlebte Akzeptanz und Resonanz kann für den chronisch depressiven Patienten zu einem wichtigen Element von Hoffnung werden.

Die chronische Depression sollte differenzialdiagnostisch von einer therapieresistenten Depression abgegrenzt werden: Therapieresistenz (bezogen auf die durchgeführten medikamentösen Behandlungsversuche) bedeutet – in einer pragmatischen, operationalisierten Definition – Nichtansprechen der depressiven Symptomatik auf eine zweimalige definierte Therapie, die entsprechend den jeweiligen Behandlungsempfehlungen (mit ausreichender Dosis und Dauer) durchgeführt wurde (vgl. Nationale Versorgungsleitlinie NVL/S3 »Unipolare Depression«).

Bei Verdacht auf eine therapieresistente Depression muss auch eine »Pseudoresistenz« erwogen werden (liegt bei ca. 40 bis 50 Prozent aller sogenannter Therapieresistenten vor!). Die Ursachen einer »Pseudoresistenz« bestehen in:
- ➢ medikamentöser Unterbehandlung (zu niedrige Dosierung der Antidepressiva, zu kurze Behandlungsdauer)
- ➢ fehlendem Einsatz einer Psychotherapie
- ➢ somatischer und/oder psychiatrischer Komorbidität

»Therapieresistenz« lässt sich im Rahmen psychotherapeutischer Interventionen weniger leicht definieren. Als Faktoren der Therapieresistenz bei bereits zuvor angewandter Psychotherapie sind zu berücksichtigen:
- ➢ gewählte Psychotherapiemethode
- ➢ therapeutische Kompetenz der Behandelnden
- ➢ Frequenz der Therapiesitzungen
- ➢ Notwendigkeit einer Einzeltherapie (anstelle der Gruppenpsychotherapie)
- ➢ Abwägung zwischen dem Einsatz von Entspannungsmethoden versus aktivierendem Einsatz bzw. konfrontativen Interventionen
- ➢ unzureichende Berücksichtigung des Hyperarousals und kognitiver Störungen Depressiver bei einer »abstinenten« therapeutischen Grundhaltung
- ➢ fehlender Einbezug von Angehörigen

5 Spezifische Praxis Psychodynamischer Psychotherapie depressiver Störungen

Die Indikation zum Einsatz einer Psychodynamischen Langzeit-Psychotherapie bei depressiv Erkrankten besteht bei (Schauenburg & Clarkin, 2003):

- erheblicher Restsymptomatik zu Therapieende (z. B. Schlafstörungen)
- zurückliegenden raschen Rückfällen nach Therapieende
- mehr als drei eindeutigen vorherigen depressiven Episoden
- erster Episode sehr schwer und vor dem 20. Lebensjahr
- ausgeprägter Persönlichkeitsstörung
- ausgeprägter Ängstlichkeit und Scham, insbesondere auch sozialen Ängsten
- sozialer Isolierung
- belastenden Lebensumstände (Armut, alleinerziehender Status, Gewalt, Krankheit usw.)
- ausdrücklichem Wunsch des Patienten

Weitere Differenzialindikationen, insbesondere für eine Psychopharmakotherapie, können an dieser Stelle nicht ausführlich erörtert werden (es sei auf die S3/NVL-Behandlungsleitlinie »Unipolare Depression« hingewiesen). Es ist zu beobachten, dass inzwischen die Polarität zwischen einem unkritischen pharmakologischen Optimismus auf der einen Seite und der völligen Ablehnung psychopharmakologischer Behandlung auf psychotherapeutischer Seite weitgehend überwunden zu sein scheint. In diesem Zusammenhang können einige auf der Grundlage klinischer Erfahrung entwickelte Behandlungsempfehlungen für eine Psychopharmakotherapie der Depression auch für Psychotherapeutinnen und Psychotherapeuten hilfreich sein (vgl. Kapfhammer, 2000):

- chronische Depression
- melancholisches Symptompattern
- fehlende Persönlichkeitsstörung
- synthyme Wahninhalte
- hoher Schweregrad der depressiven Episode
- depressiver Stupor
- »atypische« Zeichen mit Hyperphagie, Hypersomnie, bleierner Müdigkeit
- frühere günstige Medikamenten-Response
- positive Familienanamnese (Depression, Alkoholismus; Preskorn et al., 1992)

5.1 Therapiebeginn

- ➢ akute, episodische Suizidalität (Karasu, 1990)
- ➢ Komorbidität mit anderen psychischen Erkrankungen (Karasu, 1990)

Was ist bei der Durchführung einer Psychodynamischen Langzeitpsychotherapie besonders zu berücksichtigen?

Die zur Chronifizierung beitragenden Faktoren können auch einen Teil der Dynamik innerhalb der therapeutischen Beziehung bestimmen (Verlustängste, Festhalten an Abhängigkeit und Hilflosigkeit). Die Psychotherapie kann »chronisch« werden und unnötig lange dauern, wenn Patient und Therapeut unbewusst an diesem Abhängigkeitsmuster festhalten, das eine Loslösung und individuelle Entwicklung unmöglich macht.

Wodurch ist eine geeignete therapeutische Haltung gekennzeichnet?

Eine geeignete therapeutische Haltung besteht darin, den »oralen Hunger« des Patienten verständnisvoll zur Kenntnis zu nehmen und zu benennen, ihn jedoch nicht direkt »fütternd« zu befriedigen (vgl. Mentzos, 1995).

In dem schmerzlichen Prozess der Trennung vom emotional bedeutsamen anderen und/oder den eigenen Ideal- und Größenvorstellungen erfährt der depressive Mensch – oftmals zum ersten Mal – die emotionale und narzisstische Zufuhr eines spontanen und natürlichen »Angenommenwerdens«.

Positive Erwartungen aufseiten der Therapeuten sind starke Wirkfaktoren (Beutel et al., 2009) und ermöglichen es, die Hoffnung wiederzufinden und aufrechtzuerhalten.

Worauf kommt es aus Sicht der Patienten an in einer Psychodynamischen Langzeitpsychotherapie bei depressiv Erkrankten?
Darauf antwortet Frau N., eine 44-jährige Patientin, die seit der Adoleszenz an einer »Double Depression« (Rezidivierende depressive Störung und Dysthymie) leidet:

»Einen sicheren Raum haben für meine ›inhaltslose Angst‹ und meinen ›unfassbaren Schmerz‹, für die Gefühle, die ich erlebe, wenn Sie [der Psychotherapeut, HB] abwesend sind in den Ferien und ich mich verlassen fühle. Wenn ich zerfres-

5 Spezifische Praxis Psychodynamischer Psychotherapie depressiver Störungen

sen werde von meinen Schuldgefühlen, weil ich mich nicht genügend aufgeopfert habe für meine Eltern. Wenn ich wahrnehme, dass andere zu Ihnen kommen, und ich eifersüchtig und wütend bin. Wenn ich glaube, dass Ihnen alles gelingt und ich neidisch werde. Und für meine Freude, meinen Zweifel und meinen Mut, wenn ich auf Sie zugehe. Diese Sehnsucht und Angst musste ich als Kind vergessen, um zu überleben« (Böker & Conradi, 2016, S. 272f.).

Im Hinblick auf die im Langzeitverlauf der chronischen Depression, der Dysthymie und Double Depression oftmals notwendige Kombinationsbehandlung (Psychotherapie und Antidepressiva) wird in der »Nationalen Versorgungsleitlinie« (NVL/S3 »Unipolare Depression«) empfohlen:
➢ Eine pharmakologische Behandlung sollte erwogen werden.
➢ Eine Kombinationstherapie mit angemessener Psychotherapie und Antidepressiva sollte dem Patienten angeboten werden.
➢ Bei schwereren und rezidivierenden sowie chronischen Depressionen, Dysthymie und Double Depression sollte die Indikation zur Kombinationsbehandlung aus Pharmakotherapie und geeigneter Psychotherapie vorrangig vor einer alleinigen Psychotherapie oder Pharmakotherapie geprüft werden.

Angesichts der ätiopathogenetischen, psychopathologischen, neurobiologischen und verlaufsbedingten Besonderheiten der Depression ist gerade auch in der Langzeitpsychotherapie eine modifizierte Technik im Rahmen eines mehrdimensionalen Behandlungskonzeptes erforderlich. Eine sequenzielle Fokusbildung ist empfehlenswert, die stets auf die jeweils im Vordergrund stehende Symptomatik und Konstellation zielen sollte.

Worin besteht ein wesentliches therapeutisches Ziel in der Psychodynamischen Langzeitpsychotherapie?

> Ein wesentliches therapeutisches Ziel besteht in der Auflösung der komplizierenden, die Depression aufrechterhaltenden Circuli vitiosi und defensiven, zunehmend dysfunktionalen Strategien des depressiv Erkrankten.

In einem langjährigen therapeutischen Prozess werden neue Beziehungserfahrungen ermöglicht, die zu einer allmählichen Überwindung des depressiven Dilemmas (Antagonismus von Selbstwerthaftigkeit und Wertschätzung des idealisierten anderen) beitragen. Die Psychotherapie des an einer chronischen Depression Erkrankten ist Langzeittherapie und wird sich stets am Einzelfall, der

Person und deren Lebenssituation orientieren müssen (Wolfersdorf & Heindl, 2003).

5.1.7 Wann ist eine stationäre Depressionsbehandlung einzuleiten?

Die Einsicht in die Psychodynamik der Depression ist nicht nur Grundlage der psychodynamisch orientierten ambulanten Psychotherapie, sondern eröffnet auch für die unter Umständen notwendige stationäre Behandlung einen wesentlichen Zugang zu den depressiv Erkrankten. Eine stationäre Behandlung ist insbesondere bei Vorliegen akuter Suizidalität, psychotischen Depressionen, depressivem Stupor, Komorbidität mit anderen somatischen und psychiatrischen Erkrankungen und in komplexen psychosozialen Belastungssituationen erforderlich (vgl. Böker, 2011).

Im Rahmen der stationären Depressionsbehandlung haben sich *gestufte Therapiekonzepte bei schwerer Depression* bewährt. Diese zielen auf eine schrittweise Entlastung in der *Akutphase* (stützende Interventionen, Verminderung des psychischen Schmerzes, der Ängste und der Blockade im Rahmen eines therapeutischen Milieus), schrittweise *Aktivierung und Stabilisierung* (mit Förderung der Handlungskompetenz z. B. im Rahmen der Ergotherapie (Witschi et al., 2001; Schwegler et al., 2003), Förderung des Körpergefühls, Stärkung des nicht-depressiven Verhaltens und Entwicklung alternativer Bewältigungsstrategien) und schließlich die Auflösung depressionsfördernder Faktoren in der *Integrations- und Austrittsphase* (inkl. Förderung günstigerer Bewältigungsmechanismen, Bewältigung von Beziehungskonflikten, Einleitung einer berufliche Rehabilitation im Bedarfsfall). Die *Nachsorge und Prävention* schließt neben der medikamentösen Phasenprophylaxe (bei rezidivierenden Depressionen) ambulante störungsspezifische Psychotherapie ein.

Die stationäre Behandlung der an schweren Depressionen Erkrankten ist vor allem Umweltfürsorge (im Sinne Winnicotts) und empathische Begleitung der Patientinnen und Patienten auf der Grundlage einer psychotherapeutischen Haltung. Die Gegenübertragungsgefühle in der Begegnung mit dem unbeweglich-versteinerten depressiven Patienten bzw. dem sich jeder relativierenden Einsicht durch Flucht entziehenden manischen Patienten werden oft als unerträglich, lähmend oder – auch wegen der Heftigkeit der aggressiven Gegenübertragung – als beunruhigend erlebt. Ein psychodynamisches Verständnis der Dilemmata depressiv-psychotischer Patienten kann wesentlich dazu beitragen, die Gegenübertragungsgefühle in kreativer Weise therapeutisch zu nutzen. In dem Versuch, ihr labiles Selbstwertgefühl zu retten, sind Depressive gezwungen, sich immer wieder an das ambivalente Objekt zu klammern (und es zu introjizieren). Die aus diesem Dilemma resultierenden Selbstdemütigungen und der Selbsthass vermitteln sich auch dem Behandelnden in der Gegenübertragung. In einer ermutigenden, die Bedürfnisse der Depressiven positivierenden Haltung kann – wie Benedetti (1987) unterstrichen hat – dieser depressive Circulus vitiosus – zunächst stellvertretend für die Patientinnen und Patienten – durch die Behandelnden aufgehoben werden: Es geht also darum, sich nicht in die sadomasochistischen Fesseln zu verwickeln, über die Depressive vielfach an andere Menschen gebunden sind.

Der Einbezug der Familienangehörigen ist angesichts deren Ängste und gelegentlicher Schuldgefühle und der interpersonalen Teufelskreise der Depression ein weiteres wesentliches Fundament einer – von der Einsicht in die Dynamik der individuellen und interpersonalen Abwehr und Bewältigung geleiteten – Behandlung depressiver Patientinnen und Patienten.

> Zusammenfassend erfordern die psychogenetischen, psychodynamischen und psychopathologischen Besonderheiten der Depressionen ein therapeutisches Vorgehen im Rahmen eines mehrdimensionalen Behandlungskonzeptes. Dieses hat unterschiedliche Gesichtspunkte zu berücksichtigen: State-Marker der Depression (Schweregrad und Ausgestaltung der akuten Symptomatik), Trait-Marker der Depression (persönlichkeitsstrukturelle Aspekte), bisheriger Krankheitsverlauf, mögliche Therapieresistenz, Vorhandensein bzw. Fehlen von psychosozialer Unterstützung durch das Umfeld. Oftmals ist der Fokus der Behandlung anzupassen und bei schweren Depressionen auch eine stationäre Behandlung bzw. Krisenintervention oder eine teilstationäre Behandlung im Rahmen einer spezialisierten, psychotherapeutisch orientierten Tagesklinik für Affektkranke (Böker et al., 2009) zu erwägen. Solche im längeren Verlauf notwendigen sequenziellen stationären bzw. teilstationären Behandlungsabschnitte stellen keineswegs die Bedeutung der ambulanten Psychotherapie infrage, nicht zuletzt auch wegen der dadurch ermöglichten Behandlungskontinuität.

Ein »mehrdimensionales Behandlungskonzept« setzt auch eine übergreifende Theorie der Depression voraus, die die Zirkularität der somato-psychischen-psychosomatischen, kognitiven, intrapsychischen und interpersonalen Faktoren erfasst. Auf diese Weise wird verständlich, warum unterschiedliche Interventionen und therapeutische Strategien bei Depressionen wirksam werden können.

Die Bedeutung eines mehrdimensionalen Behandlungskonzeptes der Depression, die auch die Notwendigkeit einer stationären psychiatrischen Behandlung

5.1 Therapiebeginn

einschließen kann, der Stellenwert einer psychodynamisch konzipierten stationären psychiatrischen Behandlung einer schweren, unter Umständen psychotischen Depression und die weiterführende Perspektive einer ambulanten Psychodynamischen Psychotherapie werden anhand des folgenden Fallbeispiels exemplarisch dargestellt.

Kasuistik: Der kleine Vampir (dieses Fallbeispiel wurde freundlicherweise von Herrn Prof. Dr. med. P. Hartwich, Frankfurt am Main, zur Verfügung gestellt): Herr M., ein 56-jähriger leitender Augenarzt eines Krankenhauses, kommt zur stationären Aufnahme in die Klinik für Psychiatrie und Psychotherapie. Er klagt über seit vier Monaten zunehmende Unruhe, Vergesslichkeit, massive Schlafstörungen, Antriebsarmut, er sei unfähig und könne seinen Beruf nicht mehr ausüben. Seine Gedanken kreisen nur noch um eine schwerste Schuld, die er auf sich geladen habe, es käme deswegen zum Chaos, er rieche auch nicht gut. Er sei es nicht wert zu leben.

Psychopathologisch stehen Agitiertheit, Tagesschwankungen, Schuldwahn mit unbeirrbarer Gewissheit, Eigengeruchshalluzinationen und Suizidalität im Vordergrund.

Die Therapie erfolgt stationär mit Antidepressiva, schlaffördernden Psychopharmaka und mit Psychodynamischer Psychotherapie.

Auffällig ist, dass die behandelnde ärztliche Therapeutin sowie auch das engere Stationsteam zunächst besonders fürsorglich auf den Patienten reagieren. Sein vermindertes Selbstwertgefühl und der stark hervorgebrachte Ausdruck des Schwachseins, des Getriebenseins von Schulderleben und die psychomotorische Unruhe rufen eine komplementäre mütterlich tröstende Gegenübertragung hervor. Im Handlungsdialog kommt es infolgedessen zu aufmunternden Vorschlägen mit stellvertretender Aktivierung. Der Patient ist davon jedoch nicht beeindruckbar; im Gegenteil, er nichtet diese positiven Angebote intelligent und es kommt über Wochen zu nicht enden wollenden Gesprächen in den Therapiesitzungen sowie auf dem Stationsflur mit zyklisch wiederkehrenden Klagen über Schuld und Wertlosigkeit. Die Therapeutin wie auch die anderen Mitglieder des Stationsteams fühlen sich zunehmend erschöpft und entwertet von den langen und belastenden Gesprächen, die nur sehr mühsam abzukürzen sind.

Nach einigen Wochen klagen Therapeutin und Team, dass sie sich von dem Patienten ausgelaugt und ausgesaugt fühlen. Sie spüren, dass der Patient Macht über sie ausübt und er das Sagen im Leiden hat. Die anfängliche mütterliche Gegenübertragung schlägt um in ein Bestreben, sich abzugrenzen, und man wird auch ärgerlich. Sie sagen: »Der kleine Vampir will uns nur aussaugen und uns zeigen, dass wir nichts können. Das ist nur ein endloses Spiel.«

In der Team-Supervision wird verdeutlicht, dass der Patient in der Übertragung unbewusst versucht, seine innere Leere und sein Wertlosigkeitsgefühl auf eine Weise mit Energie zu besetzen, indem er sie den Menschen, die sich um ihn kümmern, wegnimmt, sie regelrecht aussaugt. Es kann bewusst gemacht werden, dass sich das Team in seiner zunehmend aggressiven Gegenübertragung gegen diese Art der Bemächtigung wehrt. Die Gefahr einer Endlosschleife dieses Interaktionsmusters mit Klammerung vonseiten des Patienten und kühler Distanzierung vonseiten des Teams kann besprochen und die Gefahr einer wachsenden suizidalen Gefährdung kann antizipiert werden. Auch werden Parallelen zum gegenwärtigen Beziehungsmuster mit seiner Ehefrau und der Tochter hergestellt; diese haben sich ebenfalls nach anfänglicher Überfürsorge zurückgezogen und besuchen ihn kaum noch in der Klinik.

Die daran anschließenden Therapiegespräche signalisieren dem Patienten, dass man ihn hier verstehen und gleichzeitig eine klarere Strukturierung der Kommunikation durchsetzen möchte. Nach anfänglicher Irritation und Verstärkung seines »Klammerverhaltens« kommt es zu etwas Neuem: Der Patient berichtete der Therapeutin nun über die Inhalte seiner quälenden Schuldgefühle und weswegen er vernichtet werden müsse. Er hätte als Augenarzt bei den Untersuchungen von Patientinnen im Sitzen die Intimgrenzen überschritten. In der Untersuchung, in denen er sich den Augen der Patientinnen genähert habe, habe er seine Beine nicht, wie es korrekt sei, parallel zu deren Beinen gestellt, sondern sei zwischen die Beine der Patientinnen gegangen.

Die Wucht der Schuldgefühle, die unbeirrbar wahnhaft vorgetragen worden waren, konnte er nunmehr inhaltlich formen und ausführlich konkretisieren. Ein Austausch wurde dadurch ermöglicht und das Mitteilen – und vielleicht ein wenig das Teilen – in der Psychodynamischen Therapie bot die Chance zu einem neuen Niveau des Miteinanders von Patient und Behandlerteam. Man ging entspannter miteinander um. Das Leiden des Patienten konnte nun stärker in den Therapiesitzungen zum Gegenstand gemacht werden und die suizidale Gefahr trat in den Hintergrund.

Die stationäre antidepressive pharmakologische verbunden mit der psychodynamischen Behandlung konnte nach längerem Verlauf und Abklingen der Phase in eine ambulante Therapie übergeführt werden, an die sich die Wiederaufnahme der Berufstätigkeit anschloss.

5.2 Therapieverlauf, therapeutische Haltungen und Entwicklungsschritte

Die Psychodynamische Psychotherapie der Depression zielt nicht auf die depressive Symptomatologie im engeren Sinne, sondern auf die Psychodynamik der dysfunktionalen Beziehungs- und Bindungsmuster, die konflikthaft belastete Selbstwertgefühlregulation als Ausdruck einer strukturellen Vulnerabilität und die Bewältigungsstrategien, die sich im Laufe von Jahrzehnten entwickelt haben, mehr oder weniger bewusstseinsnah sind und zunehmend dysfunktional wurden. Hervorzuheben ist, dass dieser zuletzt genannte Bereich in der Psychotherapie gerade nicht als Abwehr infrage gestellt, »sondern als Ausdruck der Bemühungen und Lebensleistung des Patienten« anerkannt wird (vgl. Rudolf, 2006, S. 372).

5.2.1 Therapeutische Haltungen

Rudolf (2000a, b, 2002, 2003) beschrieb in einer mehrdimensionalen Perspektive die geeigneten Haltungen des Therapeuten, die therapeutischen Aufgaben und die Strukturierung der Entwicklungsschritte des depressiv Erkrankten im Verlauf einer Psychodynamischen Psychotherapie.

Welche therapeutischen Haltungen sollte ein Psychotherapeut in einer Psychodynamischen Psychotherapie depressiv Erkrankter entwickeln bzw. in die Behandlung einbringen?

Therapeutische Haltungen
- Therapeut als *ausreichend gutes Objekt* (Zuverlässigkeit, Belastbarkeit)
- Therapeut als *Hilfs-Ich* (unterstützt bei der Affektwahrnehmung und Affektdifferenzierung, Förderung der Affekttoleranz und Unterstützung der Entwicklung von Frustrationstoleranz)
- Therapeut als *Hilfs-Über-Ich* (wendet sich gegen die Selbstentwertung, unterstützt adäquate Selbstbewertung, relativiert die Forderungen eines rigiden, strengen Über-Ichs)
- Therapeut als *antwortendes Gegenüber* (erlebbare Resonanz, ausgelöst durch den Patienten)
- *Getrenntheit* (Begegnung zweier Subjekte, der Therapeut als ein anderer, Selbst-Objekt-Differenzierung)

> *Interesse* an den Mitteilungen des Patienten und an dessen Weiterentwicklung und an gemeinsamer therapeutischer Zielsetzung
> Therapeut als ein *Handelnder* (Unterbindung von Selbstschädigungstendenzen)

Eine grundlegende Voraussetzung der Psychodynamischen Psychotherapie Depressiver und eine wesentliche therapeutische Aufgabe besteht darin, sich empathisch in das Erleben des Patienten einzufühlen und seine Selbstwahrnehmung mitzuerleben.

Wie nimmt sich ein Depressiver vielfach selbst wahr?

Therapeutische Aufgabe
> die Selbstwahrnehmung des Depressiven miterleben
> emotionale Daueranspannung
> fehlende emotionale Entlastung
> fehlende kommunikative Entlastung (niemanden brauchen, niemandem trauen, sich an niemanden wenden)
> nie spielerisch loslassen können
> Selbstverleugnung und Selbstüberforderung (nie zu sich selber stehen können), Festhalten an überhöhten Zielvorstellungen, fehlende Selbstachtsamkeit trotz zunehmender Erschöpfung

5.2.2 Entwicklungsschritte des depressiven Patienten

Durch die Psychodynamische Psychotherapie kann die Entwicklung eines depressiven Patienten wesentlich gefördert werden. Dies ist oftmals mit schmerzlichen Gefühlen und Einsichten verbunden. Durch den psychotherapeutischen Prozess und das Erleben in der therapeutischen Beziehung gelangt der Patient schrittweise zu größerer Sicherheit.

Worin bestehen die wesentlichen Entwicklungsschritte des depressiven Patienten, die durch die Psychodynamische Psychotherapie gefördert werden?

Entwicklungsschritte des depressiven Patienten:
> Selbstwahrnehmung des Abgewehrten
> Zugang zu negativen biografischen Erfahrungen

5.2 Therapieverlauf, therapeutische Haltungen und Entwicklungsschritte

> ➤ Auseinandersetzung mit den bisher bevorzugten Bewältigungsversuchen
> ➤ Sicherheit in der Bindung erfahren
> ➤ Umstrukturierung des Selbst und günstigerer Bewältigungsmechanismen

Die zu fördernden Entwicklungsschritte des Depressiven gehen einher mit zunehmender Affektdifferenzierung, der Auseinandersetzung mit dem eigenen Selbstbild, verzerrten Objektbildern, den eigenen Wünschen und Ängsten, der Überwindung bisheriger dysfunktionaler Bewältigungsstrategien und einer schrittweisen Separation und Verselbstständigung. Dieser Entwicklungsprozess, der letztlich immer auch ein Trennungsprozess ist, umfasst im einzelnen folgende Schritte (vgl. Rudolf, 2003):

1. Selbstwahrnehmung des Abgewehrten:
   - ➤ Affektdifferenzierung (Traurigkeit, Schmerz, Angst, Wut, Neid)
   - ➤ objektbezogene Bedürftigkeit eingestehen dürfen
   - ➤ Wahrnehmung objektbezogener Enttäuschung und Wut (Racheimpulse)
   - ➤ Suche und Annahme von Hilfe
   - ➤ Möglichkeit regressiver und kommunikativer Entlastung
   - ➤ Selbstakzeptanz und Selbstfürsorge entwickeln dürfen
   - ➤ Selbstbehauptung und Abgrenzung entwickeln dürfen
   - ➤ Entwicklung neuer kommunikativer Muster (Mitteilen von Emotionen und Bedürfnissen statt wortloser Erwartungen)

2. Zugang zu negativen biografischen Erfahrungen:
   - ➤ Erleben schmerzlicher biografischer Erfahrungen
   - ➤ Trauer angesichts von Trennungen, Verlusten und Einschränkungen
   - ➤ Anteilnahme suchen und erfahren dürfen
   - ➤ biografische und aktuelle Erfahrungen voneinander unterscheiden lernen
   - ➤ Versöhnung mit Verlusten und unter Umständen auch mit Traumatisierungen
   - ➤ Entlastung von Selbstvorwürfen
   - ➤ Entzerrung der Objektbilder: erkennen, dass Schuldvorwürfe an die Objekte auch Ausdruck unaufgelöster Abhängigkeit und Versorgungswünsche sein kann
   - ➤ intergenerative Perspektive: Erkennen von Verstrickungen über Generationen hinweg, Thema des Schicksalhaften

3. Auseinandersetzung mit den bisher bevorzugten Bewältigungsversuchen:
   - ➢ forciertes Festhalten an Leistungsorientierung und/oder Altruismus
   - ➢ schizoider Rückzug und Vermeidung von Emotionen
   - ➢ narzisstische Beziehungsgestaltung mit ständigem Oszillieren von Idealisierung, Entwertung und Objektdistanzierung
   - ➢ regressive Ersatzbefriedigung: Fluchttendenzen, Ausweichen in Fantasien einer idealisierten »heilen Welt«, Sucht
   - ➢ Selbstentwertung und Selbstvorwürfe: erkennen, dass die Wendung der Aggression gegen das eigene Selbst in einem Zusammenhang steht mit dem Festhalten an den an das Idealobjekt gerichteten Wünschen, den Versorgungswünschen und der aufgrund der Verlustangst abgewehrten Enttäuschungswut
4. Sicherheit in der Bindung erfahren:
   - ➢ wachsende Überzeugung und Sicherheit, dass es wichtige andere gibt, denen man vertrauen kann
   - ➢ Erleben von bezogener Autonomie: In der Begegnung mit anderen wird Rückhalt erfahren, ohne dass daraus Unfreiheit resultiert.
   - ➢ Objektkonstanz: erleben, dass das innere Bild des wichtigen anderen – trotz möglicher aggressiver Konflikte und Abgrenzung – erhalten bleibt
   - ➢ Beziehungskonstanz: Verantwortung für den Schutz wichtiger Beziehungen übernehmen
   - ➢ Trennungserfahrungen: erleben, dass Trennung und Abschied unter Umständen notwendig sein können und »überlebt« werden
5. Umstrukturierung des depressiv-hilflosen Selbst und Entwicklung günstigerer Bewältigungsmechanismen:
   - ➢ Selbstakzeptanz statt Selbstvorwurf
   - ➢ Selbstvertrauen statt Selbstzweifel
   - ➢ Selbstverantwortung statt Selbstüberforderung und Selbstbeschädigung
   - ➢ Selbstbestimmung statt Unterwerfung

Worin unterscheidet sich das dargestellte Vorgehen in der Psychodynamischen Therapie von der klassischen Psychoanalyse?

Psychodynamische Psychotherapie ist nicht mehr ein einheitliches Verfahren für alle Störungen, sie ist vielmehr – vergleichbar mit anderen modernen Psychotherapieverfahren – auf die spezielle Konfiguration einer Störung zugeschnitten (vgl. Rudolf, 2003).

5.2 Therapieverlauf, therapeutische Haltungen und Entwicklungsschritte

Worin besteht die Störungsspezifität der Psychodynamischen Psychotherapie depressiver Störungen?

Die Psychodynamische Psychotherapie depressiver Störungen ist eine störungsspezifische Psychotherapie, da sie auf spezielle konflikthafte Formen der Beziehungserwartung und Beziehungsproblematik und die damit zusammenhängenden Selbstwertprobleme bei depressiv Erkrankten zugeschnitten ist (Rudolf, 2003), die Zirkularität somatopsychisch-psychosomatischer Faktoren und die Besonderheiten des Verlaufes depressiver Erkrankungen berücksichtigt.

Bei depressiv Erkrankten zielt das »depressionsspezifische« Vorgehen insbesondere auf die Psychodynamik der Grundpersönlichkeit und die damit einhergehende Beziehungsproblematik. Individuelle Variationen berücksichtigen den jeweils im Vordergrund stehenden Bewältigungsstil und die jeweilige strukturelle Vulnerabilität, ferner auch die jeweilige Symptomkonstellation (Kognitive Störungen, Agitation, Selbstschädigungstendenzen, Sucht, Somatisierung).

Dementsprechend reicht die therapeutische Bandbreite von verstehendem über strukturierendes Vorgehen bis hin zur Indikation einer antidepressiven, sedativen bzw. schlaffördernden medikamentösen Einstellung. Ob und inwieweit die Psychopharmakotherapie auch vom behandelnden Psychotherapeuten durchgeführt werden sollte, hängt von unterschiedlichen Faktoren und Konstellationen ab, nicht zuletzt auch von der jeweiligen beruflichen Vorerfahrung.

5.2.3 Behandlungstechnische Probleme

Spezifische behandlungstechnische Probleme können sich trotz erfolgreicher Bearbeitung depressionsfördernder neuro-psychodynamischer Zusammenhänge und maladaptativer Bewältigungsversuche einstellen (Böker, 2005, 2011, 2016). Diese bestehen in:
➢ einer möglichen partiellen temporären »Entkopplung von psychischem Prozess und manifester Symptomatik« (Verstärkung der depressiven Symptomatik, z. B. bei geringfügigen, von außen gar nicht mehr erkennbaren Reizen und Auslösern auf der Grundlage einer Vulnerabilität oder »Narbenbildung« des neuro-biologischen Systems, die zur Rezidivierung und Chronifizierung depressiver Störungen beiträgt; sogenannter »Kindling-Effekt«, Post, 1990, 1991),

5 Spezifische Praxis Psychodynamischer Psychotherapie depressiver Störungen

- unterschiedlichen Ebenen der Symbolisierung, bei denen somatopsychische Vorgänge involviert sind, und
- der möglichen »präsymbolischen Affektansteckung« (Erleben von Hilflosigkeit und Resignation im Therapeuten, gelegentlich mit einer unbewussten aggressiven Ablehnung verbunden).

Gerade auch im Hinblick auf die »Affizierung« durch den depressiven Affekt ist die Wahrnehmung und Handhabung der Gegenübertragung von besonderer Bedeutung. Die Gegenübertragung in der Begegnung mit dem Depressiven kann sich folgendermaßen entwickeln (vgl. Will, 1998; Böker, 2011):

- Die leise, zurückhaltend-passive Haltung Depressiver löst im Psychotherapeuten den Impuls aus, Aktivität zu entfalten. Diese Haltung schließt das Bedürfnis ein, ein förderliches Klima zu schaffen, sich schützend des Patienten anzunehmen, ihn zu unterstützen und – zum Beispiel bei Partnerkonflikten – für ihn einzutreten. Gelegentlich wird durch diese mit »Retterfantasien« verknüpfte aktive Haltung eine viel schmerzlichere Gegenübertragung abgewehrt: Die Wahrnehmung von Mutlosigkeit, Hoffnungslosigkeit und Depotenzierung bei beiden Interaktionspartnern.
- Meist entwickelt sich eine schnelle Bindung zum depressiv Erkrankten, die mit einer warmherzigen, positiven Grundeinstellung mütterlicher oder väterlicher Ausprägung verknüpft ist. Diese Bindung kann jedoch auch ambivalente Aspekte enthalten, verbunden mit dem Gefühl, gefangen zu sein, sich schuldig fühlen zu müssen bzw. den Patienten nicht »wegschicken« zu dürfen.
- In einer ausgeprägt ambivalenten Gefühlseinstellung gegenüber dem Depressiven erlebt sich der Psychotherapeut einerseits idealisiert (»der einzige, der noch helfen kann«), empfindet andererseits indirekte Kritik, Zweifel und Entwertung. Diese »Ambivalenz« trägt auch zu den eigenen Zweifeln des Psychotherapeuten bei, über die ausreichenden Voraussetzungen bzw. Motivation für die Behandlung zu verfügen.
- Der Ärger in der Gegenübertragung wird häufig mit der Wahrnehmung untergründiger, indirekt vom Patienten ausgehender Aggression in Zusammenhang gebracht wird. Der depressiv Erkrankte wird dabei als kontrollierend, fordernd, anspruchsvoll und vorwurfsvoll erlebt. Hier besteht nun die Gefahr, dass die in der Gegenübertragung erlebte Aggression durch den Psychotherapeuten agiert wird, zum Beispiel auch durch vorzeitige Deutung der dem Patienten unbewussten Aggression.
- Bei der Wahrnehmung dieser aggressiven Spannung – insbesondere im Rahmen der Behandlung von Patienten mit schweren, chronischen De-

5.2 Therapieverlauf, therapeutische Haltungen und Entwicklungsschritte

pressionen – sollte auch berücksichtigt werden, dass der Psychotherapeut durch die »Affektkommunikation« unmittelbar in das depressive Geschehen einbezogen wird und dabei in konkordanter Weise zumindest einen Teil der oftmals unerträglichen Lähmung und Blockade Depressiver miterlebt und unter Umständen versucht, über die Mobilisierung aggressiver Affekte die zerstörerische Lähmung zu überwinden, sich darüber selbst zu vitalisieren, letztlich psychisch zu überleben. In solchen Situationen wird der depressive Patient weder durch die Deutung der Aggression noch die Deutung der Übertragung erreicht bzw. in seiner Entwicklung unterstützt.

Wie kann eine Vertiefung und Festigung der therapeutischen Beziehung trotz aggressiven Gegenübertragungsgefühlen und Affizierung durch den depressiven Affekt gelingen?

Eine Vertiefung und Festigung der therapeutischen Beziehung gelingt dann, wenn sich der Therapeut empathisch und mit großer Unmittelbarkeit dem Patienten gerade auch in seinen eigenen Grenzen offenbart (z. B. »Ich frage mich manchmal, wie Sie das überhaupt alles aushalten können«).

➤ Erleben und Schuldgefühle und Selbstzweifel als Ausdruck einer Über-Ich-haften Übertragungs-Gegenübertragungs-Beziehung. Auf diesem Wege erlebt der Therapeut die Wirksamkeit eines archaisch rigiden, grausamen Über-Ichs. Dieses Gegenübertragungsgefühl kann im weiteren Verlauf für therapeutische Interventionen, nicht zuletzt auch Deutungen der Über-Ich-Problematik des Depressiven, herangezogen werden.

➤ Gefühle der »Lähmung« und »Langeweile« im Zusammenhang mit der bei dem Depressiven wahrgenommenen Anpassungs- und Unterwerfungsbereitschaft (»Aggressionshemmung«): *Wie kann mit Langeweile und Gefühlen der Lähmung und Erstarrung in der Gegenübertragung umgegangen werden?*

Diese Gegenübertragungsgefühle, die oft als mühsam, »unpersönlich« erlebt werden, teilweise auch mit sadistischen Impulsen verknüpft sein können, gilt es zunächst einmal – oft über einen längeren Zeitraum – im Sinne eines therapeutischen Containing mitzuerleben und auszuhalten. Der Therapeut gewinnt auf diesem Wege oftmals einen Einblick in die Störungen der Affektkommunikation in der frühen Beziehungswelt des später an Depressionen Erkrankenden (u.a. mangelnde Resonanz und Kontingenz).

➢ Rückzugsverhalten des Patienten und/oder depressive Alexithymie können dann im weiteren Therapieverlauf im jeweiligen biografischen Kontext verständlich werden (der Patient hat beispielsweise erlebt, dass es in der Herkunftsfamilie nur auf Äußerlichkeiten ankam, verbunden mit einem Mangel an liebevoll-warmherzigen Beziehungen, zum Beispiel »Es ging nur darum, zu funktionieren, nicht aufzufallen und der erschöpften Mutter nicht zur Last zu werden«).

➢ Darüber hinaus können die zum Beispiel durch Langeweile abgewehrten »aggressiv-sadistischen Impulse« vom Therapeuten auch im Zusammenhang mit der »Über-Ich-Problematik« (siehe oben) bei weiterführenden Interventionen, insbesondere auch Deutungen, herangezogen werden.

Unter Berücksichtigung eines gewissen Vorbehaltes gegenüber der Beschreibung eines idealtypischen Verlaufes einer Psychodynamischen Psychotherapie – insbesondere angesichts der Komplexität und Heterogenität depressiver Syndrome – soll auf der Grundlage der von Jacobson zusammengefassten Beobachtungen die »Entfaltung der Übertragung in vier typischen Stadien« (Jacobson, 1977 [1971], S. 358) dargestellt werden. Jacobson widmete als erste Psychoanalytikerin der Behandlungstechnik bei depressiv Erkrankten ein besonderes Augenmerk. Sie erweiterte triebtheoretische Konzepte mit einem ichpsychologischen Ansatz und bezog objektbeziehungstheoretische Perspektiven ein. Jacobson beschrieb als Schauplatz des depressiven Konfliktes insbesondere das Ich, ergänzt um den Erlebnisaspekt des Selbst. Sie betonte, dass der Regulation der Selbstachtung eine entscheidende Bedeutung zukomme. Diese Sichtweise wurde in einer objektbeziehungstheoretischen Perspektive vor allem auch von Mentzos (1995) und in der Perspektive der Strukturellen Psychotherapie von Rudolf (2003) aufgegriffen.

Jacobson unterstrich in ihren behandlungstechnischen Ausführungen insbesondere das große Idealisierungsbedürfnis und die erhebliche Enttäuschungsanfälligkeit depressiv Erkrankter. Sie empfahl generell, frühzeitig auf die Möglichkeit von Enttäuschungen hinzuweisen, um depressive Patienten auf solche Veränderungen vorzubereiten. Sie beschrieb eine Gradwanderung, »nie zu wenig, nie zu viel« zu geben, damit das Ambivalenzerleben für den Patienten aushaltbar werde. Hinsichtlich des Schweigens betonte sie: »Wir müssen mit Sorgfalt darauf achten, dass sich kein leeres, inhaltsloses Schweigen ausbreitet oder dass wir nicht zu viel, zu rasch und zu eindringlich reden« (S. 373). Hinsichtlich der Eigenschaften der Therapeuten bei der Depressionsbehandlung stelle »ein ausreichendes

5.2 Therapieverlauf, therapeutische Haltungen und Entwicklungsschritte

Maß an Spontaneität und warmherzigem Verständnis, mit der Möglichkeit, sich flexibel auf die Stimmungslagen des Patienten einzustellen« (S. 373), eine wesentliche Voraussetzung dar.

Die anhand einer Kasuistik geschilderte Entwicklung der therapeutischen Beziehung umfasste vier typische Stadien (vgl. Grabenstett, 1998):

➤ *Idealisierung:* Im Verlauf dieser »analytischen Flitterwochen« registrierte Jacobson die Idealisierung wohlwollend, ohne sich beirren zu lassen oder gar die rasche Symptombesserung mit Heilung zu verwechseln.

➤ *Desillusionierung:* Zunehmende Anzeichen einer schleichenden Desillusionierung nach etwa einjährigem Verlauf. Zunehmende Entfaltung des Ambivalenzkonfliktes mit der Tendenz, negative Übertragungsanteile auf reale Bezugspersonen zu verlagern.

➤ *Abhängigkeits- und Ambivalenzkonflikte:* Erleben von Gefühlen des Zurückgewiesenseins und reaktiv-trotziges Verhalten. Jacobson betonte einen dosiert offenen Umgang mit Freundlichkeit und Ärger und ein konstantes, unterstützendes Verhalten, das für die weitere Analyse nutzbar gemacht werden kann. Die Analyse der Übertragungs- und Über-Ich-Konflikte stellt dabei eine Vorbereitung für das Ertragen und Bearbeiten tieferen Fantasiematerials dar.

➤ *Übertragungsdeutungen:* Bearbeitung der sadomasochistischen Identifizierungen auf der Grundlage der »Hier-und-Jetzt-Situation« in der therapeutischen Beziehung.

➤ Zusätzlich zu dem von Jacobson beschriebenen idealtypischen Verlauf lässt sich davon ausgehen, dass die Endphase der Behandlung (vgl. Blanck, 1998) vom Durcharbeiten und Auflösen der Übertragung geprägt ist: In der Beziehung zum Therapeuten steht schließlich die Entidealisierung, die Akzeptanz der Getrenntheit und Begrenztheit, das heißt auch Anerkennung der Realität, im Vordergrund.

Bei rezidivierenden depressiven Störungen und längeren Verläufen der depressiven Erkrankung (u. a. Double Depression) besteht ein wesentlicher Fokus der Behandlung darin, den »sequenziellen Prozess des Hineingeratens in einen Zustand der Erschöpfung und zunehmenden Erstarrung« zu bearbeiten: Dabei sind aktuelle Auslöser (belastende Erlebnisse, z. B. Trennungen, Arbeitsplatzverlust) ebenso zu berücksichtigen wie aktuelle und frühere Beziehungs- und Konfliktmuster und die Kaskade zunehmender somatisch-vegetativer Symptome der Depression (z. B. Anspannung, Schlafstörungen, Appetitverlust). Auf der Grundlage einer gefestigten, vertrauensvollen therapeutischen Beziehung kann der dilemmatische Gegensatz von Anlehnungswünschen (mit gleichzeitigen Verlustängsten) und Autonomiewünschen (mit gleichzeitigen Schuldgefühlen) innerhalb der Übertragungs-Gegenübertragungsbeziehung unmittelbar erfahrbar werden.

Nicht zuletzt stellt dieser Behandlungsfokus bei rezidivierenden depressiven Störungen auch einen wichtigen Beitrag dar zur »Rezidivprophylaxe« und lässt sich verbinden mit der gemeinsamen Erstellung einer »Liste von Frühwarnzeichen«, auf die der Patient in Zukunft achten sollte, um sich vor Rückfällen zu schützen (z. B. Schlafstörungen als häufig erstes vegetatives Symptom, ruminierende Gedanken um Schuld und Versagen).

Zum Ausklang dieses Kapitels sollen noch einige Gedanken zur »existenziellen Dimension der zwischenmenschlichen Begegnung« in der Psychodynamischen Psychotherapie depressiv Erkrankter angesprochen werden: Die achtsame therapeutische Begegnung in der tiefen Depression gilt als »Oasenerfahrung in der depressiven Wüste« (Hell, 2009). In dieser Begegnung entwickelt sich günstigenfalls ein Beziehungsraum, in dem das Selbst des depressiven Menschen weder zum Objekt gemacht wird noch sich selbst – in seinem sprachlosen Schmerz – überlassen bleibt.

Wie steht es aber nun mit den Psychotherapeuten?
Wie wir gesehen haben, kann die therapeutische Beziehungsgestaltung erschwert werden durch die depressive Interaktionsdynamik (»depressiver Sog«), die wiederum zur defensiven Selbstbehauptung der Bezugsperson und zur Kritik am depressiven Menschen verführt. Unter Umständen entwickelt sich eine aggressive Gegenübertragung (die dazu beitragen kann, »Ratschläge« zu erteilen und in unangemessener Weise zu Aktivität aufzufordern).

Dieses Erleben in der Begegnung mit dem depressiv Erkrankten kann darüber hinaus auch zur Selbstinfragestellung des Psychotherapeuten führen, der sich zunehmend hilflos erlebt und sich mit eigenen grundlegenden Fragen der Selbstwertschätzung und Identität konfrontiert sieht.

Wie können Psychotherapeuten mit der oft schweren, lang anhaltenden Symptomatik, möglichen Rezidiven, schwierigen Gegenübertragungsgefühlen und der Affizierung durch den depressiven Affekt umgehen?

> Das Mit-Erleben in der Depression und deren mögliche Überwindung verweist auch den Psychotherapeuten auf das eigene Selbst und geht mit einem individuellen Erfahrungsprozess einher.

Die zuletzt – mit etwas anderem Wortlaut (»Tell me, what is depression? How can I understand depression?«) – gestellte Frage, wurde von einem berühmten Sufi-Derwisch auf Zypern mit der Aufforderung beantwortet: »Let's dance together!«

5.2.4 Psychodynamische Interventionsstrategien

Die Psychodynamische Psychotherapie depressiver Störungen geht aus von der Tendenz depressiver Menschen, sich selbst infrage zu stellen und sich hilflosausgeliefert zu fühlen. Wesentliche Ziele der Depressionsbehandlung bestehen darin, die intrapsychischen, die interpersonalen und die kognitiven Teufelskreise der Depression aufzulösen.

Erste Schritte
Der Abbau des negativen Selbstkonzeptes depressiver Menschen gelingt am ehesten, wenn von den momentanen depressiven Blockaden ausgegangen und im Gespräch herausgearbeitet wird, was den depressiv Erkrankten trotz ihrer Einschränkung noch möglich ist. Die negative Sicht der eigenen Person, der Umwelt und der Zukunft – zentraler Fokus der Kognitiven Psychotherapie (KVT, Hautzinger, 1991) – wird registriert, die Bearbeitung des negativen Selbstbildes und des Binnenfokus der Depression (Böker & Northoff, 2016) erfolgt erst im weiteren Verlauf.

Es ist sehr wichtig, bereits zu Beginn der Psychotherapie einen Einblick zu erlangen in die Beziehungswelt des Patienten, mögliche Trennungen und Verluste in Erfahrung zu bringen. Wie in der Interpersonalen Psychotherapie der Depression (Klermann et al., 1984; Schramm, 1998) wird anschließend versucht, depressiv Erkrankte darin zu unterstützen, die Verbindung der aktuellen Gefühlslage mit dem Beziehungsnetz der Betroffenen zu erleben, und sich mit Veränderungen auseinanderzusetzen.

Die Psychodynamische Psychotherapie der Depression zielt insbesondere darauf, unter verstärktem Einbezug des biografischen Hintergrundes, der verinnerlichten Beziehungen zu wichtigen anderen und unbewusster Konflikte überhöhte Selbstansprüche (hohes Ich-Ideal), Selbstwertzweifel und Schuldgefühle (strenges Über-Ich) zu bearbeiten. Unter Berücksichtigung der aktuellen Übertragungs- und Gegenübertragungskonstellation werden im Dialog zwischen Patienten und Therapeuten neue Erfahrungen ermöglicht, die zum Abbau von defensiven Barrieren und bisherigen ungünstigen und leidvollen Bewältigungsmechanismen beitragen (Mentzos, 1995; Böker, 2011, 2016).

5 Spezifische Praxis Psychodynamischer Psychotherapie depressiver Störungen

Die Psychodynamische Psychotherapie depressiver Störungen basiert auf grundlegenden Annahmen der psychoanalytischen Krankheitslehre und ergänzt diese durch weitere für das Verstehen depressiven Erlebens und die Erklärung störungsspezifischer Besonderheiten der Depression notwendige Modelle (wie dem der Depression als Psychosomatose der Emotionsregulation bzw. dem neuropsychodynamischen Modell der Depression. Daraus ergeben sich auch Unterschiede in der therapeutischen Haltung und in der Behandlungstechnik (z. B. im Vergleich mit der Psychoanalyse).

Eine Psychodynamische Psychotherapie depressiver Störungen zeichnet sich aus durch folgende *Grundmerkmale* (Böker, 2011, 2016):

- Fokus auf das »Hier und Jetzt«
- Wahrnehmung des Hyperarousal Depressiver
- Wahrnehmung und Berücksichtigung von Trait- und State-Merkmalen
- Problemfokussierung
- Strukturiertheit
- Gegenwartsnähe
- Erklärungen, Informationen
- Akzeptanz, Professionalität
- aktiver, interessierter Therapeut
- Kooperation, Arbeitsbündnis
- motivationale Klärungen
- Förderung von Introspektion und Selbstreflexionsfähigkeit
- Unterstützung der Entwicklung günstigerer Bewältigungsmechanismen
- Förderung von emotional-kognitivem »Neulernen«

Bei diesen Eigenschaften handelt es sich um wesentliche Grundmerkmale erfolgreicher Psychotherapie bei Depressionen, bei denen die relevanten Behandlungsverfahren (neben der Psychodynamischen Psychotherapie die KBT, IPT und CBASP) übereinstimmen. Hervorzuheben ist die aktive Rolle des Psychotherapeuten. Als ein typisches Merkmal der Psychodynamischen Psychotherapie ist die Fokussierung auf spezielle konflikthafte Formen der Beziehungserwartung und der damit zusammenhängenden Selbstwertproblematik und die Bearbeitung unbewusster Zusammenhänge anzusehen.

Auf der Grundlage einer therapeutischen Haltung kommen im Verlauf der Behandlung die für Psychodynamische und Psychoanalytische Psychotherapie typischen Interventionsformen zum Einsatz: Spiegelungen, Klärungen, Konfrontationen und Deutungen. Letztere setzen eine Hypothese über unbewusste Zusammenhänge voraus und erfordern es, diese in einfacher und erlebnisnaher Sprache (Will, 2001) zu formulieren.

Es ist wichtig, darauf zu achten, wie Deutungen beim Patienten ankommen, ihn nicht mit scheinbar überlegenen Wahrheiten des Psychotherapeuten zu überwältigen, sondern Deuten als einen Prozess des Erarbeitens anzusehen, an dem beide, Patient und Psychotherapeut, beteiligt sind. Es geht also darum, dem Patienten einen Raum zu lassen, damit sich emotionale Prozesse entwickeln können und sie/er zu einem eigenen Verständnis gelangen kann. Dazu gehört auch, dass die Deutungen des Psychotherapeuten zurückgewiesen oder modifiziert werden können. Dieser Prozess setzt nicht zuletzt den geeigneten Zeitpunkt, zu dem Deutungen formuliert werden, voraus.

Im Folgenden werden die speziellen Problembereiche depressiver Störungen und die damit verknüpften behandlungstechnischen Aspekte dargestellt.

5.2.5 Spezielle Problembereiche in der Psychodynamischen Psychotherapie depressiver Störungen

Die Psychodynamische Psychotherapie depressiver Störungen ist – so wie es Psychotherapie-Leitlinien fordern (Schauenburg, 2002) – aus einem Erklärungsmodell abgeleitet, in dem sie sich auf bestimmte Grundkonflikte der Persönlichkeit und auf die Vulnerabilität für bestimmte belastende Ereignisse bezieht und in ihrem therapeutischen Vorgehen insbesondere auch dysfunktional gewordene Bewältigungsmechanismen berücksichtigt.

Ausgehend von Freuds Einschätzung, »dass die verschiedenen Krankheitsformen, die wir behandeln, nicht durch dieselbe Technik erledigt werden können« (Freud, 1919a [1918], S. 191), wurde auch die Entwicklung der Psychodynamischen Psychotherapie der Depression durch folgende Faktoren beeinflusst (vgl. Böker, 2011):

➢ die Entwicklung der Ich-Psychologie, die ein erweitertes Krankheitsverständnis und einen differenzierteren Zugang zu verschiedenen Patientengruppen (mit unterschiedlichem Schweregrad) ermöglichte
➢ die zunehmende Beachtung kognitiver und regulativer Funktionen
➢ die Berücksichtigung der Über-Ich-Funktionen
➢ die wachsende Bedeutung der interaktionellen und interpersonellen Perspektive mit der damit verbundenen Berücksichtigung typischer Interaktionsmuster in der Übertragung sowie in den außertherapeutischen Beziehungen

➤ die Einflüsse der Objektbeziehungstheorie, der Selbstpsychologie, der Säuglings- und Kleinkindforschung sowie der Bindungstheorie (vgl. Beutel et al., 2009)

Bei der Konzipierung und Durchführung der Psychodynamischen Psychotherapie Depressiver sind komplexe Wechselwirkungsbeziehungen und Circuli vitiosi intrapsychischer, interpersonaler, kognitiver und somato-psychisch-psychosomatischer Faktoren zu berücksichtigen. Diese »Teufelskreise der Depression« werden im folgenden Abschnitt dargestellt.

5.2.5.1 Die Circuli vitiosi der Depression

Depressionen lassen sich heute auf der Grundlage vielfältiger wissenschaftlicher Erkenntnisse als Endresultat einer Entwicklung ansehen, bei der unterschiedliche biologische, psychologische und teilweise auch soziale Faktoren miteinander verknüpft sind. Angesichts der Vielzahl dieser im Depressionsgeschehen bedeutsamen Faktoren ist auch zu unterstreichen, dass nicht deren Summe allein eine Bedeutung spielt, sondern insbesondere auch die verschiedenen Wechselwirkungen zwischen den einzelnen Faktoren. Dieses Wechselwirkungsgeschehen betrifft insbesondere auch die neuronale Aktivität des Gehirns. So lässt sich vermuten, dass erfahrungsabhängige Veränderungen neuronaler Systeme selbst wieder Ausgangspunkt für weiter reichende Veränderungen von nachgeschalteten synaptischen Verbindungen werden. Auf diese Weise kommt es zu einer Sequenz von sehr komplexen Anpassungsprozessen, die sich bei besonders vulnerablen bzw. genetisch prädisponierten Individuen als psychische Veränderungen durch Störungen manifestieren können.

Es lässt sich ferner annehmen, dass zu Beginn der Erkrankung depressive Phasen durch lebensverändernde Ereignisse (»life events«) ausgelöst werden, während bei Erkrankungen immer kleinere – von außen kaum identifizierbare – Belastungen ausreichen, um die manifeste Depression hervorzurufen. Die Erfahrung der depressiven Episode und die damit verbundenen Veränderungen des neuronalen Systems (z. B. Botenstoffe im Gehirn) hinterlassen möglicherweise Gedächtnisspuren, die die Voraussetzungen für das Wiederauftreten depressiver Symptome darstellen. Dieser Ablauf (auch als Kindling-Effekt beschrieben) trägt schließlich zu einer weiteren Erniedrigung der vulnerablen Schwelle bei.

In diesem Zusammenhang lässt sich die Depression in gewisser Weise als eine psychosomatische Erkrankung auffassen, bei der ganz elementare Vorgänge, wie zum Beispiel die Emotionsregulation, betroffen sind (vgl. Kap. 2.4: »Depressionen als Psychosomatosen der Emotionsregulation«). Das Depressionsgeschehen

5.2 Therapieverlauf, therapeutische Haltungen und Entwicklungsschritte

verläuft also in verschiedenen Stufen ab, auf denen es jeweils zu Wechselwirkungen seelischer und neurobiologischer Prozesse kommt. Zu berücksichtigen sind neben einer gemischten biologischen und psychosozialen Vulnerabilität (Verletzlichkeit, Sensibilität) der Einfluss der Persönlichkeit, ferner aktuelle und chronisch belastende Lebensereignisse und nicht zuletzt die durch Lebensereignisse (oftmals Trennungserlebnisse) angestoßene psychobiologische Stressreaktion, die mit neurophysiologischen Störungen, kognitiven Störungen (Konzentrationsstörung, Merkfähigkeitsstörung) und unterschiedlichen, zunehmend dysfunktionellen Bewältigungsversuchen einhergeht. Diese Bewältigungsversuche nehmen schließlich den Charakter von Teufelskreisen an, das heißt, es gelingt dem Betreffenden nicht mehr, die zugrunde liegende Angst, Anspannung und den seelischen Schmerz zu bewältigen (vgl. Abb. 6).

Abb. 6: Die Circuli vitiosi der Depression

Diese Teufelskreise der Depression beziehen sich auf unterschiedliche Dimensionen:
➢ seelisches Erleben: zunehmende Selbstwertzweifel und Schuldgefühle
➢ interpersonelle Beziehungen: zunehmende Blockade in der Kommunikation zwischen dem depressiv Erkrankten und ihrem/seinem Partner

5 Spezifische Praxis Psychodynamischer Psychotherapie depressiver Störungen

➤ Teufelskreise im Bereich Arbeit und Soziales: erschwerte berufliche Rehabilitation im Zusammenhang mit Selbstüberforderungstendenzen bei verminderter Belastbarkeit des Depressiven und unverändert hohem Anspruchsniveau im beruflichen Umfeld

➤ kognitive Teufelskreise: Grüblerisches Denken, negativistische Denkinhalte und verzerrte Wahrnehmung verhindern eine realistische Auseinandersetzung mit den eigenen Möglichkeiten und Grenzen.

➤ Teufelskreise und Selbst- und Körperwahrnehmung: Der Fokus auf das eigene – negativ besetzte – Selbst und den Körper (Adynamie, vegetative Störungen) tragen zu einer weiteren Abkapselung von der sozialen Umwelt bei und verhindern die Integration neuer Erfahrungen in das Selbstbild.

➤ Teufelskreis des Zeiterlebens: Verbunden mit dem verstärkten Selbstfokus ist die Veränderung der Zeitwahrnehmung und des Zeiterlebens; die Zeit wird sowohl als gedehnt wie auch beschleunigt (»unter den Fingernägeln zerrinnend«) erlebt.

➤ Teufelskreis der Psychomotorik: Die erlebte Hemmung und Verlangsamung wird von vielen depressiv Erkrankten als adäquater Ausdruck ihres Selbst erfahren, an dem sie oft auch nach Besserung der depressiven Symptomatik festhalten.

➤ psychosomatische Teufelskreise: In die Wechselwirkungen biologisch-neurobiologischer und psychologischer Prozesse ist eine oftmals andauernde ängstliche Anspannung bei depressiv Erkrankten involviert. Diese geht einher mit einer erhöhten Ruheaktivität in den sogenannten Mittellinie-Strukturen des Gehirns (diese sind u. a. zuständig für die Generierung des Selbstkonzeptes). Im Laufe des Depressionsgeschehens kann es zu einer Autonomisierung zentralnervöser Funktionen kommen. Daraus resultiert ein zunehmend dysfunktionaler Adaptationsprozess auf neuronaler Ebene, der zu einer Chronifizierung der depressiven Symptomatik beitragen kann.

Die geschilderten Teufelskreise der Depression erfordern eine gezielte Therapie, bei der häufig unterschiedliche Interventionen miteinander verknüpft werden und auf den jeweiligen Einzelfall abzustimmen sind. Die Psychodynamische Psychotherapie fokussiert insbesondere die intrapsychischen Circuli vitiosi (Abnahme des Selbstwertgefühls, Schuldgefühle) und die interpersonellen Circuli vitiosi (Verlustangst, Abhängigkeit, zunehmende Blockaden der Kommunikation zwischen den Partnern), darüber hinaus auch die kognitiven Circuli vitiosi (dysfunktionale, »automatische« Gedanken und verzerrte Wahrnehmung).

5.2 Therapieverlauf, therapeutische Haltungen und Entwicklungsschritte

Die Teufelskreise der Depressionen entwickeln sich nicht unmittelbar aus dem depressiven Grundkonflikt, sondern vielmehr im Rahmen der Entwicklung von Verarbeitungsmechanismen, die zunehmend dysfunktional werden: Aus dem »altruistisch-pflichtorientierten« Bewältigungsmuster resultiert depressive Erschöpfung und Entleerung, das »offen dependente« Muster führt zu ängstlich-anklammerndem Verhalten und ängstlich betonten depressiven Symptomen, das »narzisstisch-überkompensatorische« Muster geht mit dem Risiko der Somatisierung einher, das »schizoide« Muster führt zu zunehmendem sozialen Rückzug und »regressive Bewältigungsmuster« (Suche nach der heilen Welt) können schließlich zur Entwicklung von Suchtsymptomen beitragen (vgl. die Übersicht von Rudolf, 2006) zu dem Zusammenhang von Grundkonflikt, Bewältigungsmustern und Symptombildung; Böker, 2011).

5.2.5.2 Die Bedeutung des Selbst und der Selbstwertgefühlregulation

Das Selbst und die pathologische Selbstwertgefühlregulation sind zentrale Dimensionen der Psychodynamischen Depressionstheorie. Mentzos (1991, 1995, 2009) hat die unterschiedlichen Entwicklungsstränge und Akzentsetzungen der psychoanalytischen Depressionstheorie (Übersicht in Böker, 1999, 2000a, b, 2011) aufgegriffen und zu einem – wegen seiner Prägnanz und Nähe zu klinischen Erfahrungen – überzeugenden Modell zusammengefasst: Die Selbstwertgefühlregulation des Menschen ist gebunden an das synergistische Zusammenspiel des Ideal-Selbst, des Ideal-Objektes und des Über-Ichs (vgl. Abb. 7).

Das *reife Ideal-Selbst* eines Menschen entwickelt sich in der empathischen, liebevoll Grenzen vermittelnden Begegnung mit den primären Objekten aus dem eher infantilen, unrealistischen Größen-Selbst. Es wird gestärkt durch Erfahrungen der Spiegelung durch wichtige Bezugspersonen.

Das *reife Idealobjekt* entsteht im Zusammenhang mit basalen Wünschen nach einer aktiven, idealisierenden Liebe einer idealisierten Bezugsperson.

Das *reife Über-Ich* (Gewissen) des Menschen entwickelt sich aus der Identifikation mit dem Über-Ich der Eltern und wird gestärkt durch die Anerkennung eigener Leistungen seitens der Eltern.

Das »Selbstwertgefühl« eines Menschen basiert somit auf drei wesentlichen Mechanismen, durch das es gestärkt wird: Durch Spiegelung, Identifikation mit idealisierend geliebten Bezugspersonen und durch externe Stärkung eigener Leistungen in der Identifikation mit den Über-Ich-Leistungen der Eltern, die dazu beitragen, eine eigene innere, normative Instanz aufzubauen, die Orientierung ermöglicht.

5 Spezifische Praxis Psychodynamischer Psychotherapie depressiver Störungen

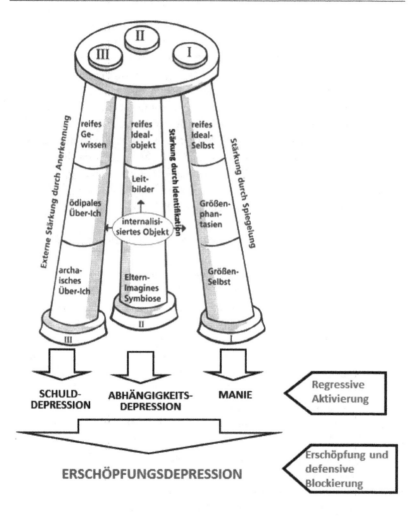

Abb. 7: Pathologische Selbstwertgefühlregulation und Prägnanztypen der Depression

Diese – auf den drei Säulen des reifen Ideal-Selbst, des reifen Ideal-Objektes und des reifen Gewissens – basierende Selbstwertgefühlregulation (vgl. Abb. 7) ist gebunden an das synergistische Zusammenspiel der einzelnen Selbst-Objekt-Beziehungs-Dimensionen. Unter ungünstigen, pathogenen Bedingungen kommt es zu einem antagonistischen Gegensatz der früheren Entwicklungsstufen der jeweiligen intrapsychischen Strukturen, insbesondere zwischen dem Größen-Selbst

5.2 Therapieverlauf, therapeutische Haltungen und Entwicklungsschritte

und dem archaischen, aus der Identifikation mit dem rigiden Über-Ich der Eltern resultierenden Über-Ich. Dieser Antagonismus ist mit teilweise unauflösbaren intrapsychischen »Circuli Vitiosi« verknüpft: Bleibt die notwendige narzisstische Gratifikation aus, so versucht der depressive bzw. manische Patient, ein weiteres Absenken seines Selbstwertgefühls durch die regressive Mobilisierung der jeweiligen frühen Entwicklungsstufen der drei wesentlichen intrapsychischen Dimensionen zu verhindern. Es kommt dann zu einer Mobilisierung des archaischen Über-Ichs (in der »Schuld-Depression«) bzw. zu einer Mobilisierung des Größen-Selbst (in der »Manie«). Aufgrund der pathologischen Introjektion des Objektes resultiert jedoch eine zunehmend narzisstische Einschränkung des Depressiven bzw. die Pseudo-Unabhängigkeit des Manikers.

Werden die Bedürfnisse nach Idealisierung und Identifikation mit einem idealisiert geliebten anderen enttäuscht, so resultiert in der Folge eine »Abhängigkeits-Depression«, bei der jede Enttäuschung und Zurückweisung wie ein tiefgreifender Verlust erlebt wird, der die anklammernden Tendenzen deutlich verstärkt: »Anaklitische Depression« im Sinne von Spitz, »Es-Depression« im Sinne von Benedetti (Übersicht in Böker, 2000a, b, 2005, 2011; vgl. Kap. 5.4, S. 181–183).

Die »leere Depression« kann schließlich als die Folge der sich zunehmend erschöpfenden und sich – auch im Zusammenhang mit körperlichen Faktoren, geringerer Belastbarkeit und zunehmendem Alter – als unzulänglich erweisenden Bewältigungsmechanismen aufgefasst werden.

Der zu Depressionen neigende Mensch ist konfrontiert mit dem Dilemma von Selbstwerthaftigkeit versus Objektwerthaftigkeit (Mentzos, 1995): Vor dem Hintergrund der auf das Objekt bezogenen Bedürfnisse des Selbst und der Nichtverfügbarkeit eines empathischen und resonanten Objektes entwickeln sich zwei unterschiedliche Konfliktaspekte:

1. Das Objektverlangen wird fordernd und klagend zum Ausdruck gebracht versus Resignation angesichts der Unmöglichkeit, sich bedürftig an das Objekt zu wenden.
2. Das Bedürfnis nach dem idealisierten Objekt wird stets wiederkehrend zum Ausdruck gebracht in der Hoffnung, diese Liebeswünsche – auch unter Vernachlässigung der äußeren Realität und der Subjektivität des anderen – umzusetzen, oder der zunächst idealisierte andere wird aus der Enttäuschungserwartung und Enttäuschungswut heraus entwertet und schließlich »zerstört« (vgl. Rudolf, 2000b). Das Dilemma des Depressiven besteht in der Gleichzeitigkeit antagonistischer Regungen (das ersehnte Objekt liebend in sich aufzunehmen und es enttäuscht und voll Hass zu entwerten).

3. Die zentralen Grundlagen der Konflikthaftigkeit Depressiver und die Psychodynamik der Depression bestehen somit in dem Bedürfnis nach einer dyadischen, idealisierten Objektbeziehung, einem ungelösten Ambivalenzkonflikt in der Begegnung mit dem bedeutsamen anderen, in den Mechanismen der Introjektion, der narzisstischen Identifizierung und der Wendung von Aggression gegen das eigene Selbst (vgl. Will, 1998).

Fazit
Die psychoanalytischen und psychodynamischen Modelle der Depression zielen auf die unbewusste Determiniertheit und das Konfliktgeschehen depressiver Störungen. Sie sind ein Abbild des jeweiligen Entwicklungsstandes der psychoanalytischen Theorie und Praxis. Dabei haben die im Mittelpunkt der jeweiligen Theorie stehenden Konzeptualisierungen und Begriffe (Trieb, Ich, Selbst, Objekt) einen steten Inhaltswandel erfahren und stehen in einem dynamischen Bezug zueinander. In psychotherapeutischer Hinsicht geht es letztlich darum, theoretische und praxisrelevante Schwerpunkte in idealtypischer Weise auf den jeweiligen Einzelfall zu beziehen.

5.2.5.3 Häufige Konflikte

Angesichts der Mehrmodalität depressiver Erkrankungen kann davon ausgegangen werden, dass der depressive Grundkonflikt und seine Verarbeitung ein dispositionell-konstellatives Muster im Hinblick auf die mögliche Entwicklung einer späteren depressiven Erkrankung darstellt.

Rudolf (2003) betonte, dass Konflikt und Struktur bei depressiven Erkrankungen gleichermaßen Aspekte einer früheren Beziehungserfahrung darstellen. Der psychische Prozess lasse sich sowohl als konflikthaftes Beziehungsmuster wie auch als strukturelle Vulnerabilität auffassen: »Was wir als depressiven Grundkonflikt beschreiben, integriert die genannten Aspekte der Internalisierung von frühen Beziehungskonflikten und Bindungsproblemen, ergänzt durch die Vulnerabilität der strukturellen und speziell emotionalen Entwicklung. Entscheidend für die Entwicklung der später erkrankenden Persönlichkeit sind die Muster der Verarbeitung« (Rudolf, 2003, S. 366). Der »depressive Grundkonflikt« ist durch folgende psychodynamische Konstellationen charakterisiert (vgl. Benedetti, 1979, 1981, 1987; Mentzos, 1995; Will, 1998; Rudolf, 2003; Böker, 2011):
➢ emotionale Unerträglichkeit der zentralen Beziehungserfahrung (Verlassenwerden, Verlust) angesichts der strukturellen Unreife des bedürftigen Selbst

- Objektbedürftigkeit und Objektenttäuschung als Reaktion auf die zentrale Beziehungserfahrung
- Objektverlustangst: Als Reaktion auf die zentrale Beziehungserfahrung wird alles vermieden, was die erreichten Beziehungen zum »Objekt« gefährden könnte.
- forcierte Aufrechterhaltung eines idealen Bildes des »Objektes«
- Vermeidung der Wahrnehmung von emotionalen Enttäuschungen in Objektbeziehungen

In neuropsychodynamischer Perspektive ist hervorzuheben, dass es angesichts ständiger Bindungsbemühungen (Verlustangst, Anpassungsbereitschaft, Enttäuschungserwartung und Enttäuschungswut) zu einer Aktivierung der Stressachse kommt, wodurch das Hyperarousal, die Agitation und innere Unruhe Depressiver teilweise erklärt werden können.

Fazit
Die zentralen Grundlagen der Konflikthaftigkeit Depressiver und der Psychodynamik der Depression bestehen in dem Bedürfnis nach einer dyadischen, idealisierten Objektbeziehung, einem ungelösten Ambivalenzkonflikt in der Begegnung mit dem bedeutsamen anderen, in den Mechanismen der Introjektion, der narzisstischen Identifizierung und der Wendung von Aggression gegen das eigene Selbst (vgl. Will, 1998).

5.2.5.4 Häufige Formen intrapsychischer und interpersoneller Abwehr

Spezifische Abwehr- und Bewältigungsmechanismen können sich vor dem Hintergrund frühzeitiger, frustrierender Beziehungserfahrungen entwickeln: Es kann angenommen werden, dass das Selbst des später an einer Depression Erkrankenden frühzeitig darum bemüht ist, seine Bedürfnisse innerhalb von Beziehungen zu modifizieren, um schmerzhafte Affektspannungen erträglich werden zu lassen (z. B. durch anklammernde Nähe zur Sicherstellung der Beziehung im Sinne einer »fordernden Abhängigkeit« oder durch Vermeidung von Beziehungen). Klinisch wurde eine Reihe unterschiedlicher Verarbeitungsmuster beschrieben:
- das offen dependente Muster
- das altruistisch sich aufopfernde Muster
- das narzisstisch sich autonom machende Muster
- das schizoid gefühlvermeidende Muster
- das regressive Muster (Rudolf, 2000b, 2003)

Diese Bewältigungsmuster wurden insbesondere auch berücksichtigt bei der Charakterisierung unterschiedlicher Depressionstypologien (vgl. Blatt, 1982, 1992, 1998; Taylor, 2008; Bleichmar, 1996, 2009, vgl. auch Kap. 5.4, S. 176–211).

Besondere therapeutische Herausforderungen ergeben sich im Zusammenhang mit unbewussten Determinanten der Depression, insbesondere mit internalisierten Beziehungsmustern und Gedankensystemen (der »inneren Realität«). Wesentliches Ziel einer Psychodynamischen Psychotherapie besteht darin, diese unbewussten Überzeugungen zu identifizieren und zu formulieren. Die Überwindung der Depression wird häufig dann möglich, wenn die depressiv Erkrankten erleben, dass sie am Zustandekommen des Beziehungsmusters der Unterwürfigkeit in gewisser Weise »selbst mitgewirkt« haben (vor dem Hintergrund unbewusster Identifikationen und negativer Schemata). Die Therapie bewegt sich häufig an einem Schnittpunkt intrapsychischer und interpersonaler Aspekte: An die Stelle innerer Instanzen werden vielfach andere Menschen gesetzt, auf die der Depressive die verzerrten Bilder seiner Vergangenheit projiziert. Innerhalb der Psychotherapie kann der depressiv Erkrankte schließlich erleben, dass er sein überhöhtes Ich-Ideal nicht seiner selbst willen anstrebt, sondern zu dem Zweck, die Fürsorge anderer Menschen zu sichern.

5.2.5.5 Strukturelle Besonderheiten

Bei vielen depressiv Erkrankten finden sich Störungen in der strukturellen Reifung des Selbst: Insbesondere sind diejenigen Funktionen, die das Selbst und seine Beziehung zu den Objekten kognitiv differenzieren (z. B. »Affektdifferenzierung«), steuernd regulieren (z. B. »Affekttoleranz«), emotional involvieren (z. B. »Affektausdruck«), internalisieren und integrieren (z. B. Aufbau von »Objektrepräsentanzen«), gestört (vgl. Rudolf, 2002).

Depressiv Erkrankte leiden unter anderem an den Folgen der Störung der Selbstwertregulierung und haben große Schwierigkeiten, wichtige Bezugspersonen im Entwicklungsprozess und im späteren Beziehungsleben »loszulassen«. Das Selbst vieler Depressiver ist charakterisiert durch eine ausgeprägte »Abhängigkeit« von anderen, eine extreme »Trennungsempfindlichkeit« und »Schwierigkeiten, eigene Affekte zu regulieren«.

Auch unter Berücksichtigung der Annahme, dass das basale Ausmaß der Objektbedürftigkeit und Trennungsempfindlichkeit erbgenetisch mitbedingt sein kann, lassen sich Depressionen in psychodynamischer Perspektive auf spezifische lebensgeschichtlich frühe Belastungsfaktoren beziehen (vgl. Böker, 2011). Hierzu zählen:

5.2 Therapieverlauf, therapeutische Haltungen und Entwicklungsschritte

➤ Die *Internalisierung negativer Beziehungserfahrungen:* Die frühen interaktionellen Bedürfnisse des Säuglings und Kleinkinds werden in der Perspektive des Beziehungsmodells aufgrund der Nichtverfügbarkeit der bedeutsamen Bezugsperson frustriert. Das kindliche Selbst lernt zunächst, seine Bemühungen zu intensivieren und wird dann im weiteren Verlauf seine Bedürfnisse modifizieren, unter Umständen auf sie verzichten.

➤ *Bindungsstil:* Die Qualität der Verfügbarkeit einer empathischen Bezugsperson entscheidet darüber, welchen Bindungsstil ein kleines Kind ihr gegenüber entwickeln kann, ob es sich sicher gebunden erlebt oder sich unsicher ambivalent bindet bzw. sich ängstlich anklammert (Strauss et al., 2002). Der Bindungsstil ist als ein dispositionelles Muster im Hinblick auf die Entwicklung einer späteren Depression anzusehen.

Vor dem Hintergrund dieser Beziehungserfahrungen und Internalisierungsprozesse kommt es ebenfalls zu Besonderheiten in der Entwicklung des Über-Ich, der Gewissensinstanz: In einer objektbeziehungstheoretischen Perspektive (Mentzos, 1995, 2009; Böker, 2000a, b, 2011) lässt sich davon ausgehen, dass es unter ungünstigen pathogenen Bedingungen zu einem »antagonistischen Gegensatz zwischen Größen-Selbst und Über-Ich« kommen kann. Dieser dilemmatische Konflikt ist mit teilweise unlösbaren Circuli vitiosi verbunden: Bleibt die notwendige Gratifikation der Bezugspersonen aus, so versucht der depressive Patient, ein weiteres Absinken seines Selbstwertgefühls durch die »regressive Mobilisierung« des »archaischen Über-Ichs« (in der »Schuld-Depression«) zu verhindern. Diesem regressiven Kompensationsversuch entspricht in der »Manie« die »regressive Mobilisierung des Größen-Selbsts«. Diese Bewältigungsversuche sind jedoch zum Scheitern verurteilt. Aufgrund der pathologischen Introjektion des Objekts, von dem der depressive Patient nur unzureichend getrennt ist, resultiert schließlich eine zunehmend narzisstische Einschränkung des Depressiven (bzw. die Pseudo-Unabhängigkeit des Manikers). Dementsprechend lässt sich bei Depressiven ein grundlegender Antagonismus von objektgerichteten Wünschen und narzisstischer Wertigkeit annehmen. In anderen Worten: Es besteht ein dilemmatischer Gegensatz zwischen einer autonomen Selbstwertigkeit gegenüber einer vom Objekt (der bedeutsamen Bezugsperson) oder vom Über-Ich (das aus der Identifikation mit dem Über-Ich der Bezugspersonen hervorgegangen ist) abhängigen Selbstwertigkeit. Hieraus entwickeln sich die teilweise unlösbaren Circuli vitiosi (vgl. Kap. 5.2.5.1, S. 154–157), in die der Depressive gerät.

In der Psychotherapie von Patienten mit schweren Depressionen und bipolaren affektiven Störungen lässt sich beobachten, dass bei unipolar depressiven Patienten die mit der möglichen Aufhebung der rigiden Über-Ich-Struktur verbundenen Entwicklungsprozesse – zumindest vorübergehend – massive Verlustängste auslösen können. So teilen manche Patienten im Verlauf der Psychotherapie mit, dass sie Paradoxien an sich selbst beobachten, zum Beispiel erleben, wie das Spüren der »fesselnden Depression« dazu beitrage, die durch den Entwicklungs- und Trennungsprozess der Therapie – zumindest vorübergehend – angestossene tiefe Verlustangst zu überwinden.

Die psychodynamischen Unterschiede von unipolaren und bipolaren Verläufen affektiver Störungen können hypothetisch darauf zurückgeführt werden, dass zwar bei allen Patienten mit schweren Depressionen in der primären Charakterstruktur ein strenges Über-Ich vorliegt. Bei den unipolar depressiv Erkrankten handelt es sich jedoch um ein bei Weitem strengeres, rigideres, archaisches Über-Ich, das im Zusammenhang mit einer gestörten frühen dyadischen Beziehungserfahrung entstanden ist (»mütterlich determiniertes Über-Ich«, vgl. Mentzos, 1995). Die Identifikation mit einem »väterlich determinierten Über-Ich« (Mentzos, 1995) bzw. einem »gespaltenen Über-Ich« (Böker, 2005) ermöglicht es nun eher, die aus der dualen Beziehung resultierende archaisch-rigide Abwehr vorübergehend aufzuheben (in der manifesten manischen Verstimmung und in den zyklothymen und hypomanischen Charakterzügen). Es lässt sich ferner vermuten, dass die alternierende Aktualisierung von grandiosem Selbst (in der Manie) und rigidem Über-Ich (in der Depression) auf der Internalisierung schwer vereinbarer, konträrer Selbstobjekte bzw. Objektrepräsentanzen zurückzuführen ist. Hierfür sprechen auch empirische Befunde, die den Zusammenhang zwischen intrapsychischer Bipolarität und der Konfrontation mit extrem gegensätzlichen, disparaten Elternbildern in der Entwicklung von Patientinnen und Patienten mit bipolaren affektiven Störungen unterstreichen (vgl. Söldner & Matussek, 1990).

5.2.5.6 Depressiver Affekt, Anhedonie und Affektvermeidung

Der »depressive Affekt« ist das verbindende Element aller sehr unterschiedlich ausgestalteten depressiven Syndrome. Sein Auftreten signalisiert die depressive Sackgassensituation (»dead end«, Gut, 1989) und »depressive Blockade«. Depressives Erleben kann sich aus einer Trauer heraus entwickeln, ist jedoch keinesfalls mit ihr identisch. Diese partiellen Schnittflächen und wesentlichen Unterschiede zwischen »Trauer« und »Depression« (damals als »Melancholie« bezeichnet) hatte schon Freud unterstrichen:

»Bei der Trauer ist die Welt arm und leer geworden, bei der Melancholie ist es das Ich selbst« (Freud, 1916–1917g [1915]).

Die Depression ist vor allem auch verknüpft mit einer Entleerung des Selbst und dem Verlust jeglicher Fähigkeit, Freude zu empfinden (Anhedonie). Die »Anhedonie« ist eines der quälendsten Symptome der Depression und stellt einen Gefühlszustand dar, der für einen nicht depressiven Menschen kaum nachvollziehbar ist. Die Anhedonie kennzeichnet insbesondere die schweren Depressionen und geht einher mit neuronalen Veränderungen der limbisch-kortikalen Netzwerke (Böker & Northoff, 2005, 2010a, b, 2016).

Die unterschiedlichen Zusammenhänge zwischen Trauer und Depression (bzw. Anhedonie) weisen auch darauf hin, dass in diesen Affektzuständen auf unterschiedlichen Ebenen »Mechanismen« aktiviert werden, um das Geschehen zu bewältigen: Emotional-kognitive, interaktionale und neuro-psychodynamische, einschließlich neuronaler Prozessierungen. Diese zunächst sinnvollen Bewältigungsversuche erweisen sich als zunehmend dysfunktional, vergleichbar einem Trauernden, dem es nicht gelingt, nach einer Zeit des – für die Neukonstituierung des Selbst nach schmerzlichen Verlusten notwendigen – sozialen Rückzugs (dem »Trauerjahr«) wieder soziale Kontakte zu knüpfen und sich weiter zu entwickeln. In einer solchen Situation extremen sozialen Rückzugs bleibt jegliche für die Neuorientierung wichtige soziale Resonanz aus, der Betreffende gerät zunehmend in die Circuli vitiosi der Depression.

Die Entfaltung der Emotionalität und die Regulation der Affekte ist wesentlich an Beziehungserfahrungen geknüpft. Die Entwicklung von Sicherheit in der frühen dyadischen Beziehung ist dabei eine wesentliche Voraussetzung für die Entwicklung der Emotionalität und die Regulation eigener Affekte in der Begegnung mit dem wichtigen anderen. Über die Antwort der Bezugsperson (je nach Situation tröstend, beruhigend, strukturierend, stützend, anregend, kommunikativ-resonant) lernt das Kind, seine körperlichen Bedürfnisse, emotionalen Wünsche und seine psychische Situation zu verstehen. Ist die wichtige Bezugsperson unerreichbar, so fehlt eine wesentliche Voraussetzung für die emotionale Konstituierung des Selbst (vgl. Rudolf, 2000a).

Vor dem Hintergrund solcher negativer Beziehungserfahrungen können die Betreffenden auch in ihren späteren Beziehungen vielfach nicht angemessen mit Affekten umgehen und für die Entwicklung des eigenen Selbst und der Paarbeziehung verwenden. Gelegentlich greift eine Art »Notfallprogramm«: Die »Affektvermeidung«. Diese ist nicht charakteristisch für depressiv Erkrankte, sie findet sich auch bei anderen psychischen Erkrankungen, bei denen die Störung der Affektregulation eine große Rolle spielt, beispielsweise der Borderline-Persönlichkeitsstörung, und selbstverständlich auch bei nicht an einer manifesten psychischen Krankheit leidenden Person (als eine Variante der Psychopathologie des Alltags).

Im Hinblick auf die Gestaltung der therapeutischen Beziehung ist es ratsam, sich mit den Modellvorstellungen zur emotionalen Entwicklung auseinanderzusetzen. Hier zeigt sich nun, dass die Affekte in der Geschichte der Psychoanalyse einen sehr unterschiedlichen Stellenwert hatten. So war die klassische psychoanalytische Theorie der emotionalen Entwicklung im Wesentlichen auf die Triebschicksale bezogen. Freud betrachtete den Affekt als Repräsentanten dessen, »was in einer weit zurückliegenden prähistorischen Vergangenheit einmal angepasste und hoch motivierte Handlungen waren« (vgl. Green, 1979, S. 684). In dieser quantitativen Betrachtung des Affektes war seine Erlebnisqualität nur von geringer Bedeutung. Wesentliche Aufgabe des Ichs besteht dementsprechend darin, Wege der Affektregulierung zu finden, um Affekte abzuführen und »eingeklemmte« Affekte zu befreien.

Im weiteren Verlauf der psychoanalytischen Theorieentwicklung erfuhren die Affekte eine deutliche Aufwertung: Hatten sie zunächst nur als desorganisierende Größe gegolten, wurde ihnen zunehmend eine zentrale kommunikative Funktion zugeschrieben. In »Hemmung, Symptom und Angst« (Freud, 1926d) erhielten sie eine Bedeutungsfunktion, Freud sprach von »Signalangst«. Eine noch größere Bedeutung erlangten die Affekte, nachdem die Übertragung als wichtigstes Agens in der Behandlung erkannt worden war. Die sogenannte britische Schule der Psychoanalyse stellte die Affektentwicklung schließlich in einen objektbeziehungstheoretischen Kontext und betonte die kommunikative Funktion der Affekte. Diese Aufwertung der Affekte hatte insbesondere auch im Hinblick auf die Behandlungstechnik Konsequenzen:

Welche behandlungstechnischen Konsequenzen ergeben sich aus der kommunikativen Funktion der Affekte?

> Die Teilhabe des Psychotherapeuten an den Emotionen der Patienten und die Arbeit mit der Gegenübertragung rücken anstelle der einsichtsfördernden, deutenden Interventionen in den Vordergrund.

Mahler (1966) stellte die Affektentwicklung in einen Zusammenhang mit der fortschreitenden Differenzierung innerhalb des Loslösungs- und Individuationsprozesses. Sie ordnete bestimmte emotionale Reaktionsbereitschaften den ein-

5.2 Therapieverlauf, therapeutische Haltungen und Entwicklungsschritte

zelnen Phasen dieses Trennungs- und Individuationsprozesses zu. Verlaufen die phasenspezifischen Interaktionen befriedigend, so entwickeln sich im Zuge der Entwicklung neue emotionale Muster. Im ungünstigen Fall, wenn zum Beispiel der Dialog zwischen Mutter und Kind entgleist (weil die Mutter z. B. auf das Rückversicherungsbedürfnis des Kindes abweisend reagiert), kann sich beispielsweise eine frühe depressive Entwicklung anbahnen.

Frühkindliche Verlusterlebnisse stellen Risikofaktoren in der Kindheit dar, die eine erhöhte Anfälligkeit für spätere psychische Erkrankungen bedingen können. Tennant et al. (1982) untersuchten den Zusammenhang von Verlusten und Trennungen in verschiedenen Altersgruppen und späteren depressiven Symptomen. Dabei zeigte sich, dass Verlusterfahrungen im Alter von fünf bis zehn Jahren am stärksten zu späterer Depression prädisponieren. Kontinuierliche Bindungen können demgegenüber – wie die Untersuchungen des Ehepaares Robertson zeigten – helfen, frühe Verlusterfahrungen im Kleinkindalter – ohne wesentliche Entwicklungseinbuße – zu kompensieren.

Im Hinblick auf die Entwicklung des depressiven Affektes ist von einer mehrfachen Determiniertheit auszugehen. So umfasst beispielsweise das dreifaktorielle Depressionsmodell von Brown et al. (1986) traumatische Lebensereignisse (insbesondere Verlusterlebnisse, die den Beginn einer depressiven Phase markieren), Vulnerabilitätsfaktoren, die die Wirkung biografischer Parameter verstärken können, und Faktoren, die sich spezifisch auf die Formierung der depressiven Symptome auswirken (z. B. negative Bindungserfahrungen). Dementsprechend können nicht nur Verlusterlebnisse in der Kindheit, sondern auch spätere Ereignisse, die mit dem Erleben von Ohnmacht, Hilflosigkeit und Entwertung verbunden sind, zu einer Depression führen.

Krause (1988, 1994) entwickelte eine Taxonomie der Affekte. Darin wurde insbesondere die Verschränkung von Affekten, kognitiver Reife und Objektbeziehungen beschrieben. Der depressive Affekt steht in einem engen Zusammenhang mit Störungen der Selbstwertgefühlregulation. Diese sind wiederum Folge unzureichender Bindungserfahrungen, insbesondere fehlender »Kontingenz« und »Reziprozität« und einer »gescheiterten Intentionalität«.

Welche unzureichenden Bindungserfahrungen werden als fehlende Kontingenz, gescheiterte Intentionalität und unzureichende Reziprozität beschrieben?

Diese wiederholten, dauerhaften Enttäuschungen beziehen sich insbesondere auf das Gefühl, von einem geliebten und idealisierten anderen Menschen nicht wahrgenommen zu werden, in ihm keine relevanten

5 Spezifische Praxis Psychodynamischer Psychotherapie depressiver Störungen

> Reaktionen auslösen zu können und nicht aufgehoben zu sein in einer wechselseitig aufeinander abgestimmten Bindung.

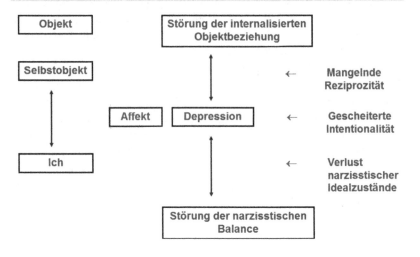

Abb. 8: Affekttheoretisches Modell der Depression

In engem Bezug zu den Ergebnissen der Säuglingsforschung unterstrich Stern (1998 [1985]), dass sich das Selbst von Geburt an in einem emotionalen, interaktiven und körperlichen Austausch mit den wichtigen Bezugspersonen entwickelt. Die Depression wird dementsprechend zunehmend in einem übergeordneten Zusammenhang von Selbstobjektbedürfnissen und Bedürfnissen nach affektiver Resonanz in der Begegnung mit wichtigen Bezugspersonen verstanden. Diese gefühlsmäßigen Erfahrungen bilden den affektiven Kern des Menschen. Sie haben schon ab der zweiten Hälfte des ersten Lebensjahres unterschiedliche Aktivierungen des Frontalkortex zur Folge (vgl. Bell & Fox, 1994; Dawson, 1994).

> **Fazit**
> Die triebtheoretischen Gesichtspunkte der Affekte (Abfuhraspekt) rücken in den Hintergrund. Die adaptiven, kommunikativen und regulierenden Eigenschaften der Affekte erlangen – nicht zuletzt auch im Hinblick auf die Gestaltung der therapeutischen Beziehung – eine zunehmende Bedeutung.
>
> Der depressive Affekt unterscheidet sich von der Trauer und geht mit einer Selbstverlusterfahrung einher.

5.2 Therapieverlauf, therapeutische Haltungen und Entwicklungsschritte

Anhand eines Fallbeispiels sollen die Herausforderungen in der Begegnung mit der »affektiven Versteinerung« von Patienten mit schweren Depressionen dargestellt werden (vgl. Böker, 2002):

Kasuistik: Frau A. erkrankte im Alter von 31 Jahren, wenige Wochen nach dem Tod ihres Vaters, erstmalig an einer Depression, die mit einem Schuldwahn verknüpft war. Sie unternahm einen Suizidversuch (mit Reinigungsmitteln) und musste stationär behandelt werden. Nach Abklingen dieser ersten depressiven Episode setzte die Patientin engagiert ihre berufliche Tätigkeit (als Prokuristin einer großen Firma) fort. An ihrem Arbeitsplatz galt sie als überaus verlässlich und pedantisch. Obwohl von anderen geschätzt, lebte sie selbst in der Vorstellung, den Erwartungen anderer nicht zu genügen. Es kam zu einem Rezidiv (im Anschluss an eine Fehlgeburt) mit einer ebenfalls depressiv-psychotischen Symptomatik: Frau A. fühlte sich wahnhaft schuldig und war überzeugt, ihrem Vorgesetzten, den sie sehr bewunderte, geschadet zu haben.

Die im Anschluss an diese zweite depressive Episode (im Alter von 33 Jahren) begonnene Psychotherapie zeigte sehr bald den Loyalitätskonflikt auf, in dem Frau A. gefangen war. Sie verbot sich jegliche Kritik gegenüber Personen, die für sie von großer emotionaler Bedeutung waren. Es stellte sich heraus, dass diese außerordentlich ängstliche, jede aggressive Äußerung vermeidende Haltung sich bereits in der Kindheit, vor allem in der Beziehung zu ihrer Mutter, entwickelt hatte. Die Mutter hatte sie einerseits eng an sich gebunden, ihr andererseits jedoch keine echte Resonanz vermitteln können und ihr wiederholt auf indirekte Weise ihre Wertlosigkeit vermittelt.

Im ersten Jahr der Behandlung schilderte Frau A. unaufhörlich in konkretistischer Weise den Ablauf ihres Alltags. Leeregefühle, die ständigen Selbstanklagen der Patientin und ihre Schwierigkeit, einen Zugang zu ihren Fantasien zu finden, machten die Gegenübertragung in diesen oftmals monotonen Stunden schwer erträglich. Dieser Zustand der Versteinerung, Entleerung und Langeweile induzierte im Psychotherapeuten den Wunsch, sich über Affekte und Fantasien selbst zu konstituieren, um auf diese Weise der drohenden affektiven Versteinerung zu entgehen. Der Psychotherapeut entdeckte dabei Impulse, die Patientin tatsächlich verurteilen zu müssen! Die aggressiven Fantasien des Psychotherapeuten waren dem skrupulösen Erleben der Patientin und ihrem zeitweiligen Schuldwahn komplementär.

Nachdem sich die therapeutische Beziehung stabilisiert hatte, lockerte sich die autoaggressive, zwanghaft kontrollierende Abwehr der Patientin immer mehr. Über Metaphorisierungen wurde das oftmals quälende, körpernahe Erleben der Patientin schrittweise aufgehoben. Es wurde nun deutlich, wie eng ihr Wunsch, sich beim Psychotherapeuten anzulehnen und von ihm akzeptiert zu werden, mit der Tendenz verbunden war, schuldig gesprochen zu werden (was als Über-Ich-Übertragung zu verstehen war). Nachdem Frau A. diese Zusammenhänge in der therapeutischen Beziehung erleben konnte, entschlüsselte sie schließlich schrittweise den biografischen Hintergrund und die symbolische Bedeutung der Auslösesituationen der depressiven Episoden: Sie empfand ihre Abhängigkeit (z. B. von ihrem pedantischen Chef, dessen Anerkennung eine wichtige Voraussetzung ihres Selbstwertgefühls war) wie eine »Zwangsjacke der Liebe«. Ihre gewachsene Fähigkeit, sich von ihrem – wie Frau A. es nannte – »strengen inneren Gesetzgeber« (im Sinne rigider Über-Ich-hafter Introjekte) zu trennen, trug schließlich zu einem veränderten, sichereren Umgang der Patientin mit ihrem beruflichen und privaten Umfeld und ferner auch ihren teilweise überhöhten Idealen bei.

Wie der mehrjährige Verlauf dieser kombinierten Behandlung (Frau A. wurde neben der Psychodynamischen Psychotherapie von einem anderen Psychiater auch mit Antidepressiva behandelt) zeigte, fühlte sich die Patientin den zeitweilig auftretenden depressiven Verstimmungen nicht mehr schutzlos ausgeliefert. Es gelang ihr zunehmend besser mit Krisen umzugehen und eigene Bedürfnisse zu vertreten.

5.2.5.7 Aggression

Die Entwicklung der Aggression gegenüber dem ambivalenten Objekt (dem wichtigen, sehnsuchtsvoll gesuchten, aber immer wieder enttäuschenden anderen) stand im Fokus der frühen, triebtheoretischen Modelle der Depression (Übersicht in Böker, 2000a, b). Abraham (1971 [1912]) postulierte als Kennzeichen der Melancholie eine »Urverstimmung« infolge der Enttäuschung durch die primären Objekte und eine »orale Fixierung« um den abgewehrten aggressiven Konflikt. Die nach dem Verlust des ambivalenten Objektes einsetzende Wut findet ein neues Ziel, indem sie gegen das eigene Selbst gerichtet wird. Die »Abwehr der Aggression« durch »Wendung gegen das eigene Selbst« setzt voraus, dass das verlorene Objekt zuvor durch Introjektion zurückgewonnen wurde.

Auch in der ichpsychologischen Konzeption der Depression von Jacobson (1976, 1977 [1971]) spielt die Aggression eine wichtige Rolle: Bei einer gestörten psychischen Entwicklung des Kindes werden die Selbst- und Objektrepräsentan-

5.2 Therapieverlauf, therapeutische Haltungen und Entwicklungsschritte

zen nur unzureichend differenziert. Die Selbstrepräsentanzen (als internalisiertes Selbstbild) werden aggressiv besetzt mit der Folge, dass das Selbstwertgefühl niedrig ist und die Trennung zwischen Selbst und Objekt unvollkommen und stets von Regression bedroht ist. Die primäre Kindheitsdepression wird im Erwachsenenleben reaktualisiert, sobald der Erwachsene eine Enttäuschung erlebt.

In Kernbergs objektbeziehungstheoretischer Sichtweise (Kernberg, 1983) beruhen die pathologischen Objektbeziehungen auf einer exzessiven primären oder frustrationsbedingten Aggression. Durch diese wird die Fusion konträrer Selbst- und Objektrepräsentanzen beeinträchtigt. Die Psyche ist hasserfüllten Introjekten und einer gehassten Selbstimago ausgeliefert. Ein Großteil der manifesten Psychopathologie ist auf ein »sadistisches Über-Ich« zurückzuführen. Dieses spiegelt die gescheiterte Verschmelzung libidinöser und aggressiver Triebe bzw. das Unvermögen der libidinösen Triebe wider, die aggressiven zu neutralisieren.

Die labilisierte narzisstische Regulation Depressiver und die narzisstische Wut auf das kränkende Objekt leiten sich in der selbstpsychologischen Perspektive aus dem fortgesetzten und unbefriedigten Bedürfnis nach Selbstobjektbeziehungen ab (Kohut, 1975 [1972]). Es besteht eine Unsicherheit hinsichtlich der Verfügbarkeit des bedeutsamen anderen als Selbstobjekt, das die Funktionen hat, das Selbstgefühl zu wecken, positiv zu beeinflussen und aufrechtzuerhalten. Die spiegelnden, idealisierenden und Alter-Ego-Selbstobjekt-Beziehungen werden als wesentliche Grundlagen für die gesunde Entwicklung des Selbst angesehen. Demgegenüber reagiert das verletzte und geschwächte Selbst auf das Gefühl der Hilflosigkeit angesichts der Erfahrung, dass das Selbstobjekt versagt, mit Scham und Demütigung. Diese unerträglichen Affekte lösen narzisstische Wut auf das kränkende Objekt aus, die nicht – oder nur sehr kurzfristig – zur Wiederherstellung der Selbst-Kohärenz und -Stärke beiträgt.

Benedetti (1987) wies im Zusammenhang mit der Über-Ich-Entwicklung des Depressiven auf einen weiteren Aspekt hin: Bei der Über-Ich-Depression beruhen die oftmals quälenden Schuldgefühle auf einer unbewussten Aggression gegenüber dem dominierenden Partner, der im Erleben des Patienten Züge der enttäuschenden ambivalent-geliebten primären Bezugsperson bekommt.

Welche Erfahrungen werden in einer Psychodynamischen Psychotherapie angesichts des strengen Über-Ichs und der unbewussten Aggression von Patienten mit Schuld-Depressionen ermöglicht?

Im Verlauf einer Psychodynamischen Psychotherapie kann der Patient erleben, dass seine unter anderem aggressiven Impulse, die in ihm bisher die

Angst auslösten, die Liebe des anderen zu verlieren, die Kontinuität der therapeutischen Beziehung und die Akzeptanz durch den Therapeuten nicht gefährden.

Hierdurch wird der Patient ermutigt, auch im Alltag neue Lösungen auszuprobieren, die zu einem Anwachsen seines Selbstwertgefühls beitragen.

Die Bedeutung der abgewehrten Aggression Depressiver erschließt sich im Verlauf des therapeutischen Prozesses ganz wesentlich über die Gegenübertragung (s. S. 97f.), die für die weitere Bearbeitung der Aggression herangezogen werden kann.

Kontraproduktiv ist eine zu frühe, unangemessene Deutung der Aggression.

Dabei ist zu berücksichtigen, dass »aggressive Gegenübertragungsgefühle« auch in einem Zusammenhang mit der »Affektkommunikation« Depressiver stehen können: Der depressive Affekt affiziert den Therapeuten und vermittelt die Hilflosigkeit des Depressiven. Es kann aufseiten des Psychotherapeuten zu einer Distanzierung und aggressiven Abwendung kommen.

Worauf ist bei aggressiven Gegenübertragungsgefühlen besonders zu achten?

Die sich im Therapeuten entwickelnde Aggressivität kann auch als Reaktion auf die Affektkommunikation verstanden werden und ist nicht in jedem Fall Ausdruck der unbewussten Aggression des Patienten.

5.2.5.8 Die Bedeutung von Traumatisierungen

Hinweise auf Traumatisierungen in Kindheit und Jugend finden sich in einer großen Untergruppe depressiv Erkrankter (etwa bei jedem Dritten). Traumatisierungen bestimmen die weitere Entwicklung maßgeblich und nachhaltig und gehen einher mit hirnfunktionellen, teilweise hirnstrukturellen Veränderungen. Depressiv Erkrankte, bei denen eine frühzeitige Traumatisierung erfolgte, sollten in jedem Fall auch mittels Psychotherapie behandelt werden. Nemeroff et al. (2003) konnten beispielsweise zeigen, dass diese Patienten von einer Psychotherapie (bei dieser Studie handelte es sich um CBASP, einem Verfahren, das psychodynamische und kognitiv-behaviorale Elemente verknüpft) bzw. Kombinationstherapie (CBASP und Antidepressivum) deutlich besser profitierten als von ausschließlicher medikamentöser Behandlung.

5.2 Therapieverlauf, therapeutische Haltungen und Entwicklungsschritte

Die Ergebnisse der psychotraumatologischen Studien unterstreichen in exemplarischer Weise die Wechselwirkungen zwischen psychischen, sozialen und biologischen Krankheitsfaktoren. Adverse frühe Erfahrungen (»early life stress«, ELS) sind als bedeutsamer Risikofaktor für erhöhte Stressvulnerabilität und die Entwicklung depressiver Störungen aufzufassen (Grimm, 2016; Kendler et al., 2001). Es finden sich dauerhafte Veränderungen der Reaktivität der Hypothalamus-Hypophysen-Nebennierenachse (HHN-Achse) mit einer gesteigerten oder verminderten Cortisolausschüttung bei psychosozialem Stress. Diese inkonsistenten Befunde können damit erklärt werden, dass ELS zunächst zu einer Hyperreaktivität der HHN-Achse führt, es dann jedoch im weiteren Verlauf aufgrund gegenregulatorischer Adaptionsprozesse bei anhaltender Stresserfahrung während der Entwicklung zu einer chronischen Hyporeaktivität des Systems kommt. Adverse frühe Erfahrungen sind mit funktionellen und strukturellen Veränderungen in den Hirnregionen assoziiert, die in neuroendokrine Kontrollprozesse und die Emotionsregulation involviert sind (Übersicht in Grimm, 2016). Schlüsselregion innerhalb des limbisch-präfrontalen Netzwerks ist die Amygdala, die reziprok mit Regionen verbunden ist, die für autonome und neuroendokrine Kontrolle, Gedächtnis und Salienzverarbeitung verantwortlich sind. ELS beeinflusst ferner die Entwicklung des oxytonergen Systems (OXT), das die Aktivität der HNA-Achse moduliert.

Grundsätzlich lassen sich zwei Typen von Traumata unterscheiden (Terr, 1989):
➢ Trauma I: zirkumskript, oft einmalig
➢ Trauma II: kumulativ, multipel

Von großer Bedeutung sind insbesondere auch die Modi der Traumatisierung (Glaser, 2000; Dümpelmann, 2006):
➢ »commission«: aktive Übergriffe und Bemächtigung durch Gewalt, Sexualität, Entwertung, Erniedrigung, emotionale und narzisstische Manipulation und Verstrickung
➢ »omission«: passiv erlittener Entzug, Verlust und Vernachlässigung durch unter anderem Isolation, Ausgrenzung, Empathiemangel und fehlender emotionaler Resonanz

Gemeinsame Folgen dieser Traumatisierungen bestehen in einer überwältigend erlebten Hilflosigkeit, Schutzlosigkeit, Angst und der Erschütterung des Vertrauens in die Umwelt.

Die komplexe Traumafolgestörung bezieht sich auf anhaltende, kumulative Beziehungs- und Bindungstraumatisierungen (Schore, 2007; Strauss, 2013). Neben den direkten Traumafolgen treten komorbide psychiatrische Störungen auf: Dazu zählen insbesondere Depressionen und Angststörungen, darüber hinaus auch Sucht, Somatisierungs- und Persönlichkeitsstörungen. Dissoziationen lassen sich als Folge der affektiven Überlastung ansehen. Diese Annahme stimmt überein mit Ergebnissen der Gedächtnisforschung, nach denen unter hoher Affektspannung die mentale Speicherungsfähigkeit eingeschränkt ist (z. B. nach traumatischen Belastungen) und es zu dissoziierten Wahrnehmungen kommt (vgl. van der Kolk et al., 2000).

Finden sich in der Vorgeschichte von Patienten Hinweise auf eine Traumatisierung, so sollte erst nach Etablierung einer stabilen, vertrauensvollen therapeutischen Beziehung mit der Bearbeitung des Traumas im Rahmen der Psychodynamischen Psychotherapie begonnen werden. In der Regel setzt dies auch eine traumatherapiespezifische Weiterbildung des Psychotherapeuten voraus. Stets ist auf die Gefahr der Re-Traumatisierung zu achten. Zu gegebenem Zeitpunkt und entsprechender Indikation sollte ferner der Einsatz eines traumakonfrontierenden Verfahrens, zum Beispiel EMDR (Eye Movement Desensitisation and Reprocessing; Shapiro et al., 1995), erwogen werden.

Grundsätzlich lassen sich zwei therapeutische Gesichtspunkte in der Psychotherapie der Traumafolgestörungen unterscheiden: »Stabilisierung« und »Konfrontation«.

»Stabilisierung« zielt darauf, innerhalb einer als belastbar und hilfreich erlebten therapeutischen Beziehung einen optimalen Reizschutz zu ermöglichen, den Aufbau stabilisierender sozialer Kontakte zu fördern, Affektregulierung und Symptomkontrolle zu unterstützen und vor Selbst- und Fremdgefährdungstendenzen zu schützen.

Die Konfrontation mit dem Trauma setzt eine ausreichende emotionale Stabilität voraus. Bei der Frage, wann und ob konfrontierend therapeutisch gearbeitet werden kann, ist es erforderlich, sorgfältig abzuwägen zwischen möglicher Überforderung einerseits und Fixierung eines Vermeidungsverhaltens andererseits.

Eine spezifische psychodynamische bzw. psychoanalytische Traumapsychotherapie wurde von Hirsch (2013) beschrieben. Die Psychodynamische Psychotherapie depressiver Störungen ist per se keine Traumatherapie! Sie kann aber wesentlich dazu beitragen, Patienten soweit zu stabilisieren und vorzubereiten, dass eine traumaspezifische Behandlung (u. a. auch im stationären Setting) durchgeführt werden kann. Eine erfolgreiche Traumatherapie wirkt sich in jedem Fall auch günstig auf den weiteren Verlauf der depressiven Erkrankung aus.

Psychopharmaka (insbesondere Antidepressiva vom SSRI-Typ) können als adjuvante Therapie eingesetzt werden. Problematisch ist die oftmals zu hohe

Dosierung und längerfristige Gabe von Benzodiazepinen aufgrund des hohen Missbrauchs- und Suchtpotenzials traumatisierter Patienten.

5.3 Therapieevaluation und Beendigung der Psychotherapie

Die Evaluation einer Psychotherapie, das heißt eine Einschätzung dessen, was in der Therapie erreicht oder auch nicht erreicht wurde, ist ein wichtiger Bestandteil der Behandlung. Dies ergibt sich recht oft spontan und ungeplant in allen Therapiephasen, wenn Themen, die für den Patienten und seine Psychodynamik von Bedeutung sind, aufkommen und dann deutlich wird, was sich seit Therapiebeginn dabei verändert hat oder was unverändert geblieben ist. Eine Evaluation kann aber auch geplant erfolgen, wenn es zum Beispiel um eine Anpassung von Behandlungszielen und -setting oder auch um den Abschluss einer Therapie geht.

Die übliche Form der Evaluation ist der verbale Austausch von Patient und Therapeut. Der Patient sollte die Möglichkeit haben, offen aus seiner Perspektive über die Therapie und deren Verlauf, über Erreichtes und Nicht-Erreichtes, sprechen zu können. Einzelne, offene Fragen des Therapeuten wie »Was hat sich aus Ihrer Perspektive im Rahmen der Psychotherapie verändert?« oder »Wenn Sie an den Anfang der Therapie denken und dies mit der jetzigen Situation vergleichen: Was ist anders? Was nicht?« können hilfreich sein. Oder Fragen wie: »Was erleben Sie in der Therapie als hilfreich? Was als schwierig?«

Der Therapeut kann Aussagen des Patienten aufgreifen, zusammenfassen und aus seiner Sicht kommentieren, das heißt auch um Aspekte ergänzen, die er aus seiner Perspektive für wichtig hält, aber vom Patienten nicht erwähnt werden. Es soll nicht darum gehen, zu zeigen, welche der Perspektiven (Patient, Therapeut) die »richtigere« ist, sondern darum, zu zeigen, dass es diese unterschiedlichen Perspektiven gibt und diese sich gesamthaft betrachtet ergänzen können.

Eine eher standardisierte und operationalisierte Form der Therapieevaluation besteht in dem OPD-Verlaufsgespräch (Arbeitskreis OPD, 2014), bei dem die zu Beginn mit der OPD ermittelten Therapiefoki (Beziehungsdynamik, Konflikt- und Strukturthemen) aufgegriffen und gezielt angesprochen werden, um dann Veränderungen der OPD-Foki mit der Heidelberger Umstrukturierungsskala (HSCS; Rudolf et al., 2000; Grande et al., 2001; Arbeitskreis OPD, 2014) zu erfassen.

Für den Abschluss einer Psychodynamischen Psychotherapie gibt es keine vorgegebene oder feste Regelung; ein Abschluss erfolgt zumeist dann, wenn es der Patient wünscht und dieser meint, dass er in der Psychotherapie das erreicht hat, was er erreichen wollte, und über einen längeren Zeitraum psychisch stabil ist bzw. mit zeitweisen psychischen Beeinträchtigungen selbstständig zurechtkommt. Die Beendigung einer Psychodynamischen Psychotherapie sollte individuell, auf den einzelnen Patienten abgestimmt erfolgen.

So kann es sein, dass die eigentliche Psychotherapie, zum Beispiel mit einer Sitzung pro Woche, abgeschlossen ist und dann aber noch weitere Termine in größeren Zeitabständen (von einem bis mehreren Monaten) vereinbart werden. Oder die Psychotherapie wird tatsächlich ohne weitere Termine beendet, aber es wird vereinbart, dass der Patient sich bei Bedarf melden kann. Wenn es nach solch einer Vereinbarung zu mehreren Terminen in kurzer Zeit kommt, sollte geklärt werden, ob es bei einer Kurzintervention bleibt oder wieder ein psychotherapeutisches Setting mit regelmäßigen Terminen vereinbart werden muss.

Diese Vorgehensweise unterstreicht die Bedeutung der therapeutischen Beziehung in der Psychodynamischen Psychotherapie und ihre Rolle für die Nachhaltigkeit erreichter Veränderungen durch die Psychotherapie.

5.4 Typische Verläufe der Psychodynamischen Psychotherapie und psychodynamische Prägnanztypen der Depression

Wie wir bereits festgestellt haben, lässt sich die depressive Symptomatik nicht als Folge spezifischer Konflikte ansehen. Die Bewältigungsmechanismen, die ein Individuum anwendet, um Verlusterfahrungen zu bewältigen und das Gefühl von Hilflosigkeit zu bekämpfen, gestalten das klinische Bild oft sehr facettenreich. Dennoch finden sich in der Behandlung Depressiver immer wieder typische Konfliktmuster und Persönlichkeitseigenschaften sodass von psychodynamischen Prägnanztypen gesprochen werden kann. Als typisches depressiogenes Grundmuster beschrieb Mentzos (1991, 1995, 2009) einen antagonistischen Gegensatz in der Person des Betreffenden: Dem Wunsch nach einer autonomen Selbstwertigkeit stehen Bedürfnisse gegenüber, von wichtigen anderen Personen geliebt und geschätzt zu werden. Der Pol der objektgerichteten Wünsche findet dabei auch einen Niederschlag in der vom Über-Ich – als innerer Repräsentant der verbietenden Aspekte des anderen – abhängigen Selbstwertigkeit (vgl. S. 159ff.).

Wesentliche Komponenten dieses Grundkonfliktes bestehen in der Sehnsucht des depressiven Menschen nach einer engen Bindung an ein idealisiertes Objekt, das intensiv und mit großer Anhänglichkeit gesucht wird. Dieser Idealisierungswunsch geht mit einer extremen Kränkungsbereitschaft einher: Depressive fürchten in extremer Weise Abweisung, Enttäuschung und Kränkung und erleben sich selbst als entwertet, sobald der idealisiert geliebte andere nicht den eigenen Bedürfnissen entspricht. Die immer wieder – angesichts der erlebten Abhängigkeitsscham – anklingende Wut kann lange Zeit nicht integriert werden. Vor diesem Hintergrund entwickelt sich eine mehrfache Angst: Die Angst vor dem – passiv erlittenen – Liebesverlust und die Angst, durch eigene Impulse, Autonomiewünsche oder unkontrollierte Wut zur – fantasierten – Zerstörung des aktiv geliebten anderen beizutragen und ihn auf diese Weise – schuldhaft – zu verlieren.

Zentrale Komponenten des depressiogenen Konfliktes und der Psychodynamik Depressiver bestehen somit in dem Wunsch nach einer idealisierten Objektbeziehung, einem ungelösten Ambivalenzkonflikt, den Mechanismen der Introjektion bzw. der narzisstischen Identifizierung und schließlich der Wendung von Aggression gegen das eigene Selbst (vgl. Will, 1998). Zur Bewältigung dieser depressiogenen Grundsituationen werden unterschiedliche Mechanismen eingesetzt, die in der jeweiligen manifesten depressiven Erkrankung vorherrschen können.

5.4.1 Schulddepression

Dieser Depressionstyp wird auch als »Über-Ich-Depression« (Benedetti, 1987) bezeichnet. Die oftmals quälenden Schuldgefühle Depressiver beruhen dabei auf einer unbewussten Aggression gegenüber dem dominierenden Partner, der im Erleben des Patienten Züge der enttäuschenden, ambivalent geliebten primären Bezugsperson bekommt. Depressive Menschen sind sehr auf enge, verlässliche Beziehungen angewiesen. Aggressionen, Wut und Ärger müssen zurückgehalten werden, da diese Beziehungen existenziell wichtig sind, sie nichts trüben darf. Der depressive Mensch verdrängt seine – scheinbar – »bösen« Impulse und verhält sich nach außen hin liebenswürdig, freundlich und angepasst. Weil er diese negativen Emotionen nicht zeigen zu können glaubt, richtet der Depressive die Aggression gegen sich selbst. Selbstvorwürfe und Schuldgefühle sind dementsprechend Hauptmerkmale der Über-Ich-Depression. Die Anschuldigungen und Vorwürfe, die er gegen sich selbst richtet, sind eigentlich Anklagen gegen den anderen, von dem er sich enttäuscht und im Stich gelassen fühlt.

> Eine wesentliche Erfahrung für den depressiven Menschen mit einer Schulddepression im Rahmen einer Psychodynamischen Psychotherapie besteht nun darin, dass er erleben kann, dass aggressive Impulse, die in ihm

bisher die Angst auslösten, die Liebe des begehrten Objektes zu verlieren, die Kontinuität der therapeutischen Beziehung und die Akzeptanz durch den Therapeuten nicht gefährden. Hierzu wird der Depressive ermutigt, auch im Alltag neue Lösungen auszuprobieren, die zu einem Anwachsen seines Selbstwertgefühls beitragen.

Fallbeispiel
Herr S., ein 48 Jahre alter Ingenieur, kommt im Anschluss an einen stationären Aufenthalt in einer psychiatrischen Klinik auf Empfehlung einer Bekannten in die Spezialsprechstunde für Depressionsbehandlung. Prägnant formuliert er seinen Therapiewunsch: »Ich möchte nicht mehr verurteilt werden und zufriedener leben!«

In den vorangegangenen Wochen wurde Herr S. erneut wegen einer schweren psychotischen Depression stationär behandelt (u. a. mit Antidepressiva und Neuroleptika). Im Vordergrund der depressiven Symptomatik stand ein Schuldwahn: Herr S. war wahnhaft überzeugt, andere Menschen zu benutzen, durch sein eigenes Verhalten große Schuld auf sich zu laden und dafür bestraft werden zu müssen. Die damit verbundene Angst sei immer größer geworden, bis er schließlich davon überzeugt gewesen sei, verfolgt zu werden.

Im Erstgespräch wird spürbar, wie sehr Herr S. darum ringen muss, einen ausreichenden Abstand zu den Inhalten seiner depressiven Psychose herzustellen, und auch wenn er selbst immer wieder von seiner »Psychose« spricht, so wird doch deutlich, wie sehr er weiterhin mit Schuldgefühlen und Selbstwertzweifeln ringt. Als Auslöser der letzten depressiven Episode bezeichnet er die Trennung von seiner Freundin und den kürzlichen Tod der Mutter.

Herr S. bezeichnet sich selbst als »Sandwich-Kind«. Er ist das dritte von fünf Kindern aus der Familie eines Unternehmers und einer Lehrerin. Das Klima in der Familie wurde durch die Strenge beider Eltern bestimmt: Der Vater, Vollwaise seit seiner Säuglingszeit, arbeitete ein Leben lang sehr hart und ging ganz in seiner Arbeit auf. Härte gegenüber sich selbst und Stringenz im Beruf waren dabei verknüpft mit einem ausgeprägten sozialen Engagement.

Auch die Grundhaltung der Mutter sei von Strenge und großem Ehrgeiz geprägt worden. Dabei habe sie sehr viel Wert auf die Entwicklung intellektueller Fähigkeiten gelegt. Im Gegensatz zu den älteren und jüngeren Geschwistern habe Herr S. stets das Gefühl gehabt, »außen vor zu sein«. Er habe es allen recht machen wollen und dabei gewusst, es niemandem recht machen zu können.

Bereits während der Schulzeit sei er oft bedrückt und überfordert gewesen. Die Diagnose »Depression« sei allerdings erst im Alter von 29 Jahren gestellt worden. Im weiteren Verlauf sind insgesamt zehn depressive Episoden aufgetreten. Dreimal wurde der Patient in psychiatrischen Kliniken stationär behandelt, eine Psychoanalyse wurde nach mehreren Jahren beendet.

In der – niedrigfrequenten – Psychodynamischen Psychotherapie (eine Wochenstunde) spricht der Patient bereits zu Beginn seine Angst an, dem »moralischen Anspruch« einer Psychotherapie nicht gerecht werden zu können; er fragt sich, ob der Therapeut zum Richter wird.

Angesichts der weiterhin bestehenden Stimmungsschwankungen und der ausgeprägten grüblerischen Tendenzen und einer angstvollen Spannung, in der die Themen der depressiven Psychose erneut auftauchen (Schuld, Versagen, Strafe, endgültiges Scheitern), ist auch die Fortsetzung der medikamentösen Behandlung (mit Amitriptylin und Risperdal) erforderlich. Das Angebot, einen anderen Psychiater hierzu aufzusuchen, lehnt der Patient ab.

Herr S. hat das Gefühl, dass sein Lebenskonzept aus den Fugen geraten sei; gelegentlich meint er, ein Verbrecher zu sein. Die ambivalente Identifikation mit seinem Vater bestimmt den Verlauf der Stunden: Immer wieder scheitere er an seinem Vater, spüre dessen Erwartungen auch noch als Erwachsener (»alles geben zu müssen«). Es komme ihm vor, als ob er die Anerkennung seines Vaters auch nach dessen Tod weiterhin suche und im gleichen Atemzug ständig austarieren müsse, um auch den – so anders gearteten – Erwartungen der Mutter gerecht zu werden. Das Austarieren zwischen mütterlicher und väterlicher Welt bestimmte sein bisheriges Leben, ohne dabei zu wissen, wo er selbst hingehöre.

Er habe ein »Leben mit angezogener Handbremse« geführt. In der Psychotherapie erlebt Herr S. den ambivalenten Hintergrund dieser jahrzehntelangen Hemmung, seiner intensiven Wünsche, vom Therapeuten wahrgenommen zu werden, ihn »zu spüren«, gleichzeitig aber auch seine Angst, sich einzulassen.

Über einen längeren Zeitraum stand die Trauer um Mutter und Bruder (der an einem Tumor verstorben war) im Zentrum. Die über Jahre hin bestehenden Leeregefühle im Anschluss an den Sekundenherztod der Mutter und die Ohnmacht im Zusammenhang mit der schweren Erkrankung des Bruders wichen allmählich einer spürbaren Traurigkeit. Diese Ohnmacht hatte der Patient auch nach dem Tod seines Vaters erlebt, der jahrelang qualvoll an einem Parkinsonismus gelitten hatte. Schließlich zeigte es sich, dass die Annäherung an den Vater ein wesentlicher Faktor der vorherigen depressiven Episode gewesen war: Nach langen beruflichen Umwegen, in denen der Patient trotz seiner Erfolge immer wieder in andere Berufsfelder ausgewichen war, hatte er schließlich den vom Vater gegründeten Betrieb übernommen, war schließlich zum Direktor ernannt worden. Diese Veränderung in seiner realen Lebenssituation hatte schließlich auch die ambivalenten emotionalen Wünsche des Patienten aktualisiert: Im Schuldwahn hatte er sich wie ein Schwerverbrecher erlebt, der »weggesperrt werden muss«. In seinen eigenen Plänen und Handlungsabsichten erlebte sich Herr S. als ein Gescheiterter, als ob seine »Grandiosität ins Negative gewendet worden sei«. Die durch Konflikte im Beruf und in der Partnerschaft mobilisierte Aggressivität wurde projektiv abgewehrt; Herr S. fühlte sich schließlich ständig von außen bedroht, erlebte eine grundlegende Feindseligkeit aller Menschen ihm gegenüber.

Die »Lust und Last der Beziehungen« werden auch in der therapeutischen Begegnung spürbar: Herr S. fragt sich, ob er den Erwartungen des Therapeuten gerecht wird, er wünscht sich Unterstützung und Resonanz und fragt sich zugleich, wie diese Beziehungswünsche in Einklang zu bringen sind mit seinem Bedürfnis nach autonomer Gestaltung seines Lebens. Er entdeckt, wie sehr er sich abschottet (auch dem Therapeuten gegenüber) und keine Nähe zulässt, gerade im Anschluss an Stunden, in denen er sich sehr gut verstanden gefühlt hatte. Beispielsweise vergisst er dann auch, einen Termin wahrzunehmen (während er zuvor stets mit großer Pünktlichkeit und Regelmäßigkeit erschienen war). Schwankend zwischen Abschottung und Beziehungswunsch werden mit zunehmender Besserung der depressiven Symptomatik ödipale Themata aktualisiert: Herr S. erinnert die Drohungen des Vaters angesichts der »exzessiven Onanie« im Alter von vier oder fünf Jahren. Vergleichbar der damaligen Situation, in der der Vater eine Operation angedroht hatte, erlebte der Patient im depressiven Wahn, als Schuldiger die masochistische Ausgestaltung seiner Sexualität gestehen zu müssen.

Ängste werden auch im Zusammenhang mit dem Erleben aggressiver Impulse deutlicher: Der Patient fürchtet, dass er mit seiner Wut ins Leere läuft, so wie früher beim Vater, der einfach wegging und sich traurig-enttäuscht abwandte, wenn es zu Konfrontationen kam.

Herr S. erlebt die Stunden wie ein Abschiednehmen von den wichtigen Bezugspersonen seiner Vergangenheit und als Möglichkeit der Klärung seiner Position im Leben. Er spürt »einen sicheren Halt« und »gewinnt mehr Boden unter den Füßen«. Er entdeckt, dass es ihm – entgegen seiner früheren Haltung – »gut gehen darf und ich die Anklagebank verlassen darf«.

Fazit
Herr S. entwickelte im Laufe der Psychotherapie ein stabileres Selbstwertgefühl, seine rigide Über-Ich-hafte Struktur lockerte sich und es gelang ihm, dysfunktionale Bewältigungsmechanismen (negative dysfunktionale Schemata im Zusammenhang mit Selbstüberforderung und konflikthaften Bindungsmustern) durch geeignetere Kompensationsmechanismen zu ersetzen.

5.4.2 Abhängigkeitsdepression

Bei der Abhängigkeitsdepression (von Benedetti, 1987 auch als »Es-Depression« bezeichnet) wird jede Enttäuschung wie ein tiefgreifender Verlust erlebt, der die anklammernden und fordernden Tendenzen deutlich verstärkt. Typisch für diese Form der Depression ist es dementsprechend, dass die Betreffenden übermäßig viel Liebe, Aufmerksamkeit und Zuwendung benötigen. Partner und Angehörige haben oft das Gefühl: Was immer sie tun, es ist nie genug! Zwei Gruppen von Abhängig-Depressiven lassen sich unterscheiden: Die passiv Abhängigen machen sich völlig abhängig von einem anderen, sind anklammernd und fordernd. Die Gruppe der – scheinbar – »Unabhängigen« setzt den Mechanismus der »altruistischen Abtretung« ein: Sie machen sich für andere unentbehrlich und drehen somit in gewisser Weise den Spieß um, indem nicht sie die anderen Menschen, sondern diese ihre Hilfe benötigen. Sie geben also anderen das, was sie selbst gerne hätten. Deshalb überrascht es nicht, dass abhängig-depressive Menschen häufig in helfenden Berufen anzutreffen sind.

Welche Gegenübertragungsgefühle entwickeln sich oftmals in der Psychotherapie eines Patienten mit einer Abhängigkeitsdepression?

Die Haltung einer »fordernden Abhängigkeit«, an der Abhängig-Depressive auch in der Psychotherapie hartnäckig festhalten, kann auch in den Psychotherapeutinnen und Psychotherapeuten intensive Gegenübertragungsgefühle (u. a. Verzweiflung, Wut) auslösen.

Abhängig-Depressive können nun in der therapeutischen Beziehung die Erfahrung machen, dass die früher oftmals starre Sequenz von chronischer Enttäuschung, gierigem Anklammern und Wiederholung dieses enttäuschenden Beziehungsmusters veränderbar ist.

Auf diesem Wege können Abhängig-Depressive entdecken, dass die innere Lähmung und der Stillstand das Endergebnis des gescheiterten Versuches waren, die im Zusammenhang mit dem depressiogenen Grundkonflikt auftretenden schmerzlichen Gefühle und Ängste zu vermeiden (vgl. Gut, 1989).

Fallbeispiel
Frau S. ist eine 48 Jahre alte Kindergärtnerin, die schon längere Zeit in ihrem Beruf nicht mehr gearbeitet hat. An ihrem Arbeitsplatz sei es immer wieder zu Konflikten gekommen, da man ihren großen Einsatz nicht geschätzt habe, eher eifersüchtig und neidisch darauf reagierte. Sie hat einen zwei Jahre älteren Bruder, in dessen Schatten sie stets gestanden habe. Durch einen Tagebucheintrag der Mutter habe sie erfahren, dass diese sich vor der Geburt der Patientin einen Jungen gewünscht hatte. Schon in der Kindheit und Schulzeit litt sie unter Selbstwertzweifeln. Trotz guter schulischer Leistungen habe sie sich systematisch infrage gestellt. Diese Unsicherheit trug schließlich auch zum vorzeitigen Abbruch des späteren Psychologie-Studiums bei.

Nach einer erneuten Liebesenttäuschung trat im Alter von 24 Jahren erstmalig eine depressive Verstimmung auf, in deren Verlauf die Patientin einen Suizidversuch unternahm. Auch in den folgenden Jahren endeten Beziehungen oft mit großen Enttäuschungen: Die Partner wandten sich ab oder es kam zu aggressiven Übergriffen, die die Patientin an die Gewalttätigkeit ihres Vaters erinnern. Frau S. zog sich in den folgenden Jahren zunehmend von der Umwelt zurück. Dieser soziale Rückzug erweist sich als Lösungsversuch angesichts eines immer wieder aktualisierten Konfliktes: Frau S. hat einen sehr großen Wunsch nach Liebe, Geborgenheit und verlässlichen Beziehungen. Ihr enges Anklammern an den Beziehungspartner führt dabei stets zu Enttäuschungen und Trennungen. In diesem »zentralen Beziehungskonflikt-Thema« wiederholt sich die Abhängigkeit der Patientin von ihrer Mutter: Sie kämpft ständig um deren Liebe und Anerkennung, muss aber immer wieder erfahren, dass die Mutter sich nicht diesen Beziehungswünschen entsprechend verhält, sich eher dem Bruder zuwendet oder schroff auf Abstand geht.

Erst in einer späteren Psychotherapie entdeckt Frau S., dass sie gewissermaßen »auf der Lauer liegt«, darauf wartet, dass die Mutter – oder auch der Psychotherapeut – sie enttäuscht. Der Teufelskreis von idealisierender Liebe, Abhängigkeit, Enttäuschungswut und trotzigem Rückzug rückt schließlich in den Fokus der Psychotherapie. Die Patientin erkennt, dass sie sich immer wieder »geirrt« hat, indem sie das Verhalten der Mutter, die sich um die Patientin kümmerte, aufgrund ihres Alters jedoch zunehmend erschöpft war, als schroffe Zurückweisung interpretierte. Hierdurch relativiert sich auch ihre bisherige Überzeugung »Ich komme nicht an, werde vergessen oder werde zum Opfer von Hass und Mobbing, sobald man mich besser kennenlernt«.

5.4.3 Ich-Depression

Diese Form der Depression lässt sich auch als »Kontrollverlust-Angst-Depression« umschreiben: Personen, die in ihrer Lebensgeschichte häufiger die Erfahrung machen mussten, dass sie wichtige Abläufe nicht kontrollieren und bedeutsame Beziehungen nicht aktiv gestalten konnten, reagieren in akuten Krisen (z. B. bei körperlichen Erkrankungen) mit großer Hilflosigkeit. Oftmals haben solche Personen in ihrer Kindheit und Jugend wiederholt die Erfahrung gemacht, wichtigen anderen ausgeliefert zu sein, von diesen entwertet oder auch missbraucht zu werden (narzisstische und sexuelle Traumatisierung). In einem längeren Anpassungsprozess versuchen sie, entweder auf aktivem Wege (nach dem Motto »Nie wieder abhängig«) oder in eher passiver Weise sich mit der real erfahrenen Hilflosigkeit auseinanderzusetzen. Den zuletzt genannten Modus hatte Seligman treffend als »erlernte Hilflosigkeit« beschrieben.

Welche Konsequenzen hat die »erlernte Hilflosigkeit«?

In aktuellen Lebenskrisen oder in der Konfrontation mit körperlicher Krankheit neigen die Betreffenden dazu, sich völlig ausgeliefert zu fühlen, und verallgemeinern die aktuelle Situation. Die Einschätzung, früher vorhandene Fähigkeiten und Kompetenzen verloren zu haben, führt zu Schamgefühlen und zu einem massiven Verlust des Selbstwertgefühls.

Fallbeispiel
Herr M., ein 45 Jahre alter kaufmännischer Angestellter, tritt wegen zunehmender Erschöpfung und innerer Unruhe freiwillig in eine psychiatrische Klinik ein. Es wird die Diagnose einer mittelgradigen depressiven Episo-

de ohne somatisches Syndrom (ICD-10: F32.11) gestellt. Der Patient ist erleichtert, er habe nicht mehr weitergewusst. Herr M. unterstreicht, dass er stets sehr viel in seinem Leben gearbeitet habe. Die Stimmung des Patienten ist schwankend, immer wieder kommt es zu Weinkrämpfen, die für Herrn M. mit dem Gefühl verbunden sind, nichts wert zu sein und in Zukunft nicht mehr arbeiten zu können.

Aufgrund der Trennung der Eltern wuchs Herr M. während des ersten Lebensjahrs in einem Kinderheim auf und lebte bis zum sechsten Lebensjahr bei Pflegeeltern, bis zum zwölften Lebensjahr bei den Großeltern väterlicherseits. Erst anschließend habe er wieder zu seiner Mutter ziehen können; er lebt mit ihr dann in einer Art »Wohngemeinschaft« bis zum 30. Lebensjahr zusammen. Anschließend heiratete der Patient; Herr M. ist Vater von zwei Kindern.

Als »roten Faden« seines Lebens beschreibt er die »Notwendigkeit, aktiv zu sein«. Stets habe er sehr viel gearbeitet, nicht zuletzt um die Familie zu versorgen. Bei seinem vielfältigen Engagement in Familie und Arbeitsleben habe er oft das Gefühl gehabt, den Mangel und die fehlende Zuneigung in seiner Kindheit damit ausgleichen zu müssen. Im Alter von 40 Jahren wurde Herr M. wegen eines Herzinfarkts notfallmäßig in eine internistische Intensivstation eingeliefert. Nicht nur die Schmerzen, sondern insbesondere das Gefühl, anderen Menschen und seinem eigenen Körper völlig ausgeliefert zu sein, vom Tod bedroht zu sein, werde er nie wieder vergessen können. Seit diesem Zeitpunkt habe sich sein Leben vollständig geändert; er fürchte vor allem, nichts mehr selbst in der Hand zu haben.

Während der psychiatrischen Krisenintervention stellt sich heraus, dass der Patient in den vorangegangenen Jahren versucht hatte, seine erlebte Hilflosigkeit und Ohnmacht aktiv und kämpferisch mittels eines »kontraphobischen Modus« zu bewältigen. Sein rigides, kontrollierendes Verhalten führte schließlich zu zunehmenden Konflikten in der Begegnung mit den pubertierenden Kindern, die sich zeitweilig auf aggressive Weise abgrenzten, ferner auch zu dauernder Anspannung am Arbeitsplatz (Schwierigkeiten, sich abzugrenzen und vor Überforderungen zu schützen) und Spannungen in der Ehe. Das überwiegend sehr verständnisvolle und hilfsbereite Verhalten der Ehefrau löste beim Patienten eher Schuldgefühle aus und trug gelegentlich sogar zu aggressivem Verhalten bei. In diesen Situationen fürchtete Herr M., so zu werden wie sein Vater, aggressiv und fern zugleich.

Die Erfahrung alternativer Bewältigungsmechanismen in der Psychotherapie (»sich einem anderen anvertrauen zu können, ohne das Gesicht zu verlieren und enttäuscht zu werden«) trug zu einer emotionalen Stabilisierung des Patienten bei. Die Bearbeitung der Verlustängste und die Auseinandersetzung mit den ambivalenten Objektbeziehungen der Kindheit, die auch in späteren Begegnungen aktualisiert wurden, standen im Mittelpunkt der nach Austritt aus der Klinik begonnenen ambulanten Psychodynamischen Psychotherapie.

5.4.4 Narzisstische Depression

Diese Form der Depression wurde auch als »Ich-Ideal-Depression« (Benedetti, 1987) bezeichnet. Hier steht die Diskrepanz zwischen dem aktuellen Selbst und den Größenfantasien, aus denen die Betreffenden ihr Selbstwertgefühl schöpfen, im Vordergrund. Das Leben wird beherrscht von dem Gefühl der Wertlosigkeit nach dem Motto: »Ich bin nichts wert. Ich bin unfähig. Es gibt niemanden, der mich liebt und dies liegt ausschließlich an mir.« Ursprung dieses Gefühls sind überzogene Erwartungen an sich selbst und andere und eine Selbstüberschätzung (Grandiositätsgefühle), die krass von den realen Möglichkeiten abweicht. Die tiefe Kluft zwischen dem Idealbild – von sich selbst und anderen – führt regelmäßig zu Enttäuschungen und öffnet den Weg in die Depression (vgl. Will, 2001). In der Psychotherapie stellt die empathische Begleitung der Patienten und die neue Beziehungserfahrung die Voraussetzung dafür dar, Abschied zu nehmen von unrealistischen Idealvorstellungen.

Welche Funktionen haben Größenselbst und Idealisierung bei narzisstisch-depressiven Patienten? Welche Einsichten lassen sich in der Psychodynamischen Psychotherapie vermitteln?

Die Patienten erleben, wie sehr diese idealisierten Vorstellungen der eigenen Person (Größenselbst) und anderer Personen dazu gedient hatten, sich der Liebe wichtiger anderer zu versichern.

Fallbeispiel

Herr R. ist ein 43 Jahre alter, erfolgreicher Unternehmer. Er bittet um ein Vorgespräch in der Ambulanz der Abteilung für Psychosomatik und Psychotherapie einer Universitätsklinik. Zu dem vereinbarten Termin erscheint er jedoch nicht. Anstelle dessen ruft er eine halbe Stunde später an und teilt mit, er habe den Termin aus beruflichen Gründen leider nicht wahrnehmen können. Selbstverständlich werde er die nicht wahrgenommene Stunde liquidieren. Er bittet um einen neuen Termin und fragt, ob er seinen »unproblematischen Hund«, den er aus dem Tierheim habe und den er nicht allein im Auto zurücklassen könne, mitbringen dürfe.

Beim nächsten Termin betritt Herr R. mit energischem Schritt das Zimmer; er ist sportlich gekleidet, braun gebrannt, sieht gut aus. Sein Blick ist taxierend. In den Armen trägt er seinen schwarzen Pudel, den er trotz des Widerstandes des Pförtners in der Eingangshalle mitbringt. Er eröffnet das Gespräch mit dem Hinweis, er gehöre sicher nicht zu den schwerkranken Patienten, die dringend Hilfe benötigten. Diesen Menschen wolle er den Platz nicht streitig machen. Andererseits wisse er, dass er so nicht weiterleben könne.

Herr R. berichtet über die Diskrepanz zwischen seinem eigenen Erleben und der Resonanz in seinem persönlichen Umfeld. Dort gelte er als selbstsicher, unternehmerisch und durchsetzungsfähig; er selbst hingegen fühle sich in seinem »innersten Kern« oft unsicher. Er habe weder eine Frau noch Kinder noch eine feste Beziehung.

Nach einer längeren Schweigepause deutet der Therapeut die Ambivalenz von Herrn R., die auch in der Gestaltung des Erstkontaktes zum Ausdruck gekomken sei: »Auch hier haben Sie bereits deutlich gemacht, wie sehr Sie sich eine Beziehung wünschen und wie groß gleichzeitig Ihre Angst vor der Annäherung an mich ist.« Herr R. bestätigt diese Deutung nach einigem Zögern und schildert Beispiele aus seinem Leben, in denen er immer wieder in der Begegnung mit anderen Menschen, insbesondere Frauen, gescheitert sei. Zur Erklärung seines zwiespältigen Erlebens in Beziehungen weist Herr R. auf seine Lebensgeschichte hin: Als Einzelkind sei er von der Mutter »vergöttert« worden; sie habe ihn »in einem Kokon gehüllt«. Er habe alles Mögliche unternommen, um sich der Kontrolle und der Ängstlichkeit der Mutter zu entziehen, unter anderem sei er in der Schule sehr aggressiv gewesen, habe als »Teufel« gegolten. Nie habe er Schwächen gezeigt, um seine Unabhängigkeit nicht zu gefährden. Der Vater sei seinem aggressiven Verhalten gegenüber hilflos gewesen, habe ihn aus Hilflosigkeit verprügelt.

Obwohl er in seinem Beruf außerordentlich erfolgreich sei und durch seine technischen Innovationen sehr gut verdient habe, fühle er sich oft leer. Er erlebe sein Leben als sinnlos. Inzwischen wisse er, dass er mit anderen

Menschen nicht umgehen könne, er sei offenbar wie eine »Dampfwalze«. Insbesondere gegenüber Frauen trete stets das gleiche Muster auf: Er stelle Frauen auf ein Podest, erlebe sie wie »göttliche Wesen«, versuche, ihnen jeden Wunsch vom Mund abzulesen. Regelmäßig komme es dann zu Verletzungen und Enttäuschungen, »die mich umwerfen, die ich dann nicht ertragen kann«. Die jeweils erste Enttäuschung in einer Beziehung mit einer Frau löse eine heftige Wut in ihm aus, nur mit großer Mühe verliere er die Kontrolle nicht. In diesem Zusammenhang hat der Therapeut den Einfall: »Aus einem Ideal wird ein Idol. Aus einem Idol ein Popanz.« Er deutet die Wünsche des Patienten nach idealisierender Liebe. Herr R. bestätigt dies, irgendwie erlebe er seine Bedürfnisse als »unmenschlich«. Er fühle sich in allem wie gefangen, wie in einem Spinnennetz, aus dem er sich nur mit heftiger Aggressivität befreien könne.

Am Ende des Gespräches bedankt sich der Patient dafür, seinen Hund mitbringen zu dürfen, den er nicht allein lassen dürfe. Nach zwei weiteren Vorgesprächen wird schließlich eine Psychoanalytische Psychotherapie (zunächst mit einer Frequenz von zwei Stunden pro Woche) vereinbart. Die Behandlung wird im Liegen durchgeführt.

Im Verlauf der mehrjährigen Psychodynamischen Psychotherapie wurde deutlich, wie sehr das labile narzisstische Gleichgewicht des Patienten durch den Wegfall bisheriger psychosozialer Abwehrmechanismen (Anerkennung in sozialen Rollen) bzw. durch das mehrmalige Scheitern in Beziehungen gefährdet war. Herr R. hatte frühzeitig adaptive Ich-Funktionen entwickelt, um der bedrohlichen Abhängigkeit in der Mutter-Kind-Dyade zu entrinnen. Angesichts der fehlenden Triangulierung und der mangelnden Präsenz des Vaters war es ihm nicht gelungen, aggressive Impulse zu relativieren; sein männliches Selbstbild blieb brüchig. Das zentrale Beziehungs-Konflikt-Thema und die damit verbundenen Beziehungsmuster bestanden darin, andere Personen zu benutzen, wie er selbst als narzisstisches Anhängsel der Mutter benutzt worden war. Diese hatte sich ängstlich an ihn geklammert und ihm keinen Raum für eine Ablösung ermöglicht. Der »Objekt-Hunger« des Patienten ging einher mit einer ständigen Angst, in Beziehungen »verschlungen zu werden«. Dieses konfliktreiche Beziehungsmuster wurde frühzeitig thematisiert und insbesondere auch im Hinblick auf die zu erwartende Entwicklung in der therapeutischen Beziehung angesprochen. Auf diese Weise wurde es eher möglich, die – nach einer langen Phase der Idealisierung – sich einstellende Enttäuschungswut in der therapeutischen Begegnung zu integrieren. Angesichts der extremen

Beziehungsambivalenz, der Idealisierung und heftigen Entwertung durch den Patienten war der Pudel vom Beginn an eine Leitfigur und »geeignetes« Objekt der Externalisation von Liebesbedürfnissen des Patienten. Zugleich verkörperte der Pudel einen abgewehrten Selbstaspekt, nämlich den des »armen Hundes«. In der Behandlung wurde auf eine strikte Einhaltung des Settings – vor dem Hintergrund der grandios-narzisstischen Entwertungstendenzen und der Neigung zum Agieren – geachtet. Dem lag auch die Überlegung zugrunde, dass der Patient eine Verletzung des Settings als Traumatisierung seines Selbst erleben könnte.

Vor dem Hintergrund des gut entwickelten Sekundärprozesses und der Introspektionsfähigkeit des Patienten konnte Herr R. die therapeutische Arbeit in den Stunden zunehmend für sich selbst und seine Weiterentwicklung nutzen und seine zuvor vorhandene, ständige Angst vor dem Zusammenbruch überwinden.

5.4.5 Chronische Depression, Early-Onset Depression und Double Depression

Das folgende Fallbeispiel veranschaulicht eine chronische Depression mit frühem Krankheitsbeginn in der Kindheit/Jugend (Early-Onset Depression).

Fallbeispiel[1]

Beginn der Behandlung, Krankheitsvorgeschichte und wichtige biografische Aspekte
Herr D., 44-jährig, kam aufgrund einer schweren depressiven Episode mit Suizidalität erstmals in seinem Leben in psychiatrisch-psychotherapeutische Behandlung. Neben der aktuellen depressiven Episode ergab sich diagnostisch eine Dysthymia (ICD-10: F34.1) bzw. chronische Depression seit der Kindheit und Jugend (rückblickend aus der Sicht von Herrn D. etwa seit dem sechsten Lebensjahr bestehend), also beides zusammengenommen eine sogenannte Double Depression mit sehr frühem Krankheitsbeginn.

Nach dreimonatiger stationärer Behandlung mit Teilremission der depressiven Episode und sich anschließender, über ein Jahr dauernder teilsta-

---

[1] Das Fallbeispiel wurde freundlicherweise von Herrn Dr. med. Holger Himmighoffen, Zürich, zur Verfügung gestellt.

tionärer Behandlung, die lediglich eine gewisse Besserung erbrachte, wurde die Behandlung im ambulanten Setting einer Psychodynamischen Psychotherapie mit zunächst zwei und im längeren Verlauf einer Sitzung pro Woche fortgesetzt.

Herr D. wurde in Italien geboren, kam aber kurze Zeit nach seiner Geburt zusammen mit seinen Eltern und den beiden älteren Schwestern in die Schweiz. Seine Kindheits- und Jugendgeschichte ist geprägt von wiederholter und regelmäßiger emotionaler Deprivation und Vernachlässigung, einem fast kompletten Fehlen positiver Beziehungserfahrungen und wiederholten Verlusterfahrungen. Herr D. hat sich – soweit er sich zurückerinnern kann, das heißt bis zum sechsten Lebensjahr – immer als depressiv erlebt. Da beide Eltern voll arbeitstätig waren, wurde er in der Zeit von Sonntagabend bis Samstagabend von einer schweizerischen Tagesmutter in deren Familie betreut, die Schweizerdeutsch mit ihm sprach. Im Alter von vier Jahren trennte sich seine Mutter von seinem Vater. Herr D. wuchs getrennt von seinen Schwestern bei der Großmutter väterlicherseits auf, die in einer sehr ärmlichen und ländlichen Region in Süditalien lebte. Dort lebten noch ein Onkel und eine Tante von ihm. Er verstand kaum Italienisch, war sozial isoliert und erfuhr keine Zuwendung und emotionale Wärme, da die Großmutter ihn ablehnte und lediglich mit dem Nötigsten versorgte (Essen, Kleidung, Unterkunft). Nach sieben Jahren war seine Großmutter nicht mehr bereit, ihn weiter zu versorgen, und so fand sein Vater einen anderen Ort für ihn: Einen Platz in einem Waisenhaus in Norditalien. Alle anderen Kinder in diesem Waisenhaus waren zwischen sieben und neun Jahre alt und somit deutlich jünger als Herr D. (zwölf Jahre alt), was – außer einem positiven Kontakt zu einem der Priester, die das Waisenhaus leiteten – erneute soziale Isolation bedeutete.

14-jährig erlebt er eine erneute und noch massivere Enttäuschung: Die Mutter, die er seit dem vierten Lebensjahr nicht mehr gesehen hatte und in seiner Vorstellung zu einem idealen guten und rettenden Objekt geworden war, hatte ihren Besuch angekündigt. Sie erschien dann aber nicht zur vereinbarten Zeit, Herr D. wartete vergeblich über mehrere Stunden an der Bahnstation, bis er schließlich realisieren musste, dass sie nicht mehr kommen würde. Die Mutter meldete sich erst viel später, ohne eine nachvollziehbare Erklärung zu geben, warum sie nicht gekommen war. Herr D. entwickelte daraufhin – auch nach Wahrnehmung seiner Bezugspersonen im Waisenhaus – ein schwereres depressives Zustandsbild, das circa ein Jahr andauerte. Ab dieser Zeit gab er sein Vertrauen und seine Hoffnung in die

Mutter und andere Menschen auf und nahm sich vor, nie wieder enttäuscht zu werden.

Zwei Jahre später – Herr D. war 16 Jahre alt – entschied sein Vater, ihn zu sich in die Schweiz zu holen, da er nun arbeiten konnte. Sein Vater hatte ihm eine Servicetätigkeit in einem Restaurant organisiert, welches regelmäßig von Mafiosi, Kriminellen und Prostituierten frequentiert und wo er wiederholt Zeuge von Gewalttätigkeiten und Kriminalität wurde. 18-jährig zog er vom Vater weg und arbeitete in verschiedenen Restaurants. Er lebte alleine und hatte sich vorgenommen, so viel Geld wie möglich zu verdienen, um unabhängig zu sein und die Zuneigung von anderen zu bekommen, die er sonst nicht erhalten hatte. Er war in dieser Hinsicht sehr erfolgreich, da er im Verlauf der Zeit Eigentümer mehrerer Restaurants, Bars und anderer Unternehmungen wurde und sehr viel Geld verdiente. Er hatte keine Freunde oder Freundschaften und erlebte sich in Beziehungen als jemand, der keine Liebe, Zuneigung oder positiven Gefühle für andere empfinden konnte. Es gab dennoch wiederholt Frauen, die sich für ihn interessierten, und er ging eher auf ihr Drängen Partnerschaften mit ihnen ein. Er heiratete sogar einmalig eine Partnerin auf ihren sehr drängenden Wunsch hin, trennte sich aber von ihr, als er letztlich realisierte, dass er nicht in der Lage war, sie zu lieben oder ihr das an Zuwendung und Liebe zu geben, was sie von ihm erwartete.

Er hatte über die Jahre viel Geld für andere Menschen ausgegeben, die ihn um einen Kredit baten und es ihm nicht zurückgezahlt hatten. Einerseits enttäuscht von den Menschen, aber andererseits auch nicht in der Lage, dieses Geld zurückzufordern, wurde Herrn D. klar, dass das viele Geld, was er verdient hatte, ihm nicht das an guten Beziehungen, Sympathie und Zuwendung mit den damit verbundenen positiven Gefühlen gab, was er sich erhofft hatte. Er verlor das Interesse am Geldverdienen und seinen Unternehmungen und löste diese nach und nach auf. Er zog sich fast komplett sozial zurück, verließ kaum noch seine Wohnung und hielt sich dort zumeist mit geschlossenen Rollläden auf. Als er alle seine finanziellen Ersparnisse aufgebraucht hatte, beantragte er Sozialhilfe, und da er im weiteren Verlauf nach der stationären Behandlung weiter nicht mehr arbeitsfähig war, wurde ihm eine Erwerbsunfähigkeitsrente zugesprochen.

Behandlungssetting und Ablauf der Sitzungen
Es wurde eine Behandlung im Sitzen mit zwei Sitzungen pro Woche vereinbart; im Verlauf von zwei Jahren erfolgte auf Wunsch des Patienten und

5.4 Typische Verläufe der Psychodynamischen Psychotherapie ...

nach ausführlicher Erörterung mit dem Therapeuten eine Reduktion auf eine Sitzung pro Woche. Herr D. war äußerst zuverlässig und verpasste so gut wie nie eine Sitzung. Ganz im Kontrast zu der daraus zu schließenden hohen Therapiemotivation waren die Sitzungen zumeist davon geprägt, dass Herr D. nichts zu berichten hatte: »Es gibt nichts« oder »Es ist nichts passiert seit der letzten Sitzung« oder »Es ist immer gleich« oder »Wir reden immer über dieselben Dinge« und »Nichts wird sich ändern« waren häufige Aussagen von Herrn D. Auch hatte er sehr große Schwierigkeiten, sich an Dinge zu erinnern, die in der vorausgegangenen Sitzung angesprochen wurden. Fast durchgängig waren bei Herrn D. ein deutlich depressiver Affekt oder auch eine Gefühlsleere sowie eine ausgeprägte Anhedonie spürbar. Herr D. war von Negativität, Resignation und Hoffnungslosigkeit dominiert: »Alles ist negativ«, sagte er. Oder: »Ich erwarte nichts.« Er berichtete, nur negative Gefühle zu erleben und nie positive. Grundsätzlich ging er sozialen Kontakten aus dem Weg und äußerte: »Niemand interessiert mich. Die Gegenwart anderer stört mich, deshalb bleibe ich lieber alleine.«

Obwohl er sagte: »Das Beste wäre, einfach zu sterben«, kam es nicht zu weiteren suizidalen Äußerungen oder Absichten und Handlungen in diese Richtung. Auch sah sich Herr D. als nicht wichtig an. Er war und ist stets immer eine sehr freundliche und ruhige Person und er stellt nie Ansprüche an andere und schlägt Anliegen und Ansprüche anderer Menschen an ihn so gut wie nie aus. Auch drückt er niemals aggressive Gefühle anderen gegenüber aus. Er meint über sich selbst: »Ich bin nicht in der Lage, Nein zu sagen.« Demgegenüber berichtet er aber über regelmäßige abendliche aggressive Fantasien und Tagträume, in denen er eine große Anzahl unbekannter Menschen von weit entfernt erschießt oder diese mit einem Messer in einem Blutbad abschlachtet. Er beruhigt sich dann und kann einschlafen, ist aber sehr verängstigt zu schlafen und benötigt nachts permanent brennendes Licht, damit er schlafen kann. Es ist noch nie zu aggressiven Handlungen gegen andere Menschen oder Sachen gekommen; zudem leidet Herr D. an einer Blut- und Spritzenphobie.

Gewöhnlich formulierte er in den Sitzungen keine Wünsche und Erwartungen; gleichwohl konnte er formulieren, andere und positive Gefühle und auch Kontakt mit anderen haben zu wollen. Im Gespräch darum, was er denn tun müsse, um dies zu erreichen und etwas zu verändern, betonte er immer wieder, dass er nichts ändern könne und letztlich die Angst, erneut enttäuscht zu werden, ihn davon abhalte. Dieser Zustand wurde vom

Therapeuten als »ein Gefängnis mit einer offenen Tür« bezeichnet, in das Herr D. sich selbst hineingesetzt habe und das er nicht verlasse, um sich gegen erneute Enttäuschungen in Beziehungen und vor den Forderungen anderer zu schützen. Der Therapeut hob hervor, dass Herr D. neben dem Vorteil des Selbstschutzes durch dieses Gefängnis den Nachteil massivster sozialer Isolation und Separation von anderen habe und so kaum eine Möglichkeit bestünde, positive Beziehungserfahrungen zu machen und dadurch positive Gefühle erleben zu können. Trotz seines konstanten sozialen Rückzugs und der Vermeidung sozialer Kontakte kam es gelegentlich vor, dass eine Person (u. a. auch der Therapeut) eine Bedeutung für Herrn D. bekam. Darauf angesprochen wurde von ihm eine solche Bedeutung sofort negiert.

Übertragung, Gegenübertragung und therapeutische Beziehung
Neben diesen Übertragungsaspekten (Erwartungs- und Anspruchslosigkeit dem anderen gegenüber, Resignation sowie Vermeidung von emotionaler Nähe und Kontakt) wurden in der Gegenübertragung Aspekte von Herr D. spürbar, die er nicht direkt thematisierte: Das Leiden unter der Negativität und der »depressiven Leere«, das im Therapeuten immer wieder Müdigkeit und eine zeitweise Lähmung des Denkens verursachte. Sich aufdrängende Assoziationen zu diesem Gefühlszustand bestanden beispielsweise darin, einem »schwarzen Loch« gegenüber zu sitzen, das alles an aufkommender Positivität, Energie, Aktivität und hoffnungsvollem Licht verschluckte, oder sich vergeblich an einer Panzerung aus Granit mit kleinstem Werkzeug abzumühen. Gegen diese Lähmung musste der Therapeut oft aktiv Themen und Inhalte in den Sitzungen initiieren, um »am Leben zu bleiben«.

Einmal machte der Therapeut eine Aussage, die Herrn D. kurz überraschte: »Das einzig Positive ist das Negative.« Trotz des Eindrucks, dass es nichts Neues in den Sitzungen gibt und immer wieder über dasselbe gesprochen wird, ohne irgendeine Veränderung zu bewirken, kam und kommt Herr D. weiter regelmäßig zu den Sitzungen. Auf der Seite des Therapeuten besteht nicht die Tendenz, die Behandlung zu beenden, nur weil es scheinbar keine Fortschritte gibt, denn es gibt immer wieder auch Sitzungen, bei denen etwas Neues oder anderes auftaucht, was kurzzeitig positive Emotionen aufkommen lässt. Die Hoffnung ist, dass sich so im Verlauf bei Herrn D. etwas entwickelt, was nachhaltige Positivität, Perspektive und ein Erleben vermittelt, etwas verändern zu können und dann auch zu wollen.

Fazit
Am Beispiel von Herr D. wir deutlich, dass bei Patienten mit chronischen Depressionen besondere Bedingungen vorliegen, die große therapeutische Herausforderung darstellen. Als Therapeut muss man zumeist auf eine lange Zeit der Behandlung vorbereitet sein und längere Zeiträume, in denen sich nichts verändert, durchstehen können. Die für eine Depression typischen Veränderungen des Erlebens und der Wahrnehmung sowie die depressiven Modi der Verarbeitung haben sich im Falle chronischer Depression in einen dauerhaften Zustand mit beinah strukturellen Eigenschaften entwickelt.

Das Wahrnehmungsdilemma des chronisch Depressiven besteht darin, dass seine Wahrnehmung von der Umwelt und Umgebung entkoppelt und er überzeugt ist, nichts bei sich und anderen verändern oder bewirken zu können (fehlendes Erleben einer Handlungskompetenz und fehlende Kontingenzerfahrung).

Positive Veränderungen, die andere von außen wahrnehmen, werden negiert; die Offenheit für Beziehungserfahrungen, die Positives bewirken können, ist massiv eingeschränkt. Dahinter steht oftmals die Befürchtung, erneut Enttäuschungen zu erleiden und negative Beziehungserfahrungen zu machen, was der chronisch Depressive in Kindheit und Jugend allzu oft leidvoll erlebt hat. Der so entstandene »Panzer« aus rigider Abwehr und Nicht-Wahrnehmung stellt einerseits einen »Schutzmantel« dar, der vor erneuten Enttäuschungen schützen soll, wird andererseits aber auch zum zentralen Problem in der Psychotherapie, da nötige und progressive Veränderungen blockiert werden. In dieser Hinsicht ähnelt dieser Zustand zum Beispiel denen von Steiner (1993) beschriebenen »Psychic Retreats« (»Orte des seelischen Rückzugs«) oder den von Tustin (1972, 1984, 1990, 1991, 1993) beschriebenen »Autistischen Zuständen« (»Autistic States«).

Im Hinblick auf die Besonderheiten der Wahrnehmung, des Denkens und Fühlens von Patienten mit »Early-Onset Depression« (vgl. McCullough, 2006, 2008) wird die weiterführende Literatur an dieser Stelle separat aufgeführt:

Steiner, J. (1993). *Psychic Retreats: Pathological Organizations in Psychotic, Neurotic and Borderline Patients.* London: Routledge.
Tustin, F. (1972). *Autism and childhood psychosis.* London: Hogarth.
Tustin, F. (1984). Autistic Shapes. *Int R Psycho-Anal, 11,* 279–290.
Tustin, F. (1990). *The Protective Shell in Children and Adults.* London: Karnac Books.

Tustin, F. (1991). Revised understandings of psychogenic autism. *Int J Psycho-Anal,* 72, 585–592.
Tustin, F. (1993). On Psychogenic Autism. *Psychoanal Inq,* 13, 34–41.

5.5 Psychodynamische Psychotherapie bei depressiven Störungen und komorbiden psychiatrischen und somatischen Erkrankungen

Bei der Psychodynamischen Psychotherapie von Patienten mit depressiven Störungen, die darüber hinaus auch an weiteren komorbiden psychiatrischen und somatischen Erkrankungen leiden, ergeben sich spezifische Herausforderungen. Die unterschiedlichen Aspekte und Schwerpunkte, die sich in der Behandlung depressiv Erkrankter mit komorbiden Störungen ergeben, werden im Folgenden ebenfalls anhand kasuistischer Beispiele dargestellt.

5.5.1 Depressive Störungen und Abhängigkeitserkrankungen

Bei komorbiden Abhängigkeitserkrankungen ist es gerade auch im Rahmen der Psychodynamischen Psychotherapie depressiver Störungen von großer Bedeutung, den therapeutischen Fokus der Abhängigkeit und Sucht zu Beginn und im weiteren Verlauf der Behandlung zu berücksichtigen.

Fallbeispiel
Die 57-jährige Frau K. wird wegen einer schon viele Jahre bestehenden depressiven Erkrankung von einem Kollegen aus einer entfernt gelegenen Stadt überwiesen; dieser hatte sie zweieinhalb Jahre ambulant behandelt. Zu ihm wurde sie von ihrem Heimatort aus, einer anderen Großstadt, vom Chauffeur ihres Mannes, der Vorstand eines Industriekonzerns war, in unregelmäßigen Zeitabständen gefahren. Die Entfernung von circa 400 Kilometern sei jedoch auf die Dauer zu mühsam gewesen.

Im Erstkontakt wurden langjähriger Alkohol- und Benzodiazepinabusus diagnostiziert. Sie hätte damit ihre depressiven Gefühle (Leere, Lustlosigkeit, Schuldgefühle, Ängste, Schlafstörungen) überwinden wollen. Sie leide darunter, neben ihrem so erfolgreichen älteren Ehemann nichts wert zu sein, zu versagen und auch die beiden Söhne nicht auf den richtigen Weg gebracht zu haben; diese würden auf ihr respektlos »herumtrampeln«.

Zur »Anamnese« gab sie an, aus einer außerehelichen Beziehung ihres Vaters zu stammen und bei Stiefmutter und Stiefgeschwistern aufgewachsen zu sein; sie habe sich dort nie richtig akzeptiert gefühlt. Nach Abschluss ihres Kunstgeschichtsstudiums habe sie ihren 21 Jahre älteren Ehemann, der damals im Konzern schon eine hohe Position innehatte, geheiratet und versucht, dessen gesellschaftlichen Verpflichtungen im Rahmen des Industriekonzerns zu genügen. Aufgrund ihrer guten organisatorischen Fähigkeiten bei Einladungen in ihrem Hause habe sie bei den hochrangigen Gästen gelegentlich Anerkennung bekommen. Durch die Beschäftigung mit Kunstwerken, dem Kauf und Sammeln von Bildern, habe sie mühsam versucht, sich einen Bereich zu schaffen, der außerhalb des Zugriffs ihres Mannes sei, der sonst über alles bestimme. Sie fühle sich jedoch permanent unterdrückt, überflüssig, nutzlos, leide unter Ängsten und dem Gefühl, ausgeliefert zu sein.

Um eine effektive ambulante Behandlung durchzuführen, wurde zunächst eine stationäre Entgiftung vereinbart; sie willigte ein und stand sie gut motiviert und konsequent durch. Danach konnte die ambulante Psychodynamische Psychotherapie beginnen.

In psychodynamischer Hinsicht stand zunächst ein »Autonomie- versus Abhängigkeits-Konflikt« im Vordergrund. Einerseits zeigte Frau K. ein überangepasstes Verhalten, das bereits als Kind eine Überlebensstrategie war, und andererseits konnte sie Wünsche nach Abgrenzung sowie aggressive Gefühle nicht realisieren, da diese durch Ängstlichkeit blockiert wurden. Der Konflikt wurde durch eine zunehmende Gebrechlichkeit des Ehemanns akzentuiert, sie fühlte sich verpflichtet, bei ihm zu bleiben, konnte seine Nähe aber kaum ertragen. Die Suchtmittel hatten offensichtlich eine kompensatorische Funktion als Pseudokonfliktlösung, aber auch als Mittel der Selbstzerstörung.

Zunächst war es »Aufgabe der Therapie«, die Rollenumkehr in der ehelichen Interaktion bewusst zu machen. Das wurde für Frau K. sehr wichtig, denn dadurch konnte sie allmählich die Position der dominanteren Seite ohne Schuldgefühle akzeptieren. Allmählich konnte Frau K. ihre Fähigkeiten in der pflegerischen Organisation für den Ehemann als etwas positiv Kräftigendes für sich wahrnehmen. Sie fühlte sich wichtiger, weniger unterdrückt und es kam sogar zu Momenten, in denen ihr Mann Dankbarkeit zeigen konnte, was ihr Selbstwertgefühl kurzzeitig stärkte. Zurückgeworfen wurde sie jeweils, wenn einer der Söhne aus der Ferne ihr telefonisch Vorschriften machte, wie sie den Vater zu versorgen hätte. Sie fühlte sich auch schuldig, dass die längst erwachsenen Söhne keine Berufe ausübten und nur am »Geldtropf« des Vaters hingen. Ihr missfiel das sehr, aber eine klare Haltung gegenüber den Söhnen konnte sie nicht einnehmen. Sie nahm es sich vor, knickte immer wieder ein und konnte nicht »Nein« sagen, sondern tätigte am Ende doch immer wieder die Geldüberweisungen an die »Kinder«.

In der »Gegenübertragung« wurden »stellvertretend« die Wut auf die Söhne, die nur Riesenansprüche durchsetzten, sowie die Trennungswünsche vom Ehemann deutlich wahrgenommen. Infolgedessen wurde in der Therapie das zum Gegenstand gemacht, was seinerzeit schon in der Kindheit die eigene Durchsetzungsfähigkeit und Selbstbehauptung behindert hatte: Anpassung und Sichzurücknehmen hatten in der Stief-Familie eine stabilisierende Funktion gehabt. Diese Haltung hatte sich fortgesetzt und war auch in der gegenwärtigen Übertragung zum Therapeuten, »brav« die stationäre Entziehung (Alkohol, Benzodiazepine) und gefügig Anregungen und Interventionen aufzunehmen, zu bemerken. Dieser Umgang mit sich selbst auf vielen Ebenen und dessen Zusammenhang mit ihrer Verhaltensstrategie in der Ursprungsfamilie wurde der Patientin in der Psychotherapie zunehmend bewusst. Frau K. entdeckte, dass das, was damals als hilfsbedürftiges Kind positiv und überlebenswichtig war, als Erwachsene nicht mehr zeitgemäß und blockierend war.

In diesem Prozess war es sehr bedeutsam, die intellektuelle Einsicht anhand vieler Beispiele, insbesondere auch mit Bezug auf Übertragung und Gegenübertragung, emotional erfahrbar zu machen. Dies ging in der ersten Behandlungsphase mit Wutgefühlen, durchmischt von Schulderleben und Abgrenzungsverhalten, einherging. Frau K. fühlte sich sicherer, als sie entdeckte, dass sogar ihre Trennungswünsche und gelegentlichen Rachegefühle gegenüber dem immer gebrechlicher werdenden Ehemann in der Therapie zum Ausdruck kommen durften, ohne die Akzeptanz und Resonanz des Psychotherapeuten zu verlieren.

Der inzwischen bettlägerige Ehemann wurde zu Hause durch einen Pflegedienst rund um die Uhr versorgt. All das hatte sie bestens und mit viel Aufwand geregelt. Von allen Seiten (mit Ausnahme der Kinder) gab es Anerkennung, was für ihr Selbstwertgefühl sehr wichtig war. Schließlich starb der Ehemann; Frau K. konnte ihn gehen lassen mit dem Gefühl, ihm in seiner letzten Zeit viel gegeben und ihm auch etwas bedeutet zu haben. In den anschließenden Erbstreitigkeiten mit den Kindern und deren unrealistisch überhöhten Erbansprüchen konnte sie Hilfe (z. B. eines umsichtigen Testamentvollstreckers) annehmen und es gelang ihr schließlich, den Söhnen gewisse Grenzen zu setzen.

Insgesamt war ihre langjährige depressive Verstimmung in den Zeiten der Versorgung des gebrechlichen Ehemannes langsam zurückgegangen und allmählich einer aktiveren Haltung gewichen. Sie lernte nach dem Tode ihres Mannes, allein zu leben, und konnte gleichzeitig ihren sozialen Rückzug überwinden und Kontakte knüpfen. Ein Rückfall in die Einnahme von Suchtmitteln war nicht mehr erfolgt. Es gelang ihr, ihre gewonnene Autonomie auch zu genießen.

Zusammenfassend war die Psychodynamik insbesondere durch die unbewussten Aggressionen gegenüber einem dominierenden, väterlich-älteren Partner und die damit einhergehenden Schuldgefühle bestimmt. Dieses unbewusste Geschehen war vor dem Hintergrund der Biografie der Patientin als eine Reinszenierung der Beziehung zum leiblichen Vater aufzufassen. Dieser hatte sie gelegentlich in der Stief-Familie besucht, sie jedoch immer wieder verlassen und ihr die Mutter niemals zurückgebracht. Wut und Enttäuschung darüber musste sie verdrängt halten, um »lieb und brav« zu sein, damit er wiederkam und auch nur Gutes von den Stiefeltern zu hören bekam. Stattdessen entwickelte Frau K. eine auto-destruktive Haltung mit Selbstvorwürfen, Selbstentwertung und Schuldgefühlen. Die Entwicklung einer Autonomie wurde behindert durch vermeintliche »Vorteile« einer Abhängigkeit, auch bis hin zur Abhängigkeit von den genannten Substanzen.

In der niederfrequenten psychodynamischen Behandlung mit einer Wochenstunde wird eine therapeutische Begleitung möglich, die die einschneidenden Lebensereignisse (Pflegebedürftigkeit und Tod des Ehemanns etc.) einer kreativen Bearbeitung zuführen, anhand derer die »Sucht als Pseudokonfliktlösung« verlassen werden kann und an Autonomie, das eigene Leben in die Hand zu nehmen, gewonnen wird. Die Überwindung der süchtigen Fehlhaltung hatte auch damit zu tun, dass die Übertragung zum Therapeuten zunächst durch das in ihrer Lebensgeschichte tradierte Anpassungsverhalten mitgeprägt war und dass dieses im Verlauf der Behandlung als zunehmend dysfunktionaler Bewältigungsversuch erlebbar wurde.

Fazit
Die Klarheit, mit der am Anfang die Bedingung einer stationären Entgiftung und Entwöhnung mithilfe des Therapeuten durchgesetzt wurde, war hilfreich und kann sogar als ein Schlüssel zur psychodynamischen Therapie angesehen werden.

5.5.2 Depressive Störungen und Persönlichkeitsstörungen

Frau A.: Rezidivierende depressive Störung, gegenwärtig schwere Episode, Borderline-Persönlichkeitsstörung:[2]
Frau A. wurde in einer schwer depressiven Phase mit Suizidalität zur Behandlung einer rezidivierenden depressiven Störung zugewiesen. Die Patientin war gut ausgebildet, aber momentan arbeitslos. Ihre seit etwa drei Jahren bestehende Partnerschaft befand sich seit Längerem in einer Krise, eine Trennung vom gleichaltrigen Partner stand unmittelbar bevor. Frau A. fühlte sich von ihm, gerade auch während ihrer Depression, missachtet und im Stich gelassen. Sie beklagte sich zunächst heftig, ihr ambulanter Psychiater habe ihre Not nicht gesehen, ihr auch sonst nicht helfen können. Gleiches gelte für ihren Partner, der nur aus Angst vor der akuten Selbstgefährdung aktiv geworden sei.

Anamnestisch ergaben sich Hinweise auf eine starke Impulsivität. Häufig waren Stimmungsschwankungen aufgetreten sowie immer wieder auch suizidale Krisen. Frau A. hatte mehrere Suizidversuche unternommen.

Im Kontakt mit der Patientin fiel zunächst der flackernde Blick auf. Dieser wechselte schnell und unvermittelt zwischen zugewandter Freundlichkeit und misstrauischer Ablehnung. Diese Wahrnehmung war verbunden mit einer Gegenübertragung, die bestimmt wurde durch Verwirrung und Skepsis, wie die Angaben der Patientin einzuschätzen seien. Frau A. erzählte ausführlich von bisher gescheiterten Therapieversuchen, die jeweils nur kurz und oberflächlich verlaufen seien, trotz jahrelanger Schwierigkeiten und ihres wechselhaften, oft kaum auszuhaltenden Zustands. Aufgebracht berichtete die Patientin von der mangelnden Empathie der Vorbehandler, man habe sie hängen lassen, habe nicht erkannt, wie schlecht es ihr ergehe.

Die Beziehung zu ihrem Partner war in den Schilderungen der Patientin von Aggressivität geprägt, obwohl es auch immer wieder starke gemeinsam erlebte Glücksgefühle gegeben habe. Im Erleben von Frau A. war ihr Partner allerdings bösartig und letztlich schuldig an ihrem Zustand. Er sei schon seit längerer Zeit von ihr abgerückt, das sei ihr auch recht, er sei nicht mehr der Richtige.

Die Wut auf den Partner und seine Entwertung stellten gleichsam den Widerpart der Hinwendung der Patientin zum Behandler dar. In der thera-

---

[2] Dieses Fallbeispiel wurde freundlicherweise von Herrn Dipl. Psych. J. Vetter, Zürich, zur Verfügung gestellt.

peutischen Begegnung war Frau A. insbesondere zu Beginn der Psychotherapie abweisend und misstrauisch gewesen, sie griff den Therapeuten immer wieder an, hatte sich dann zunehmend geöffnet und emotionale Bedürfnisse gezeigt. Das unvermittelt wechselhafte Stimmungsbild, schwankend zwischen Anklage und Ablehnung, aber bisweilen auch von Unterwürfigkeit und Anhänglichkeit geprägt, trug in der Gegenübertragung dazu bei, die heftigen Affekte der Patientin als Signale emotionaler Not zu verstehen, nicht mit Schuldvorwürfen oder Gegenaggression zu reagieren, sondern eine konstante innere Haltung zu entwickeln, die dem spürbaren Leiden der Patientin einen Raum gab, in dem ihr schmerzhaftes Erleben und ihre Minderwertigkeitsgefühle aufgehoben wurden.

Die Gefühle in der Gegenübertragung waren von Anspannung begleitet, ohne zunächst zu verstehen, weshalb. Stets »lag etwas in der Luft«, sodass der Psychotherapeut immer auf der Hut war, nicht etwas Falsches zu sagen, nicht den Kontakt zur Patientin zu verlieren. Dies ließ den Behandler bisweilen hilflos, aber auch wütend aufgrund eines Gefühls, ausgenutzt zu werden, zurück. Nach einiger Zeit reagierte Frau A. offener und positiv. Allerdings schien der Effekt dieser Annäherung in der nächsten Sitzung wie weggeblasen zu sein.

Die Selbstbeschreibung der Patientin war oft diffus und widersprüchlich, mit wenig Bezug zu Vergangenheit und Herkunft. Frau A. redete kaum über sich, mehr über ihren Zustand, der hauptsächlich durch andere verursacht sei. Auch gelang es ihr dabei kaum, eine Grenze zwischen eigenen Persönlichkeitsanteilen und denen anderer zu ziehen. Das Bild von anderen war überwiegend negativ, teilweise blieb es völlig vage.

Der Rückblick auf das eigene Leben war geprägt von einem Gefühl der Leere, einer Anspannung, die sich in hysterisch aufgeladener Nachahmung anderer Personen, respektive deren Affekte, bisweilen zu entladen schien. Frau A. wirkte sich selbst gegenüber fremd, schien manchmal fast kindlich etwas über sich und die Welt lernen zu wollen. In diesem Zusammenhang achtete der Therapeut besonders darauf, die schrittweise Auseinandersetzung mit der eigenen Person und die Autonomieentwicklung zu fördern.

Ein wesentlicher Behandlungsfokus bestand darin, Frau A. bei der Entwicklung eines kohärenteren und realistischeren Bildes von sich selbst und von anderen zu unterstützen, die eigenen Affekte und Impulse einzuordnen und schrittweise zu regulieren. Die zunächst idealisierte und nun entwertete Beziehung zum Partner konnte mit Frau A. gemeinsam auch im Zusammenhang mit der therapeutischen Beziehung und dem Wechsel von

Anlehnungswünschen, hohen Erwartungen und häufigen Enttäuschungen betrachtet werden. Frau A. konnte schrittweise nachvollziehen, dass ihre eigenen Vorstellungen in Bezug auf andere sich widersprachen und sie selbst unterschiedliche Gefühle voneinander getrennt hielt. Die während dieser Behandlungsphase auftretende Angst der Patientin konnte gemeinsam gehalten werden. In dieser Behandlungsphase wurde es auch möglich, in gemeinsamen Gesprächen mit dem Partner die geronnene Vorwurfshaltung zu relativieren und Verantwortung zu übernehmen für eigene Anteile in den Auseinandersetzungen.

Frau A. berichtete von schwierigen Kindheitserfahrungen mit einer sadistischen Mutter und einem abwesenden Vater. Die Bindungen zu beiden erlebte sie als unsicher, sie habe sich dennoch nie ganz ablösen können. Die Gefühle der Trauer darüber waren zu Beginn der Behandlung unterdrückt. Nach längerer Behandlungszeit konnten erste vorsichtige Deutungen abgespaltener Selbst- und Objektbeziehungsanteile vorgenommen werden, ohne dass die Patientin dadurch destabilisiert wurde oder sie zu ihrer früheren Entwertungshaltung gegenüber dem Psychotherapeuten zurückkehrte.

Im weiteren Verlauf stabilisierte sich der emotionale Zustand der Patientin zunehmend und die Restsymptome der Depression klangen ab. Frau A. konnte sich adäquater mit ihrer Vulnerabilität für Depressionen in Krisensituationen und bei Verlusten auseinandersetzen, ohne sich selbst oder andere abkanzeln zu müssen. Auch entwickelte sich die Beziehung zu ihrem Partner und zu anderen Bezugspersonen überwiegend positiv. Im Zusammenhang mit der Auseinandersetzung um ihre »Entweder-oder-Haltung« und das Oszillieren ihres Beziehungsverhaltens zwischen Nähewunsch und Verachtung fühlte sich die Patientin verstanden und war schließlich motiviert, diese konfliktuösen Persönlichkeitsanteile im Rahmen einer sich anschließenden, auf die Behandlung ihrer Borderline-Persönlichkeitsstörung fokussierenden ambulanten Psychotherapie zu bearbeiten.

5.5.3 Depressive Störungen und PTSD

Fallbeispiel[3]
Herr M. ist 1926 geboren und war bei einer staatlichen Behörde beamtet, die Außenkontrollen durchführt. Zwei ambulante Psychotherapien in den

---

[3] Dieses Fallbeispiel wurde freundlicherweise von Herrn Prof. P. Hartwich, Frankfurt am Main, zur Verfügung gestellt.

letzten zehn Jahren waren ohne Erfolg. Nach einem stationären Aufenthalt in einer neurologisch-psychiatrischen Klinik kommt er jetzt mit 67 Jahren regelmäßig in die ambulante psychodynamische Behandlung. Auf mehr als 14-tägige Frequenz kann er sich zunächst nicht einlassen.

Seit Jahrzehnten ist er von innerer Unruhe geplagt, deswegen hat er sich angewöhnt, täglich mehrere Kilometer zu wandern, was ihm Besserung verschafft. Seit zwei Jahren ist die vor allem morgendlich betonte depressive Verstimmung mit Angst und Agitiertheit stärker geworden, abends ist es in der Regel besser. Seine Primärpersönlichkeit hat eine anankastische Note, so muss er zum Beispiel mehrfach zu seinem Auto zurückgehen, um zu kontrollieren, ob er es auch wirklich abgeschlossen hat. Seine Genauigkeit und sein ständiges Überprüfen kamen seiner beruflichen Tätigkeit sehr zugute.

Der Vater verstarb früh in den Kriegswirren. Der innere Vater ist als aufrecht, überkorrekt, streng mit klaren Moralvorstellungen und häufig abwesend verankert. Auch in den regelmäßigen Therapiesitzungen, zu denen er immer pünktlich und korrekt erscheint, vermeidet er, Näheres über den Vater mitzuteilen (Abspaltung).

Die Mutter hatte seit der Bombardierung ihrer Heimatstadt im zweiten Weltkrieg häufig Wein- und Schreikrämpfe. Er hatte ein gutes Verhältnis zu ihr; sie verstarb ebenfalls früh, schon kurz nach dem Krieg. Die innere Mutter ist eine gütige, aber unsichere Frau, wenig Halt gebend. Geschwister gab es keine.

Die Ehefrau ist ehemalige Leistungssportlerin und Finanzbeamtin, mit ihr besteht ein inniges symbiotisches Verhältnis, ohne Kinder.

In der Psychodynamik fallen im Modus der Abwehr seine Affektisolierung, Rationalisierung und Intellektualisierung als »reifere« und Abspaltung sowie Somatisierung als »unreifere« Abwehrmechanismen bei einer mäßig integrierten Struktur auf. Ein »Wegspülen« des Über-Ichs gelang und gelingt ihm durch einen kleinen Vorrat an Cognacfläschchen in seinem Schreibtischfach, die er bei Bedarf an der Arbeitsstelle oder im Außendienst mit gutem subjektivem Erfolg einsetzte. Er betont, dass ihm ein oder zwei Glas Bier ebenfalls gegen die gedrückte Stimmung, die mit der Angst verbunden ist, helfen würden. Seiner anankastischen Persönlichkeit folgend sagt er: »Ich kann aber nicht schon morgens mit Bier anfangen.« Insbesondere an sonnigen Tagen ist die ängstliche Bedrückung besonders ausgeprägt, bei dunklem schlechtem Wetter geht es ihm regelmäßig besser; denn Sonnenstrahlen kann er nicht ertragen.

Medikamentös wird als »Ersatz« für Alkohol das trizyklische Piperazinderivat Opipramol (50 mg) und zur Nachtruhe Doxepin (50 mg) angeboten, beides verträgt er zunächst gut.

Seine »Übertragung« ist idealisierend mit selbstverständlicher Folgsamkeit und auf Distanz haltend. In der »Gegenübertragung« kommt bei dem »brav« wirkenden Patienten das Gefühl auf, immer wieder gegen eine Wand zu laufen. Insbesondere wenn er weitgehend bei Körperkrankheiten verweilt, Darmbeschwerden, Blutdruckerhöhung, Kopfschmerz, Schwindel, Hauterkrankung, Tremor der rechten Hand, Zahnprobleme, übermäßiges Schwitzen und schließlich Verstopfung.

Seine Ablenkung und die Beschäftigung des internistischen Kollegen scheinen aus einer inneren Notwendigkeit des Sich-schützen-Müssens zu kommen; diese wird ihm dergestalt nahegebracht, dass er wohl diese Absicherung der körperlichen Seite einfach brauche, dass es ohne dieses für ihn nicht gehe und damit Patient und Psychotherapeut dieses nun mal zunächst so akzeptieren müssen.

Nach einigen Stunden kommt es zu einer Serie von Träumen: Kriegserlebnisse, Panzer, Ostfront. Er assoziiert, dass der Krieg die Verunsicherung par excellence sei. Etwas Schlimmeres, als was er da erfahren habe, gäbe es nicht. Er berichtet in der Folge, dass er mit 17 Jahren Soldat werden musste und Schrecklichstes an der Ostfront erlebt habe. Eine Weile kann bearbeitet und emotional in Grenzen wiederbelebt werden, was er in seinen Erinnerungen eingeschlossen hatte.

Danach kommen wieder viele Stunden der Klagen über Körperbeschwerden, aber auch nunmehr verstärkt zu Depression, Unsicherheitsgefühlen und Angst. Letzteres war nun stärker in den psychischen Raum getreten.

Herr M. berichtet nach einigen weiteren Stunden Angst- und Alpträume. Zum Beispiel: er kann nicht weglaufen; er kann dem dienstlichen Druck nicht genügen; ein LKW fährt in seinen Raum und schiebt ihn weg. Er assoziiert eine überwältigende Kraft, die ihn wegreißt. Dann spricht er über die Zeit seiner dreijährigen Kriegsgefangenschaft in Belgien, wo er im Bergwerk unter Tage arbeiten musste, man habe im Freien kampiert, ständig Hunger gehabt und es habe immer wieder Tote gegeben. Da er schon als Jugendlicher Angst in engen Räumen gehabt hatte, war für ihn die harte Arbeit im Kohlenbergwerk eine extreme Belastung, da er täglich in die Grube einfahren und in den engen Stollen arbeiten musste. Es war sehr staubig, man konnte wenig sehen und war nicht geschützt. Häufig litt er unter Panikzuständen, aber als Kriegsgefangener hatte er keine Wahl. Nach der Entlassung und auch bis heute war es nicht üblich, darüber zu reden. In der Therapie wurde Gegenstand, dass dieses spezielle persönliche Leid nie gesellschaftliche Anerkennung gefunden hat. Die Chance, jetzt über die in sich verkapselte Traumatisierung sprechen zu können, Leid und Angst in den Sitzungen ein wenig erlebnisfähig zu machen, konnte er nur im geringen Maße wahrnehmen. Affektisolierung und Rationalisierung überwogen. In der Gegenübertragung wurden diese Schutzmechanismen als notwendig und nicht weiter hinterfragbar akzeptiert.

Bei dem Pensionär war es in den Jahren zuvor bei besonderen Anlässen, die im Voraus heftige Unruhezustände ankündigten, gelegentlich zur Verordnung von Diazepam-Tropfen als »prophylaktische Notfallmedikation« in Eigenregie gekommen. Die gute Wirkung veranlasste, bei dem anankastischen und äußerst verlässlichen Patienten eine zusätzliche niedrig dosierte Dauertherapie mit Bromazanil anzusetzen.

Die heutige Medikation von Melleril (Thioridazin) 25 mg und Bromazanil 6 mg sowie kurze Gespräche alle sechs bis acht Wochen reichen aus, um den inzwischen 90-jährigen Patienten über viele Jahre so zu stabilisieren, dass eine angemessene kontinuierliche Lebensqualität gegeben ist.

5.5.4 Depressive Störungen und Essstörungen

Frau A.: Depression (F32.3) und Anorexia nervosa (F50.0):[4]
Die 46-jährige Frau A. wird nach achtwöchigem Aufenthalt aus einer psychosomatischen Klinik entlassen, die diagnostischen Angaben lauteten schwere neurotische Entwicklung, erhebliche depressive Verstimmung, chronifizierte anorektische Reaktion, maligne Hysterie und zeigten offensichtlich Einflüsse unreflektierter Gegenübertragung.

Nach kurzem ambulantem Behandlungsversuch erfolgte eine hiesige stationäre Therapie von sieben Monaten. Im Vordergrund stand eine »schwere Depression mit Verarmungsideen«, sie habe kein Geld, keine Kleider mehr, müsse allein nackt auf der Straße verhungern. Diese depressiven Wahnideen wurden unbeirrbar monoton repetiert, Gewicht: 45 kg bei 172 cm. Nahrung wurde wenig und nur gezielt aufgenommen. Vermie-

---

4 Dieses Fallbeispiel wurde freundlicherweise von Herrn Prof. P. Hartwich, Frankfurt am Main, zur Verfügung gestellt.

den wurden hochkalorische Speisen bei Angst, zu dick zu werden (F50.0) Nach Entlassung erfolgte eine regelmäßige ambulante Psychodynamische Therapie über viele Jahre.

Sie hatte technische Zeichnerin und Sekretariat gelernt, war rechte Hand des Chefs in einem Ingenieurbüro. Kurz vor der ersten stationären Behandlung war sie wegen mehrfacher Diebstähle von Seife und anderen Reinigungsmitteln aus ihrem Betrieb entlassen worden (Kleptomanie bei Anorexia nervosa).

Frau A. war im Krieg (1941) geboren, älteste von drei Geschwistern, die Familie war sehr arm, man musste an allem sparen. Der Vater verdiente wenig in einer Eisengießerei. Er soll auch depressiv gewesen sein. Die Mutter, die Buchhändlerin war, konnte nur gelegentlich hinzuverdienen; die Mutter war äußerst dominant, demonstrierte häufig ihre Überlegenheit gegenüber dem Vater. Sie wusste genau, was für die Tochter gut und richtig war (Kleidung etc.) und bestimmte alles in der Familie. Schon mit 16 Jahren kam es bei der Patientin zu ersten anorektischen Reaktionen, die unter anderem ein unreifer Versuch waren, sich abzugrenzen. Die unbewusste Aggression gegen die Mutter durfte nicht gelebt werden, außer unbewusst beim Essen, ansonsten war sie brav und angepasst.

Mit 22 Jahren lernte sie ihren Mann kennen; er war groß, übergewichtig, eine fröhliche und außerordentlich dominante Person. Auch er wusste am besten, was für seine Frau gut und richtig war. Man verzichtete auf Kinder, da man ihnen diese Welt nicht zumuten wolle.

Man lebte nach der Heirat im oberen Stockwerk im Hause mit den Schwiegereltern; diese bezeichneten Frau A. als das »Arme-Leute-Kind«. Schon nach einigen Ehejahren kam es wiederum zu verstärktem anorektischem Verhalten, was als einer der ungenügenden Abgrenzungsversuche gegenüber dem Ehemann, der gute Speisen gern im Überfluss genoss, zu verstehen war. Im weiteren Verlauf fühlte sie sich immer mehr von der geliebten Person erdrückt. In dieser Ambivalenz konnte sie sich nicht adäquat behaupten, sondern wurde depressiv vermischt mit zahlreichen Körpersymptomen, die immer wieder zur Veranlassung für ärztliche Untersuchungen wurden, jedoch ohne pathologische Befunde waren. Psychodynamisch gesehen, kümmerte sich der Erfolg verwöhnte Ehemann aufopfernd, konnte aber bei ihr immer weniger erreichen.

In der Therapie schien die Patientin zeitweise introspektionsfähig und konnte ihre Wut gegen den Ehemann spüren und die multiplen körperlichen Leiden manchmal damit in Verbindung bringen. Eine Besserung trat jedoch über lange Zeit nicht ein, da ihr das Aufgeben der Symptomatik ein Aufgeben ihrer selbst gewesen wäre. Diese auf ihrer Strukturschwäche beruhende Abwehr und der damit verbundene Widerstand hinterließ in der Gegenübertragung ein ohnmächtiges Gefühl. Eine adäquate Autonomieentwicklung schien neben dem einengenden Partner nicht möglich. Eine Trennung von dem geliebten Mann, dem sie so viel zu verdanken hatte, kam ihr niemals in den Sinn. Schuldgefühle, Autoaggression in Form von Depression und Körperqual haben lange Zeit ihr Leben und die Psychotherapie bestimmt. Die anhaltende Aussichtslosigkeit mündete immer wieder in depressive Selbstzweifel und der überwertigen Idee, alles zu verlieren, völlig zu verarmen und in Bälde nackt auf der Straße zu verkommen.

In der »Übertragung« erfolgte eine Überhöhung des Therapeuten, bei dem sie brav alles mitmachte und gelegentlich aus ihren Träumen berichtete: In einem der Träume sah sie ihren Mann unter der Guillotine, wie das Fallbeil herunter sauste. In der naheliegenden objektstufigen Deutung wurde ihr das Ausmaß ihrer Aggression fast etwas bewusst, gefolgt allerdings von massiven Schuldgefühlen und Nackenschmerzen.

In der »Gegenübertragung« wurde die Reinszenierung deutlich, wie die Mutter einst und wie vor allem der Ehemann jetzt vieles unternommen hatten, aber nichts erreichen konnten. Ein zur Aktivität drängendes und ein gleichzeitig lähmendes Gefühl bestimmte die Gegenübertragung über lange Zeit als Spiegel dessen, was in der Patientin vorging.

Nach weiteren Jahren ergab es sich, dass der zuckerkranke und übergewichtige Ehemann plötzlich wegen einer arteriellen Verschlusskrankheit der Beine notoperiert werden musste. Dabei wurde deutlich, dass seine gesundheitliche Situation auf Dauer als kritisch eingestuft wurde. Er fing an, sich an seine Frau zu klammern, sie sollte immer erreichbar und möglichst ständig bei ihm sein. In der Therapie konnte über viele Stunden vorwegnehmend bearbeitet werden, dass eine Rollenumkehr bevorstand, indem die Patientin mehr und mehr seine Versorgung und die Regelung der Dinge übernehmen würde.

Doch über geraume Zeit war sie immer noch nicht in der Lage, ihren Überlegungen und Entscheidungen ihm gegenüber Gehör zu verschaffen. So gab sie zum Beispiel gegen ihre Überzeugung und besseres Wissen doch ihre Unterschrift, als sich ihr Mann von einem Bankberater zu einer spekulativen und unsicheren Geldanlage überreden ließ. Ihre zaghaften Einwände wurden als »schwarzseherisch« entwertet. In der Folge litt sie unter heftigen Kopf- und Nackenschmerzattacken und konnte eine Zeit lang morgens nicht aufstehen, weil ihr der Antrieb fehlte. Etwas entspannter wurde die Situation, als auf Rat des ärztlichen Gefäßspezialisten ein Hund angeschafft wurde. Die kontinuierliche Dichte der Beziehung wurde durch tägliche Spaziergänge des Ehemannes mit dem Hund zwecks Training seiner Beingefäße etwas aufgelockert. Dem Tier, als dem gemeinsamen Dritten, wurde eine Funktion zuteil, die psychodynamisch gesehen (Übergangsobjekt für beide) die pathologische Symbiose manchmal sogar etwas humorig auflockern konnte.

Als die Gefäßkrankheit des Ehemannes zunahm, er allmählich unbeweglicher wurde und sich auch zerebrale Beeinträchtigungen einstellten, übernahm Frau A. doch immer mehr organisatorische und auch finanzielle Angelegenheiten. Sie erinnerte sich langsam, wie sie früher als »rechte Hand« ihres Chefs doch in der Lage gewesen war, Verantwortung zu übernehmen und Entscheidungen zu treffen.

In der Therapie wurde nicht nur die Rollenumkehr, dass sie nun die Stärkere sein musste, sondern auch die Bedeutung der Kontrolle der finanziellen Verhältnisse (zwei Häuser, Erbschaft, Aktien, Wertpapiere, ausgeliehenes Geld etc.) bearbeitet. Ihr Selbstwertgefühl wuchs auch gegenüber dem Ehemann; sie lernte seine Dankbarkeit anzunehmen. Der Entwicklungsprozess, den sie durchmachte, war nicht ohne Schuldgefühle und Schwierigkeiten. Sie hatte ihn eng bei sich, kontrollierte zwar das Miteinander zunehmend, fühlte sich aber nach wie vor erdrückt. Ihr Wunsch, mal etwas für sich zu unternehmen, wurde blockiert, es könne ihrem Mann gerade dann etwas passieren. Die in dieser Vorstellung enthaltenen Wut- und Aggressionsgefühle konnten aufgrund des Ausmaßes ihrer Strukturschwäche in der Therapie nicht ausreichend bewusst gemacht werden, der Widerstand war zu groß und schützte sie.

Ein kardiales Ereignis veranlasste eine stationäre Aufnahme des Ehemannes, der dort trotz bester kardiologischer Betreuung, wie sie immer wieder betonte, unerwartet verstarb. Das Entsetzen der Patientin und auch die Fantasie, das Ereignis rückgängig machen zu können, war zunächst groß. Frau A. konnte jedoch bald religiösen Beistand und professionelle Trauerbegleitung zusammen mit den dichter gelegten Psychotherapiestunden annehmen und im Rahmen dessen intensiv trauern. Nach etwa einem halben Jahr war sie in der Lage, einen Grabstein zu kaufen und einige Gegenstände ihres Mannes aus der Wohnung auszusortieren, zum Beispiel einen Waffenschrank mit kostbaren Jagdgewehren etc. Psychodynamisch überwog das positive Gefühl zum geliebten Mann, dessen Grab in der Nähe war und den sie dort immer »fragen« konnte, wie sie entscheiden solle. Es half ihr, ihn nur noch zu idealisieren, die Realität stand ihr nicht mehr im Wege.

Ihre Aktivität wuchs, sie verkaufte die beiden Häuser, in denen ohnehin nur Mieter waren, die Probleme machten, sie ordnete die finanziellen Verstrickungen und gewann so Übersicht und Kontrolle über ihr Vermögen. Sie konnte jetzt die Diskrepanz zu den einstigen überwertigen Verarmungsvorstellungen sehen und ihre gewonnene Stärke als gewachsenes Selbstbewusstsein in sich zulassen. Im religiösen Kontext spendete sie einer Kirche in Bosnien größere Geldmittel, womit dort eine neue Orgel gebaut und Restaurierungen des Kirchengebäudes vorgenommen werden konnten. Die Einladung dorthin und die Anerkennung durch die dortige Gemeinde konnte sie genießen und zeigte stolz Fotos in den Therapiestunden.

Jetzt, vier Jahre nach dem Tod des Ehemannes, wird es ihr noch vertiefter möglich, die psychodynamischen Aspekte der Angst vor den eignen aggressiven Impulsen zu erkennen und damit die gleichzeitige Furcht, die Liebe des begehrten Objektes zu verlieren. Im Rückblick überrascht sie mit einem vertieften Verständnis der Zusammenhänge mit ihrer chronischen Depression mit Antriebsverlust, Niedergeschlagenheit, Unruhezuständen, Schlafstörungen und körperlichen Symptomen. Die Verschränkung der im Jugendalter aufgetretenen Anorexia nervosa, die auf erhebliche Strukturschwäche hinweist und die – unbehandelt – spätere Entwicklungsschritte pathologisch mitgeformt hat, mit der schweren und chronisch depressiven Erkrankung hat eine entsprechend lange Zeit der Psychodynamischen Therapie beansprucht. Geblieben ist bei der hageren Frau in der psychodynamischen Langzeitbehandlung eine anorektische Note, die sich in Auswahl und Zurückhaltung beim Essen bemerkbar macht.

5.5.5 Depressive Störungen und chronische Schmerzstörungen

Die Behandlung von depressiv Erkrankten, die zusätzlich an einer – oftmals lange Zeit bestehenden – Schmerzstörung leiden, erfordert häufig die Zusammenarbeit des Psychodynamischen Psychotherapeuten mit weiteren Spezialisten für die Schmerzbehandlung (z. B. Internisten, Rheumatologen, Orthopäden). Die Besonderheiten einer solchen Behandlung werden beispielhaft an dem Verlauf einer Patientin mit chronischer Depression und chronischer Polyarthritis dargestellt:

Fallbeispiel

Frau S., eine 1935 geborene Juristin (55 Jahre), war bisher tatkräftig und beruflich äußerst erfolgreich. Sie klagt über eine seit drei Monaten bestehende und zunehmende Antriebsarmut mit Konzentrations- und Leistungsstörungen sowie über panikartige Angstzustände. Bei der Untersuchung ist die Patientin depressiv verstimmt, es besteht das Gefühl der Gefühllosigkeit. Der formale Gedankengang ist verlangsamt, stockend mit Wortfindungsstörungen; inhaltlich kreisen die Gedanken um Angst und Insuffizienz.

Auch in früheren Jahren hat es rückblickend ähnliche Zustände gegeben, aber nie so schlimm und sie hat es ohne Behandlung durchgestanden.

Aus der Familie wird bei der Schwester des Vaters eine manisch-depressive Erkrankung angegeben.

Schon seit vielen Jahren leidet Frau S. an multiplen, starken Gelenkschmerzen. Rheumatologischerseits wurde die Diagnose einer chronischen Polyarthritis gestellt. Am stärksten befallen sind die Kniegelenke, sodass die Patientin in ihrer Beweglichkeit erheblich beeinträchtigt ist. Die über Jahre bestehende Behandlung erfolgt mit Analgetika, zeitweise mit Glukokortikoiden; Methotrexat musste wegen Nebenwirkungen abgesetzt werden.

Nach einem sechswöchigen stationären psychiatrischen Aufenthalt, bei dem sie thymoleptisch und psychotherapeutisch behandelt wurde, erfolgte eine mehrere Jahre dauernde ambulante Psychodynamische Therapie mit durchschnittlich einer Wochenstunde.

Frau S. berichtet, die Eltern hätten heiraten müssen, weil sie unterwegs war. Ihre hysterische Mutter habe sich nur um sich selbst gekümmert und mit vielen körperlichen Leiden, insbesondere des Herzens, die Familie tyrannisiert. Frau S. wurde schon als Kind von ihr abgelehnt. Der Vater hatte versucht, das zu kompensieren, ist aber Ende des Krieges umgekommen, als sie zehn Jahre alt war. Aufgewachsen ist sie zunächst in dem Teil Deutschlands, der heute Polen ist, erst bei Kriegsende hat sie mit der Mutter und weiteren Familienmitgliedern auf abenteuerlichem Wege nach Westdeutschland vor den einmarschierenden Russen fliehen müssen. Der Abschied war ganz plötzlich gewesen und sie hat die Wirren der Flucht nur bruchstückhaft in Erinnerung. Nach der Schulzeit: Jurastudium, Heirat, zwei Kinder, Scheidung, Sorgerecht für die Kinder im Schulalter.

Sie hat oft Angst, dass die Depression wieder so schlimm werden könne, sie spricht von Angst vor Herzinfarkt und musste wegen entsprechend dramatischer Symptome mehrfach intensivmedizinisch untersucht werden.

Die thymoleptische Basismedikation wird angepasst und mit der Kortisonbehandlung abgestimmt. Bei den Therapiegesprächen stehen Klagen über Schlafstörungen, Konzentrationsschwäche und Antriebsverminderung zunächst im Vordergrund; die Arbeit sei zu mühsam, die inzwischen erwachsenen Kinder würden sich von ihr abwenden und ihre Mutter veranstalte ein »absurdes Theater«, bei dem ihr der eigene Hund das wichtigste sei.

In der »Gegenübertragung« wird eine starke Klammerungstendenz deutlich; es kommt trotz guter Introspektionsfähigkeit einer Patientin, die nicht trauern kann, ein lähmendes, versteinertes Gefühl auf, mit dem Akzent, in der Therapie sehr behutsam sein zu müssen. Sie selbst bietet intellektualisierend die Deutung an, die chronische Polyarthritis sei im Sinne einer Selbstzerstörung psychisch verursacht, was sie jedoch relativiert, als nicht entsprechend darauf eingegangen wird. Auffällig ist die Abwehr: Immer wenn Belastendes vertieft oder gar Leibempfindungen nachgegangen werden soll, reagiert sie mit Schmerzen oder lenkt ab; infolgedessen füllen Schilderungen über Gelenkbeschwerden und Arztbesuche oft die Therapiestunden.

Nach vielen Monaten schildert sie einen Traum: »Ich hatte mein Herz verloren, es war aus dem Körper abhandengekommen, ich müsste ein Herz eingepflanzt bekommen, habe merkwürdige Bündel in der Hand, helles Fleisch mit Hühnerfedern, leblos; dieses Herz einzupflanzen, lohnt nicht, es ist nicht lebensfähig.« Ihre Assoziationen beziehen sich auf der objektstufigen Deutungsebene zunächst auf die schmerzliche Scheidung, auch darauf, dass die Kinder sich von ihr abwenden, sowie auf die nicht gelebte Wut gegen Ehemann und Mutter. Mehrere Sitzungen später gelingt eine weitere Beschäftigung mit dem Traum mit dem Versuch, auf die subjektstufige Deutungsebene zu kommen. Es werden darunterliegende Gefühle der Todesangst und der grauenvollen Vernichtung genannt. Hierzu erinnert sie ein Schlüsselerlebnis: Als sie sieben Jahre alt war, hat sie Gespräche ihrer Eltern belauscht, der Vater berichtete vom Lager in Auschwitz, denn sie wohnten ganz in der Nähe. Er hatte von den Tötungen und den Verhältnissen im Lager erzählt, die Mutter war entsetzt und beide hatten sehr betroffen gewirkt. Sie hatte nie mit den Eltern über das Belauschte gesprochen, aber nun etwas besser verstehen können, wenn die Erwachsenen diesbezügliche Andeutungen machten.

Das Ungeheuerliche der grausamen Geschehnisse, die Unfassbarkeit und vor allem die Unmöglichkeit der Psyche, die Vorstellungen, die mit dem Gehörten verbunden wurden, zu verstehen oder irgendwie einordnen zu können, machte die innere Erstarrung deutlich. Die Patientin bezog diese auch auf das ihr bekannte Gefühl des Gelähmtseins.

In den Therapiestunden ging es nun um die Einsicht, dass das »Fassungsvermögen« der menschlichen Psyche begrenzt ist und das Überrolltwerden von einem Zuviel des Unfassbaren eine innere Versteinerung nach sich ziehen kann. Zunächst ging es bei der Bearbeitung um eine Abstrahierung und »Kollektivierung« anhand von Beispielen aus der Menschheitsgeschichte: So sagte in der biblischen Geschichte Lot zu seiner Frau, als sie aus dem brennenden Babylon flohen: »Dreh dich nicht um.« Als sie es doch tat und das endlose Grauen der Zerstörung wahrnahm, erstarrte sie zur Salzsäule. Die psychische Erstarrung wurde in der Therapie als eine Schutzfunktion vor völliger Vernichtung interpretiert, was von der Patientin angenommen werden konnte. Das nächste kollektivierende Beispiel war die Perseus-Sage: Niemand konnte die schreckliche Medusa ansehen, ohne sofort zu Stein erstarren. Perseus konnte sie bezwingen, indem er einen Umweg ging, er reflektierte die Medusa in seinem spiegelnden Schild, analog wie wir es in der Psychodynamischen Therapie versuchen. Die Patientin konnte die Angebote insofern annehmen, indem sie zum Beispiel sagte, viele in ihrer Generation würden wohl diese Versteinerung in sich tragen müssen.

In ihrem Urlaub unternahm sie eine Gruppenreise nach Israel trotz körperlicher Beeinträchtigungen.

Nach dieser Pause wurden Erlebnisse von Flucht, Angst, Chaos und Zusammenbruch bei Kriegsende wiederbelebt, was mit starker Betroffenheit und erstmals mit Trauer einherging. Die Fähigkeit, Trauer zulassen zu können, stellte eine neue Qualität in ihrer Entwicklung dar. Dieses veränderte Erleben verstärkte sich noch einmal, als es um den Verlust des Vaters und die Erkenntnis ging, von der Mutter niemals richtig wahrgenommen worden zu sein. Verlust von Heimat und Ehemann und die Erkenntnis, dass ihre Kinder sich von ihr abwandten, weil sie selbst zu stark klammerte, führte in den Therapiestunden zu einem »Meer von Trauer«, in welchem ihr Herz, wie im Traum symbolisiert, herausgenommen und ihr nicht mehr ersetzbar schien.

Fazit
Durch das genannte Schlüsselerlebnis und den sich daran anschließenden emotionalen Prozess und dessen Bearbeitung konnte die innere Erstarrung mancher Gefühle besser als notwendiger und stabilisieren-

der Schutzmechanismus verstanden werden. Ein wichtiges Ergebnis der Psychodynamischen Psychotherapie bei Frau S. bestand darin, dass die organische Erkrankung der chronischen Polyarthritis mit fortschreitender Psychodynamischer Therapie immer weniger interferierte, wenn es um die Bearbeitung von Konflikten ging. Auch abwehrende Flucht in das Projektionsfeld des Körpers in Form von akuten Beschwerden eines »Herzinfarktes« als unbewusste Inszenierung der Auseinandersetzung mit dem Mutterintrojekt und der Aggressionsumkehr verlor an Gewicht. Insgesamt war ihr ein stärker bewusster Umgang mit traumatischen Ereignissen aus der Vergangenheit wie Tod, Vernichtung und Verlassenwerden möglich geworden. Im Verlauf der nächsten 20 Jahre konnte sich Frau S. in ihren beruflichen und kommunalpolitischen Tätigkeiten erfolgreich engagieren. Auch trotz der zu vermutenden genetischen Belastung und der Kortisonbehandlung ihrer zunehmenden Polyarthritis kam es nicht zu weiteren depressiven Phasen von Krankheitswert.

6 Spezielle Aspekte der Psychodynamischen Psychotherapie depressiver Störungen

In diesem Kapitel wird das Verhältnis der Psychoanalytischen Psychotherapie depressiver Störungen einerseits zur Psychopharmakotherapie der Depression und andererseits zu den weiteren geeigneten Psychotherapieverfahren beleuchtet.

6.1 Psychotherapie und Psychopharmakotherapie

»Die Zukunft mag uns lehren, mit besonderen chemischen Stoffen die Energiemengen und deren Verteilungen im seelischen Apparat direkt zu beeinflussen. Vielleicht ergeben sich noch ungeahnte andere Möglichkeiten der Therapie; vorläufig steht uns nichts Besseres zu Gebote als die psychoanalytische Technik und darum sollte man sie trotz ihrer Beschränkungen nicht verachten« (Freud, 1940a [1938], S. 108).

Im Gegensatz zu dieser sich bereits bei Freud andeutenden offenen Haltung und integrativen Sichtweise als Grundlage für die Beurteilung psychotherapeutischer und pharmakotherapeutischer Ansätze blieb das Verhältnis von Psychoanalyse und Psychopharmakotherapie in den folgenden Jahrzehnten ein schwieriges. Entgegen der Praxis, in der häufig Kombinationsbehandlungen durchgeführt werden, wurde zumindest in der Theorie oftmals ein Trennungsstrich gezogen und die Gegensätzlichkeit betont. Diese dichotomisierende Sichtweise wurde in der Zwischenzeit – nicht zuletzt auch in Anbetracht des Zusammenwirkens psychodynamischer und neurobiologischer Komponenten in der Depressionsbehandlung – überwunden (vgl. Böker, 2016).

Ein wichtiger Meilenstein in dieser Entwicklung war das Boston-Newhaven-Collaborative-Projekt: Angesichts der Debatten um die Kombinationstherapie wurde von Klerman eine systematische Untersuchung möglicher positiver und/oder negativer Effekte der Kombination von Psychotherapie und Pharmakotherapie bei Depressionen initiiert (Boston-Newhaven Collaborative Project I, II; Klerman et al., 1984; Weissman et al., 1981). Positive Effekte einer Kombinationstherapie wurden insbesondere in der möglichen Förderung der psychotherapeutischen Zugänglichkeit depressiver Patienten durch Psychopharmaka festgestellt. Klerman et al. unterstrichen die Vorteile einer zweistufigen Behandlungsstrategie: Behandlung mittels Antidepressiva in der Akutphase und mittels Psychotherapie insbesondere in der Erhaltungsphase. Die Psychotherapie zielte dabei insbesondere auch auf Rollenkonflikte im Hintergrund der depressiven Erkrankung. Klerman et al. (1984) beschrieben die Indikation für die Kombinationstherapie insbesondere bei den mittelschweren Depressionen (und bei Patienten mit guter Ansprechbarkeit auf Antidepressiva) und für Psychotherapie bei den eher leichten Depressionen.

Die vermuteten negativen Effekte der Kombinationstherapie wurden nicht bestätigt: Diese bestanden vor allem in der Annahme, dass durch Antidepressiva die Bereitschaft der Patientinnen und Patienten, in der Psychotherapie an sich selbst zu arbeiten, verringert werde. Ferner wurde vermutet, dass die Abwehr der Patienten unterminiert werde mit der Gefahr der Dekompensation und des Symptomwandels. Wiederholt wurde auch vertreten, dass durch die Medikamente das Bedürfnis nach Eigenständigkeit der Patienten entwertet werde. Die Untersuchung der Behandlungsverläufe (unter Einbezug der Therapeuteneinschätzungen) bestätigte diese Annahmen jedoch nicht.

Welche Rolle kann ein Medikament im Verlauf einer Psychotherapie spielen?
Diese Frage wurde von Himmighoffen (2009) in dem schwerpunktmäßig psychotherapeutischen Setting einer Tagesklinik für Affektkranke untersucht. Mögliche *Vorteile der Kombination von Psychotherapie und Psychopharmakotherapie* bestehen darin:

➢ Durch die Medikation kann unter Umständen eine schnellere Besserung des Befindens erreicht werden.
➢ Psychopharmaka können das Ausmaß an Angst und Depressivität bei Patienten vermindern und die Wahrscheinlichkeit des Ansprechens auf Psychotherapie erhöhen.
➢ Durch die medikamentöse Reduktion akuter Symptome kann das Selbstwertgefühl der Patientinnen und Patienten sowie die Akzeptanz der Behandlung erhöht werden.

6.1 Psychotherapie und Psychopharmakotherapie

➤ Das Sich-einlassen-Können auf eine therapeutische Arbeitsbeziehung kann erleichtert werden.

➤ Autonome Ich-Funktionen – wie zum Beispiel Konzentrations- und Merkfähigkeit – werden gestärkt und damit stehen zusätzliche Ressourcen für den therapeutischen Prozess zur Verfügung.

➤ Einstellungen und Gefühle des Patienten zu unerwünschten Arzneimittelwirkungen – seien sie tatsächlich durch die Medikation verursacht oder nicht – erlauben unter Umständen auch einen Einblick in die Persönlichkeit und die bewussten und unbewussten emotionalen Erfahrungen des Patienten.

➤ Bei Unterbrechung der Psychotherapie kann die Psychopharmakotherapie die therapeutische Beziehung zum Behandler aufrechterhalten.

➤ Eine zusätzliche Psychotherapie kann die Fähigkeiten zu Anpassung und Coping und die Akzeptanz der medikamentösen Behandlung verbessern und das Risiko von Rückfällen vermindern.

Mögliche Vorteile der Kombination von Psychopharmaka und Psychotherapie sollen an zwei klinischen Beispielen aufgezeigt werden:

➤ Eine Patientin mit schwerer und therapieresistenter depressiver Episode und neuropathischer Schmerzsymptomatik im rechten Bein bei einem Morbus Sudeck kommt nach mehrmonatiger stationärer Behandlung mit Einsatz diverser Psychopharmaka und Elektrokrampftherapie zur weiteren teilstationären Behandlung. Sie erhält von ihrem Einzeltherapeuten ein zusätzliches Medikament zur Milderung der Schmerzsymptomatik und anhaltender Angstsymptome (Pregabalin). Dies hat für die Patientin unerwartete Verbesserungen dieser Beschwerden zur Folge, die sie in ihrer Hoffnung bestärken, dass sich ihr Zustand im Verlauf weiter bessern kann – eine Hoffnung, die sie zeitweise schon aufgegeben hatte. Dadurch erlebt sie in verstärkter Weise die Beziehung zu ihrem Einzeltherapeuten als hilfreich. Auch stärkt dies ihr Vertrauen in die Möglichkeiten zur Verbesserung ihres Befindens mithilfe der Psychotherapie.

➤ Ein Patient mit »Double Depression« (Dysthymia und mittelgradiger depressiver Episode), komorbider sozialer Phobie und einer langjährigen Arbeitslosigkeit erlebt nach weitgehender Remission der depressiven Symptomatik die Antriebssteigerung und Aktivierung durch das Antidepressivum als hilfreich, da er die bei ihm weiter bestehenden Hemmungen und Tendenzen zu ausgeprägtem Rückzugsverhalten so überwinden kann. In der Psychotherapie war mit ihm herausgearbeitet worden, dass er eine

Vielzahl von Ressourcen besitzt und viele angenehme Aktivitäten für ihn möglich wären, die er aber wegen seinen Hemmungen und seinem Rückzugsverhalten nicht nutzen kann.

Als mögliche Nachteile der Kombination von Psychopharmakotherapie und Psychotherapie können gelegentlich beobachtet werden (Böker, 2016; Himmighoffen, 2009; Kay, 2007; König, 1999):
➤ Patienten führen Verbesserungen ihres Befindens auf die medikamentöse Behandlung anstatt auf die Fortschritte im Rahmen der Psychotherapie zurück.
➤ Die negative Bewertung von Psychotherapie und die Idealisierung der Psychopharmakotherapie können auch im Sinne einer Abwehr oder Verleugnung schwer erträglicher Gefühle und Gedanken verstanden werden.
➤ Im Gegensatz dazu können Patienten sich durch den Einsatz von Psychopharmaka vom Therapeuten »abgespeist« fühlen und den Eindruck gewinnen, dass dieser ihre Gefühle und Gedanken nicht erträgt und auf diesem Wege Distanz herstellt.
➤ Es ist möglich, dass die durch den depressiven Affekt induzierte Affektkommunikation auch beim Therapeuten zu schwer aushaltbaren Gefühlen, Gedanken und Beschwerden führt und die mit der depressiven Kommunikation einhergehende Gegenübertragung dazu beiträgt, dass Therapeuten Psychopharmaka verordnen, um sich auf diesem Wege selbst zu schützen.

Mögliche Nachteile der Kombinationstherapie werden anhand der folgenden Kasuistik dargestellt:
➤ Eine Patientin, die nach dem unerwarteten und plötzlichen Tod ihres Ehemannes, der ihr zusätzlich hohe finanzielle Schulden hinterließ, in eine schwere und langanhaltende depressive Episode mit Arbeitsunfähigkeit geriet, erlebt durch die medikamentöse antidepressive Behandlung eine deutliche Stimmungsaufhellung. Dabei zeigt sich, dass sie dadurch in ihrer Tendenz, den Verlust des Ehemannes zu verleugnen und die damit verbundenen und sie sehr belastenden Gefühle zu vermeiden, unterstützt wird. Als die sehr effektive Medikation aufgrund von ernsthaften Nebenwirkungen ersetzt werden muss und die neue Medikation sich als weniger wirksam erweist, wird in der erneuten Verschlechterung der Symptomatik deutlich, wie auch die Erinnerung an den Verlust und die damit verbundenen schmerzlichen Gefühle wieder in den Vordergrund rücken. Anstatt sich auf eine im Rahmen der Psychotherapie sinnvolle und notwendige Auf- und Durchar-

beitung dieser Aspekte einzulassen, ist die Patientin auf die medikamentöse Behandlung mit einem effektiven Antidepressivum fixiert. Man kann sich fragen, ob neben den erwähnten Vorteilen der Medikation (deutliche Symptomreduktion) somit der Patientin eine Chance genommen wird, sich in angepasster und effektiver Weise psychotherapeutisch mit ihren Gefühlen und dem Verlust des Ehemannes auseinanderzusetzen.

Im Einzelfall ist es stets erforderlich, die Vor- und Nachteile des Einsatzes von Psychopharmaka im Rahmen des psychotherapeutischen Settings zu beleuchten und die Einflüsse auf die therapeutische Arbeitsbeziehung, aktuelle Übertragungs-Gegenübertragungsmuster und damit verbundene Abwehr- und Widerstandsprozesse zu berücksichtigen.

Diese Aspekte und die Rolle der medikamentösen Behandlung sollten gemeinsam mit den Patienten thematisiert und reflektiert werden.

Fazit
Psychopharmaka ermöglichen eine Psychotherapie oftmals erst. Gerade auch unter Berücksichtigung dieses positiven Effekts ist im Rahmen einer Psychodynamischen Psychotherapie stets zu beachten, dass die Verschreibung eines Medikamentes die Beziehungsdynamik zwischen Psychotherapeut und Patient beeinflusst, unabhängig davon, ob der Psychotherapeut die Medikamente selbst verschreibt oder den Patienten überweist.

Mit der Verschreibung eines Medikamentes wird ein drittes Element der therapeutischen Begegnung hinzugefügt: Das Medikament wird zu einem Bedeutungsträger, wird Träger von Selbst- und/oder Objektfantasien. Für den Patienten kann das Medikament die Bedeutung annehmen: »Ich bin allein nicht lebensfähig, ich brauche eine Krücke« (vgl. Jeszner, 2012). Für den Psychotherapeuten kann das Medikament zum Symbol einer Selbstunsicherheit werden oder zum »unerwünschten, aber tolerierten Dritten« (Jeszner, 2012). Küchenhoff (2010) hat darauf hingewiesen, dass die Medikamentenverordnung eine Reaktion auf den Hilferuf des Patienten sein kann, aber auch ein Versuch, sich seiner zu entledigen.

In jedem Fall sollte der Einsatz von Medikamenten im Rahmen von Psychodynamischen Psychotherapien die unterschiedlichen Referenzsysteme berücksichtigen und mit der Reflexion des psychiatrischen und des psychotherapeutischen Rollenverständnisses und der Grundhaltung verbunden sein.

Grundsätzlich gilt, dass eine begleitende medikamentöse Behandlung gerade auch bei mittelschweren und schweren depressiven Erkrankungen in vielerlei Hinsicht sinnvoll ist und den therapeutischen Prozess oft erst ermöglicht (vgl. Kapitel 4). Beim Einsatz von Antidepressiva ist zu berücksichtigen, dass – im Gegensatz zu früheren Annahmen – keine sehr lange Wirklatenz besteht; ist nach zwei- bis dreiwöchiger Behandlungsdauer keine ausreichende Besserung der depressiven Symptomatik zu beobachten, so sollte die Dosierung erhöht werden (Stassen et al., 2007; Szegedi et al., 2009). Im weiteren Verlauf ist bei unzureichendem Therapieerfolg ein Wechsel des Antidepressivums, eine Kombination mit einem weiteren Antidepressivum oder eine Augmentation (z. B. Gabe eines stimmungsstabilisierenden Mittels, »Mood Stabilizer«) zu erwägen.

> Indem die Medikamente die Symptome mildern, unter Umständen überschießende Affekte dämpfen können, wird den Patienten die Erfahrung von Veränderung und Neubeginn ermöglicht und somit auf indirekte Weise die Ich-Struktur gestärkt.

Eine Indikation beider Therapiemethoden im Rahmen einer Kombinationstherapie bei depressiv Erkrankten bedeutet auch, dass biologische Ursachen und Begrenzungen ebenso erkannt werden wie das Wissen, dass Entwicklungsprozesse und anhaltende strukturelle Veränderungen nur durch intensive zwischenmenschliche Erfahrungen ermöglicht werden (vgl. Böker, 2016).

Auf der Grundlage der Sichtung aller vorliegenden Therapiestudien werden in der S3-/NVL-Leitlinie »Unipolare Depression« folgende Empfehlungen formuliert:

> ➤ Bei leichten bis mittelgradigen Episoden ist die Psychotherapie gleichwertig zur Therapie mit Antidepressiva (Grad A mit höchster empirischer Evidenz).
> ➤ Bei akuten schweren Episoden sollte eine Kombinationsbehandlung erfolgen (Grad A).
> ➤ Bei Dysthymie, Double Depression und chronischer Depression ist die Kombinationsbehandlung einer Monotherapie überlegen (Grad A).

Die Behandlung schwerer komorbider depressiver Erkrankungen ist in einer langfristigen Perspektive durchzuführen und benötigt Zeit. Dabei ist gerade auch im

6.1 Psychotherapie und Psychopharmakotherapie

Langzeitverlauf die Kombinationsbehandlung der medikamentösen Monotherapie überlegen.

Mit großer Wahrscheinlichkeit kann angenommen werden, dass die Wirkung der Antidepressiva keine spezifische kausale Therapie des zu vermutenden biologischen Faktors darstellt. Durch die Antidepressiva werden adaptive, neuromodulatorische Prozesse induziert. Antidepressiva und sie sind offensichtlich in der Lage, einen Teil der verhängnisvollen negativen Wechselwirkungen im Bereich der somatischen Endstrecke der Feedback-Schleifen der Regulation der Stimmungs-Antriebs-Systeme, der Emotionsregulation bzw. der affektiv-kognitiven Interaktion zu verändern (vgl. Böker, 2011).

Im Hinblick auf die Wirksamkeit der Psychotherapie bei depressiv Erkrankten kann man ebenfalls davon ausgehen, dass sich durch Psychotherapie prinzipiell neue Nutzungsmuster etablieren lassen und die vorhandenen plastischen Potenzen des Gehirns aktiviert werden. Auf diese Weise werden Bahnungs- und Reorganisationsprozesse auf der Ebene der – das bisherige Denken, Fühlen und Handeln des jeweiligen Patienten bestimmenden – neuronalen Netzwerke und Verschaltungsmuster ausgelöst und stabilisiert (vgl. Böker, 2011). Durch eine therapieunterstützende medikamentöse Behandlung kann das plastische Potenzial des Gehirns zusätzlich unterstützt und reaktiviert werden (Böker & Northoff, 2016).

Als Schlüsselregion für die Therapieresponse und -prädiktion in der Depressionsbehandlung gilt inzwischen – wie zahlreiche Studien mit bildgebenden Verfahren gezeigt haben (Übersicht in Böker & Northoff, 2016) – das anteriore Cingulum (Cg25): Neurophysiologische Adaptationen im Bereich des ACC fanden sich sowohl unter Anwendung von Antidepressiva, von Kognitiv-Behavioraler Therapie wie auch unter Berücksichtigung des Placebo-Effekts (Ressler & Mayberg, 2007). In der sogenannten Hanse-Studie wurde eine Modulation neuronaler Aktivitätsmuster in den limbisch-frontalen Netzwerken bei den mit Psychoanalytischer Psychotherapie behandelten depressiv Erkrankten festgestellt (Buchheim et al., 2012).

Im Hinblick auf das Verhältnis von Psychotherapie und Pharmakotherapie depressiver Störungen ist zu berücksichtigen, dass die jeweiligen therapeutischen Interventionen in unterschiedlichen Referenzsystemen angesiedelt sind. Die Reflexion der Möglichkeiten und Grenzen der jeweiligen Methode hat therapeutische Konsequenzen (z. B. möglicher Wechsel oder Kombination). Bei einer Kombinationstherapie ist die Kooperation der Behandelnden notwendig.

Die medikamentöse Therapie ist im Rahmen der therapeutischen Beziehung in Handlungsdialoge einbezogen (so betont das Medikament beispielsweise die

Asymmetrie in der therapeutischen Beziehung, kann Abhängigkeits- und Autonomiekonflikte aktivieren oder als »Übergangsobjekt« erlebt werden). Die Ergebnisse der Psychotherapieforschung unterstreichen die Komplementarität von Psychotherapie und medikamentöser Behandlung und auch die Möglichkeit des alternativen Einsatzes bei unterschiedlichen Gruppen depressiv Erkrankter (vgl. Kapitel 3). Die Differenzialindikation ist stets auf den jeweiligen Einzelfall zu beziehen. Ein »neuropsychodynamisches« Verständnis der Depression (vgl. Kap. 2; Böker et al., 2016b) kann wesentlich dazu beitragen, die neurobiologischen Effekte von Psychotherapie und Pharmakotherapie zusammenzudenken.

Unter Berücksichtigung der Konflikthaftigkeit depressiv Erkrankter, der vielfältigen psychodynamischen Zusammenhänge und depressiver Hemmungsphänomene berücksichtigt das neuropsychodynamische Modell der Depression insbesondere auch die erhöhte Ruhe-Zustandsaktivität auf neurobiologischer Prozessebene. Die Reduktion des Hyperarousals (sowohl durch Psychotherapie wie auch durch Psychopharmakotherapie) ermöglicht schließlich die Entwicklung funktionaler Bewältigungsmechanismen.

6.2 Zum Verhältnis der Psychodynamischen Psychotherapie zu anderen Psychotherapiemethoden

Wie schon deutlich geworden ist, weist die Depression unterschiedliche Gesichter auf. Angesichts der Heterogenität depressiver Syndrome stellt auch die Beantwortung der Frage »Was hilft wem?« im Hinblick auf die Differenzialindikation der zur Verfügung stehenden psychotherapeutischen Verfahren eine besondere Herausforderung dar. Stets ist davon auszugehen, dass der einzelne Behandelnde oftmals nur einen begrenzten Überblick über die Vielfalt depressiver Syndrome hat bzw. über einen begrenzten Erfahrungsschatz bei der Durchführung von Psychotherapie in den jeweiligen Untergruppen depressiver Störungen verfügt. Die gelegentlich zu beobachtende Tendenz zu »der unangemessenen Verallgemeinerung des je eigenen Erfahrungs- und Handlungshorizontes« (Will, 1998, S. 51) kann zu einer verfehlten Indikationsstellung beitragen und behindert letztlich jeglichen Erkenntnisfortschritt. Deshalb ist das Wissen um die unterschiedlichen therapeutischen Schwerpunkte und Indikationsbereiche der einzelnen psychotherapeutischen Verfahren von großer Bedeutung.

6.2 Zum Verhältnis der Psychodynamischen Psychotherapie zu anderen Psychotherapiemethoden

Wie nützlich sind die Ergebnisse randomisiert-kontrollierter Studien (RCTs) bei der Differenzialindikation der Psychotherapie depressiver Störungen?
Die Aussagekraft randomisiert-kontrollierter Studien (RCTs) zum Nachweis der Wirksamkeit psychotherapeutischer Verfahren wird kontrovers diskutiert:

> RCTs führen zu den reliabelsten Aussagen hinsichtlich der Wirksamkeit (»efficacy«) von Therapieverfahren, die Aussagekraft der so gewonnenen Zusammenhänge für die klinische Versorgung (»effectiveness«) ist begrenzt.

Die in RCTs aufgenommenen Patientenkollektive werden in der Regel – im Vergleich zur ambulanten psychotherapeutischen Praxis in den deutschsprachigen Ländern – deutlich kürzer behandelt. Es liegen derzeit kaum Studien vor, die nicht nur die Wirksamkeit unter kontrollierten Bedingungen (»efficacy«), sondern auch den Nutzen unter Versorgungsbedingungen (effectiveness) untersuchen sowie über ausreichend lange Behandlungs- und Katamnesezeiträume verfügen. Zudem leiden viele Patienten unter vielfältigen komorbiden Erkrankungen; letztere werden bei RCTs ausgeschlossen.

Aus vielfältigen methodologischen Gründen wurde in der S3-Leitlinie/NVL »Unipolare Depression« für keines des psychotherapeutischen Verfahren eine spezifische Empfehlung ausgesprochen. Es bestand kein Konsens, wonach die einzelnen psychotherapeutischen Verfahren hinsichtlich ihrer differenziellen Wirksamkeit bei einzelnen Indikationen im Vergleich zu anderen Verfahren dargestellt werden könnten.

Im Bereich der Psychotherapie haben die »Passung«, das heißt die vertrauensvolle und emotional tragfähige Beziehung zwischen Patient und Therapeut, und die »Präferenz« der Patienten für ein bestimmtes therapeutisches Vorgehen im klinischen Alltag eine hohe Bedeutung. Ferner ist zu berücksichtigen, dass die Ergebnisse von Psychotherapie zu einem erheblichen Teil auf »unspezifische Wirkfaktoren« (Erwartungshaltungen, Zuwendung, Strukturierung und Vermittlung von Hoffnung) zurückzuführen sind.

Werden alle diese Faktoren berücksichtigt, so fördert eine auf den jeweiligen Einzelfall zu beziehende Differenzialindikation der geeigneten psychotherapeutischen Verfahren eine aktive und »partizipative Haltung« von Patienten, die mit einer erhöhten Selbstwirksamkeit als zentralem Element psychotherapeutischer Wirkung einhergeht.

Die Auswahl des am ehesten geeigneten psychotherapeutischen Verfahrens sollte in den – in der Regel drei – Vorgesprächen getroffen werden. Dies setzt auch voraus, dass die Patienten umfassend über Psychotherapie und deren Durchführung informiert werden.

In der Praxis stellt sich immer wieder heraus, dass viele Patienten nur unzureichend über das Vorgehen in der Psychotherapie informiert sind.

Unter Umständen – insbesondere dann, wenn im Verlauf einer begonnenen Psychotherapie zunächst nicht im Vordergrund stehende Störungsbereiche erkennbar werden oder Lebensereignisse zu einschneidenden Veränderungen führen – kann der Wechsel und die Anwendung eines alternativen psychotherapeutischen Verfahrens auch zu einem späteren Zeitpunkt erwogen werden. Dieses gemeinsam mit den Patienten zu erörternde Vorgehen sollte dabei stets von einer patientenbezogenen, nicht therapieschulenabhängigen Haltung geleitet sein.

6.2.1 Kognitiv-Behaviorale Therapie (KBT)

Die Kognitive Therapie beschreibt die Depression als kognitive Störung, die sich in globaler, zu typischen Mustern verfestigter Negativität des Denkens äußert. Ihr Begründer A. T. Beck (1970, 1974) sah in der kognitiven Störung die Ursache der Depression. Das depressive Denken ist ihm zufolge durch drei spezifische negative Muster charakterisiert (»kognitive Triade«): Es besteht eine negative Sicht der eigenen Person, der Umwelt und der Zukunft (Beck et al., 1981). Mit diesen dysfunktionalen Gedanken geht eine Verzerrung der Realität einher, die schließlich nicht mehr ausreichend überprüft werden kann und somit zu einer weiteren Verstärkung der negativen Weltsicht führt. Zu den »dysfunktionalen Denkstilen« zählt ein Schwarz-weiß-Denken, ein katastrophisierendes Denken und willkürliche Attributionen (Ursachenzuschreibungen). Depressive Symptome (z. B. herabgesetztes Selbstwertgefühl, Gefühle von Hilflosigkeit und Hoffnungslosigkeit) werden als Folge dieser verdichteten negativen Kognitionen beschrieben.

Nach dem kognitiven Depressionsmodell von Teasdale (1983) schaukeln sich Depressionen vor allem dadurch auf, dass negative Interpretationen (im Sinne der dysfunktionalen Denkstile und -inhalte) zu Depressionen führen. In der Depression werden dann depressive Symptome akzentuiert wahrgenommen, gegenwärtige Ereignisse ebenso wie Erinnerungen sind selektiv mit einem negativen Bias zugänglich, was wiederum der Nährboden negativer Interpretationen ist.

6.2 Zum Verhältnis der Psychodynamischen Psychotherapie zu anderen Psychotherapiemethoden

Ein weiteres bedeutsames theoretisches Modell der Kognitiv-Behavioralen Therapie der Depression ist das Verstärker-Verlust-Modell der Depression (Lewinsohn, 1974). Dieses Modell gründet auf:
➢ einem Mangel an Fähigkeiten, sich positive Erlebnisse zu verschaffen (z. B. im Alter),
➢ einer ungünstigen Umwelt (z. B. schwierige wirtschaftliche Situation) und
➢ eine Kombination mangelnder Fähigkeiten und ungünstiger Umweltbedingungen (z. B. Migration).

In einer lerntheoretischen Sichtweise werden depressive Symptome durch verschiedene Faktoren verstärkt, zum Beispiel durch die Reduktion von Anforderungen, Schonung und Zuwendung. Es handelt sich dabei um meist versteckte, nicht bewusste Vorteile aus der Depression.

Die Kognitive Therapie der Depression setzt an den Attributionsstilen, den inhaltlichen Schemata, den dysfunktionalen Denkstilen, unter Umständen auch an mehreren Stellen im Sinne einer »konzertierten Aktion« an. Als wesentliches therapeutisches Ziel beschreibt Hautzinger (1994), die »fehlerhaften, verzerrten und nicht realitätsangemessenen Gedanken, Bewertungen, Schlussfolgerungen, Ursachenzuschreibungen und Überzeugungen zu erkennen, beobachten zu lassen, ihren Realitätsgehalt zu testen und letztlich zu verändern« (ebd., S. 116).

Die Kognitive Depressionstherapie ist dann erfolgreich, wenn

1. dem Patienten eine überzeugende Erklärung für die individuelle Erkrankung geliefert wird,
2. Handeln geplant und strukturiert erfolgt (Hausaufgaben eingeschlossen),
3. die Patienten durch diese vorgeschlagenen Maßnahmen Erfolge, Verstärkung und Ablenkung erfahren und
4. die Patienten zu Selbstattributionen für die erzielten Veränderungen geführt werden.

Für die Kognitiv-Behaviorale Therapie liegen inzwischen eine Anzahl von Manualen vor: Einzeltherapie der Depression (Hautzinger, 1994, 2003; Linden & Hautzinger, 2008), Gruppentherapie (Backenstrass et al., 2004; Fiedler, 2005), Depressionstherapie bei älteren Patienten (Hautzinger, 2009) und die stationäre Therapie.

6.2.2 Interpersonelle Psychotherapie (IPT)

Welchen therapeutischen Schwerpunkt hat die Interpersonelle Psychotherapie (IPT)?

Der Behandlungsfokus liegt bei der Interpersonellen Psychotherapie auf dem Zusammenhang zwischen der Depression und den derzeitigen akuten oder langfristigen interpersonellen Belastungsfaktoren.

Hierzu zählen Konflikte in der Partnerschaft, Trennung von nahestehenden Personen, der Verlust einer vertrauten Rolle, nicht zuletzt Verlusterfahrungen, die zu zunehmender Einsamkeit geführt haben. Dabei wird davon ausgegangen, dass diese psychosozialen Faktoren wesentlich zum Auftreten, zur Aufrechterhaltung und zum Verlauf der Depressionen beitragen.

Die Interpersonelle Psychotherapie (IPT) hat sich in erster Linie aus der Tradition Psychodynamischer Therapien herausentwickelt. Sie wurde in den späten 1960er Jahren von Klerman und Weissman und ihrer Arbeitsgruppe für ein umfassendes Forschungsprojekt entwickelt und später in einem Manual strukturiert beschrieben (Klerman et al., 1984). Es handelt sich um eine Kurzzeittherapie, bei der die therapeutische Arbeit im Hier und Jetzt stattfindet. Der weitreichende Einfluss früherer entwicklungsbezogener Erfahrungen und unbewusster intrapsychischer Wünsche und Konflikte auf spätere zwischenmenschliche Beziehungsmuster wird berücksichtigt, steht aber nicht im Fokus der Analyse und Rekonstruktionen intrapsychischer oder kognitiver Vorgänge. Die Interpersonelle Psychotherapie wurde speziell auf die Behandlung von unipolaren Depressionen ohne psychotische Symptome zugeschnitten und umfasst in der ursprünglichen Form zwölf bis 20 ambulante Einzelsitzungen. Die Kombination mit antidepressiver Medikation wird im Manual besonders berücksichtigt.

Hinsichtlich depressiver Erkrankungen wird davon ausgegangen, dass diese durch verschiedene Faktoren (biologische Vulnerabilität, Persönlichkeitsmerkmale und Verlusterlebnisse) bedingt sein können, sie sich jedoch – unabhängig von den Ursachen – stets in einem psychosozialen und interpersonellen Kontext entwickeln. Dabei wird das Verstehen und Bearbeiten dieses psychosozialen Kontextes als entscheidend für die Remission und Prävention eines Rückfalls betrachtet. Depressionen sind somit unter Umständen eingebunden in interpersonelle Teufelskreise: Belastende Lebensereignisse können zum Auftreten depressiver Symptome führen, umgekehrt kann die Depression zur Auslösung und/oder Aufrechterhaltung interpersoneller Probleme beitragen.

6.2 Zum Verhältnis der Psychodynamischen Psychotherapie zu anderen Psychotherapiemethoden

Der therapeutische Prozess gliedert sich in drei Abschnitte, die jeweils einen unterschiedlichen Schwerpunkt und eine für die Behandlung der depressiven Störung unterschiedliche Funktion aufweisen (Schramm, 1998; Schramm et al., 2002):

In der *ersten Behandlungsphase* werden ferner relevante interpersonelle Problembereiche mithilfe einer gründlichen Analyse des Beziehungssystems des Patienten identifiziert. Der Patient wird darin unterstützt, Zusammenhänge zwischen seinen Beschwerden und interpersonellen Problemen zu erkennen und ein für ihn plausibles Störungsmodell zu entwickeln. Durch diese Grundlage wird das Hauptproblemfeld und die Zielsetzung definiert.

In einem Behandlungsvertrag einigen sich Therapeut und Patient auf einen oder maximal zwei von vier Bereichen, die empirisch und durch klinische Beobachtung am häufigsten als depressionsassoziiert gefunden werden: Komplizierte oder abnorme Trauer (d. h. Unfähigkeit, die verschiedenen Phasen eines Trauerprozesses zu durchlaufen), interpersonelle Auseinandersetzungen (z. B. lang anhaltende, z. T. verdeckte Konflikte mit dem Beziehungspartner oder Angehörigen), vermehrte Abhängigkeit von anderen (bei älteren Menschen), Rollenwechsel (Schwierigkeiten beim Aufgeben einer alten oder der Übernahme einer neuen sozialen Rolle, z. B. Mutterschaft, Arbeitslosigkeit, Trennung, Berentung) und Vereinsamung und Isolation durch interpersonelle Defizite (insbesondere wenn Patienten nicht tragende zwischenmenschliche Beziehungen aufweisen).

In der *mittleren Behandlungsphase* (Sitzungen vier bis 13) wird der vereinbarte Fokus bearbeitet, der mit der aktuellen depressiven Episode in einem engen Zusammenhang steht. Mit der ausdrücklichen Ermutigung, zunehmend die Verantwortung für das Einbringen relevanter Themen zu übernehmen, wird die Krankenrolle schrittweise relativiert. Das therapeutische Vorgehen wird durch das Manual spezifiziert. Ein primäres Therapieziel bei allen Problembereichen besteht darin, soziale Unterstützung für den Patienten zugänglich zu machen und die eigenen interpersonellen Fertigkeiten zu verbessern. Dabei ist das therapeutische Vorgehen aktiv-unterstützend, ermutigend und ressourcenorientiert.

In der *Beendigungsphase* (Sitzung 14 bis 16) wird der Abschluss der Behandlung explizit als Trauer- und Abschiedsprozess bearbeitet. Dadurch erhalten die Patienten die Möglichkeit, die mit dem Therapieende verbundenen Gefühle auszudrücken und sich mit ihnen auseinanderzusetzen. Ferner erfolgt ein Rückblick auf die im Rahmen der Therapie erreichten Fortschritte; dabei werden die noch verbesserungswürdigen Bereiche benannt. Weitere therapeutische Maßnahmen für die Zukunft und im Hinblick auf die Rückfallprophylaxe werden besprochen. Hierzu zählt auch eine mögliche IPT-Erhaltungstherapie in Form von niederfrequenten Sitzungen für die Dauer von ein bis zwei Jahren.

6.2.3 Selbstachtsamkeit: Mindfulness-based Cognitive Therapy (MBCT)

Die »Achtsamkeitsbasierte Kognitive Therapie der Depression« (Mindfulness-based Cognitive Therapy/MBCT; Williams et al., 2009) ist Teil einer größeren Psychotherapiebewegung, in der vor allem Techniken aus der Meditationspraxis zur Behandlung psychischer Erkrankungen eingesetzt werden.

Was wird unter Achtsamkeit verstanden?

> Achtsamkeit bedeutet, den gegenwärtigen Moment bewusst wahrzunehmen, wie er ist, ohne ihn zu bewerten.

Insbesondere Depressive sind oft in ihren belastenden Gedankengängen gefangen. Diesen mit Verstimmungen einhergehenden Ruminationen kommt im Rückfallgeschehen depressiver Erkrankungen eine große Rolle zu. Menschen, die bereits an einer Depression gelitten hatten, erleben diese Stimmungsverschlechterungen oft als alarmierend und machen sich auf die gedankliche Suche nach den Ursachen dafür. Diese Versuche, sich gleichsam grübelnd aus der Depression zu befreien, enden vielfach in einer noch tieferen Depression.

Im Gegensatz zur sogenannten kognitiven Umstrukturierung versucht die Achtsamkeitsbasierte Kognitive Therapie nicht, die Inhalte des negativen Denkens Depressiver zu verändern. Vielmehr werden sie darin unterstützt, ihre Beziehung zu Gedanken, Gefühlen und Körperempfindungen generell zu verändern. Auf diesem Wege entdecken die Betreffenden, dass es sich nur um flüchtige Ereignisse des Verstandes und des Körpers handelt. Dementsprechend können sie selbst entscheiden, ob sie sich mit ihnen beschäftigen oder nicht. Nicht die negativen Gedanken seien das eigentliche Problem der Depression, sondern die Tatsache, dass die Betroffenen diese Gedanken für wahr halten und sich intensiv mit ihnen beschäftigen. Wem es aber gelinge, Gedanken als Gedanken und nicht als Wahrheit zu sehen, der folge ihnen nicht länger und könne sich von den inneren Botschaften distanzieren.

Die Achtsamkeitsbasierte Therapie der Depression ist an bestimmte Voraussetzungen geknüpft: Neben den wöchentlichen Gruppensitzungen von circa zwei Stunden Dauer über einen Zeitraum von acht Wochen müssen die Teilnehmenden jeden Tag in eigener Regie zu Hause mindestens 45 Minuten am Tag bestimmte Meditationen und Übungen praktizieren. Ohne diese Bereitschaft wird niemand zur Achtsamkeitsgruppe zugelassen. Außerdem sollen die Teilnehmenden auch Alltagstätigkeiten (z. B. Geschirrspülen, Zähneputzen oder

Essen) mit mehr Achtsamkeit verrichten. Je bewusster momentane Tätigkeiten verrichtet werden, umso weniger bleibe übrig, über das Morgen oder Gestern nachzudenken oder sich in Bewertungsspiralen zu verrennen.

Bei welchen depressiv Erkrankten ist nach den bisher vorliegenden Studienergebnissen die »Achtsamkeitsbasierte Kognitive Therapie/MBCT« besonders geeignet?

MBCT ist insbesondere geeignet für Patienten mit rezidivierenden depressiven Störungen.

Teasdale et al. (2000) vermuteten, dass gerade bei dieser Gruppe das Grübeln und die Identifikation mit den eigenen Gedankeninhalten eine besondere Rolle spiele. Wer hingegen bisher erst eine oder zwei Krisen durchlitten habe, sei offensichtlich eher mit belastenden Lebensereignissen als Auslösern der Depressionen konfrontiert.

Diese Behandlung eignet sich nicht bei psychotischen Depressionen und akuter Suizidalität; selbstverständlich ist sie auch nicht geeignet, stark belastende äußere Umstände zu verändern.

6.2.4 Cognitive Behavioral Analysis System of Psychotherapy (CBASP)

Das »Cognitive Behavioral Analysis System of Psychotherapy/CBASP« von James P. McCullough (2006, 2008) zielt auf die psychotherapeutische Behandlung der chronischen Depression. Es integriert behaviorale, kognitive und interpersonale Strategien, es ist ein störungsspezifisches und evidenzbasiertes Behandlungsverfahren.

Bei welchen depressiven Erkrankungen ist CBASP insbesondere indiziert?

CBASP ist bisher die einzige Psychotherapiemethode, die speziell für die Behandlung der chronischen Depression zugeschnitten wurde.

McCullough orientierte sich sowohl an einem theoretischen Ätiologie-Modell als auch an klinischen Beobachtungen. Demnach leiden chronisch Depressive nicht nur unter gegenwärtigen übertrieben pessimistischen Gedanken, sondern sie sind entweder in ihrer kognitiv-emotionalen Entwicklung in einem frühen Stadium zum Stillstand gekommen bzw. kehren als Erwachsene wieder in kindliche Denk- und Erlebensmuster zurück. Dies führe schließlich dazu, das chronisch Depressive sich unfähig fühlen, ihre negativen Annahmen über das Leben und ihre Umwelt zu beeinflussen.

Abgesehen von den biologischen Faktoren der Depression beobachtete McCullough, dass viele chronisch Depressive (mit einer »Early-Onset Depression«) aus extrem schwierigen Familienverhältnissen stammen. Er bezeichnet die Beziehungsmuster in solchen Familien als »giftig«. Später seien diese Personen dann nicht gerüstet, für sich selbst zu sorgen und versagen vielfach sozial, in der Familie, den persönlichen Beziehungen und bei der Arbeit. Diese Patienten neigten insbesondere dazu, sich von anderen Menschen innerlich fernzuhalten, offene und nahe Beziehungen zu vermeiden, aus Angst, erneut verletzt zu werden. Vor dem Hintergrund dieser emotionalen Beziehungserfahrungen geht McCullough von einem kindlich anmutenden Denkstil bei chronisch depressiven Patienten aus, der – so seine Annahme – die zweite Stufe der von J.-P. Piaget beschriebenen kognitiven Entwicklung – die präoperationale Entwicklungsstufe – darstelle. Dieser Denkstil charakterisiert das Denken von Kindern (etwa im Alter von fünf Jahren): Sie seien sehr auf sich selbst fokussiert und hielten eher Monologe, ähnlich wie Patienten mit chronischen Depressionen zu Beginn der Therapie. Zu den gegenüber der klassischen Kognitiven Verhaltenstherapie vorgenommenen Hauptmodifikationen gehören die Situationsanalyse und spezifische interpersonelle Therapietechniken. Aus dieser Erkenntnis heraus leitete McCullough mehrere innovative Modifikationen der traditionellen Kognitiven Therapie ab.

Ausgangspunkt ist dabei eine umfassende Analyse der Ursprungsbeziehungen, die den Patienten geprägt haben. Dadurch wird es auch möglich, Übertragungsphänomene zu antizipieren und diese in der therapeutischen Begegnung unmittelbar zu thematisieren. Die interpersonellen Techniken zielen darauf ab, dem Patienten zu helfen, zwischen altvertrauten dysfunktionalen Beziehungsmustern und dem Verhalten des Therapeuten oder anderer Personen zu unterscheiden und negative Interaktionsmuster dadurch zu verändern. Hierzu werden unter anderem Rollenspiele eingesetzt. Therapeuten werden insbesondere auch angeleitet, sich in einer bewussten und disziplinierten Weise persönlich einzubringen, um auf diesem Wege die negativen zwischenmenschlichen Erfahrungen zu korrigieren, die destruktive Entwicklungsgeschichte des Patienten zu revidieren und neue interpersonelle Realitäten zu schaffen.

Hervorzuheben ist dabei, dass CBASP in eindrücklicher Weise die tradierten Grenzen zwischen Kognitiver Verhaltenstherapie und Psychodynamischer Psychotherapie überwindet und Therapieelemente umfasst, die sich für die Behandlung chronischer Depressionen als sinnvoll erwiesen haben (McCullough,

6.2 Zum Verhältnis der Psychodynamischen Psychotherapie zu anderen Psychotherapiemethoden

2006, 2007; Schramm et al., 2006). Ein wesentlicher Unterschied zwischen CBASP und anderen Therapien besteht, wie McCullough hervorhebt, in der Rolle des Therapeuten. Gerade auch im Fall von emotional schwer geschädigten Menschen mit chronischer Depression gehe es darum, dass der Therapeut sich persönlich einbringt, in gewisser Weise die Rolle des Lehrmediums übernimmt.

7 Ausblick für Praxis und Forschung

Das vorliegende Buch ist insbesondere konzipiert im Hinblick auf die Praxis der Durchführung der Psychodynamischen Psychotherapie depressiver Störungen. Es eignet sich als Leitfaden und Orientierungshilfe in der psychotherapeutischen Praxis. Dazu dienen nicht zuletzt die aufgeführten Ankerbeispiele und die beschriebenen therapeutischen Interventionen bei den jeweiligen psychodynamischen Prägnanztypen der Depression.

Darüber hinaus kann es auch als Manual störungsspezifischer Psychodynamischer Psychotherapie depressiver Störungen im Rahmen der Psychotherapieforschung herangezogen werden. Derzeit wird es im Rahmen der »Zürich-Psychotherapie-Depression-Neuroimaging-Studie« eingesetzt. Es ist zu hoffen, dass dieser Behandlungsleitfaden auch im Rahmen zukünftiger Psychotherapie-Studien Verwendung finden wird.

Wie die Übersicht über die bisherigen Psychotherapiestudien zeigt, zeigt, handelt es sich bei der Psychodynamischen Psychotherapie depressiver Störungen um eine sehr wirksame Behandlungsmethode, die sich in ihrer Wirksamkeit hinsichtlich der Reduktion der depressiven Symptomatik nicht von anderen evidenzbasierten psychotherapeutischen Methoden unterscheidet. Darüber hinaus stößt die Psychodynamische Psychotherapie – als mittelfristige und Langzeittherapie durchgeführt – strukturelle Veränderungen und Weiterentwicklungen an, die sich insbesondere positiv auf die Selbstwertgefühlregulation und die Beziehungsgestaltung auswirken.

Die Umsetzung eines solchen Behandlungsleitfadens bedarf stets der Adaptation an die Verhältnisse in der eigenen Praxis. Dieser Schritt ist letztlich auch eine »Adaptation an das, was der Therapeut am besten kann« (vgl. Hoffmann, 2008, S. 109). Es geht dabei also um eine Übertragung validierter Prinzipien in die eigene Praxis und deren Bezugsetzung zum jeweiligen einzelnen Patienten, nicht um die Einführung neuer Methoden.

Angesichts der Häufigkeit depressiver Erkrankungen und des damit verbundenen subjektiven Leids, der möglichen Rezidivierung und Chronifizierung der Depression bestehen weiterhin große Herausforderungen in der Depressionsforschung und insbesondere in der Psychotherapieforschung bei depressiven Störungen. Offene Fragen bestehen beispielsweise hinsichtlich der evidenzbasierten Differenzialindikation der psychotherapeutischen Verfahren. Probleme ergeben sich unter anderem aus dem in den vergangenen Jahren vorherrschenden Forschungsparadigma, das weitgehend am Modell der Pharmakotherapieforschung ausgerichtet ist. Als Standard gilt die randomisierte-kontrollierte Studie (RCT). Damit ist oftmals eine Auswahl der untersuchten Krankheitsbilder und der eingesetzten Therapieverfahren verbunden (z. B. Ausschluss von Patienten mit komorbiden Störungen, monosymptomatische Krankheitsbilder und Kurzzeittherapieverfahren (vgl. Böker et al., 2002). Auch wenn unbestritten ist, dass RCTs in der Regel zu den reliabelsten Aussagen hinsichtlich der Wirksamkeit (»efficacy«) von Therapieverfahren führen, muss die Aussagekraft der so gewonnenen Zusammenhänge für die klinische Versorgung (»effectiveness«) aber kritisch betrachtet werden.

Die Ergebnisse von randomisierten Studien können nur in sehr eingeschränktem Maße auf die Bedingungen einer Versorgungspraxis bezogen werden, sie weisen oft nur eine ungenügende externe Validität auf. Insbesondere erschwert das Paradigma der randomisierten Zuweisung die Umsetzung in die Praxis. In der Psychotherapie haben die »Passung«, das heißt die vertrauensvolle und emotional tragfähige Beziehung zwischen Patient und Therapeut, und auch die Präferenz der Patienten für ein bestimmtes therapeutisches Vorgehen im klinischen Alltag eine hohe Bedeutung. Relevant ist ferner die fehlende Möglichkeit einer »Verblindung«, da es auch in der Psychotherapieforschung einen starken »Allegiance-Effekt« gibt, wonach die therapeutische Orientierung des Forschenden das Studienergebnis beeinflusst. Ein weiteres Problem besteht in der Entwicklung eines adäquaten Kontrolldesigns für Psychotherapiestudien.

Die in RCTs aufgenommenen Patientenkollektive werden in der Regel – im Vergleich mit der ambulanten psychotherapeutischen Praxis – deutlich kürzer behandelt. Dies gilt insbesondere auch für depressiv Erkrankte, bei denen oft eine längerfristige Psychotherapie erforderlich ist.

Bisher gibt es kaum Studien, die nicht nur die Wirksamkeit unter kontrollierten Bedingungen (»efficacy«), sondern auch den Nutzen unter Versorgungsbedingungen (»effectiveness«) untersuchen und über ausreichend lange

Behandlungs- und Katamnesezeiträume verfügen. Dies gilt im Übrigen auch für Psychopharmakotherapiestudien mit Antidepressiva. Zudem leidet ein großer Teil der Patienten in der Versorgungspraxis unter vielfältigen, zu berücksichtigenden komorbiden Erkrankungen.

Vor diesem Hintergrund sind versorgungsnahe, naturalistische Studien zu fordern, welche die Praxisbedingungen besser abbilden. Es erscheint sinnvoll, neben den randomisiert-kontrollierten Studien auch andere Forschungsdesigns, zum Beispiel Fallserien und Versorgungsstudien, zur Überprüfung des Nutzens einer Therapie in der Regelversorgung einzubeziehen.

Für eine zukünftige Psychotherapieforschung bei depressiv Erkrankten gilt es, die Vor- und Nachteile des jeweiligen Forschungsdesigns abzuwägen. In jedem Fall ist es in der Psychotherapieforschung aufwendiger, valide RCTs zu konzipieren und durchzuführen (z. B. Randomisierung, größere Bedeutung von Kontextfaktoren, lange Beobachtungsdauer). Dies hat auch dazu geführt, dass für einzelne psychotherapeutische Verfahren (wie der Verhaltenstherapie) eine deutlich größere Anzahl von RCTs vorliegt als für andere (insbesondere Psychodynamische Psychotherapie, Psychoanalyse). Während die meisten verhaltenstherapeutischen Studien sich im quasi experimentellen Kontrolldesign durchführen lassen, trifft dies auf die Evaluation Psychodynamischer Psychotherapie nicht zu. Psychodynamische Psychotherapien sind in der Regel viel weniger standardisiert (im Vergleich beispielsweise mit der Kognitiven Verhaltenstherapie), sodass die sogenannte »Störvariable« oder Effektstärke des Therapeuteneinflusses sehr groß sein kann. Darüber hinaus ist die psychodynamische Diagnostik eher eine Strukturdiagnostik (und somit weniger reliabel als eine psychopathologische Diagnostik). Aus diesem Grund wird auch in diesem hier vorliegenden Behandlungsleitfaden die Operationalisierte Psychodynamische Diagnostik angewandt, um in ausreichendem Umfang und unter Gesichtspunkten der Praktikabilität und wissenschaftlichen Qualität indikations- und therapierelevante psychodynamische Faktoren darstellen zu können. In diesem Zusammenhang kann der Einsatz des Behandlungsleitfadens im Rahmen zukünftiger Psychotherapiestudien bei depressiv Erkrankten dazu beitragen, differenziertere Wirkfaktoren zu analysieren, als dies bisher möglich war.

Gerade angesichts der vorhandenen Evidenz für die Wirksamkeit von psychotherapeutischen Interventionen in der Depressionsbehandlung im Allgemeinen und der Wirksamkeitsnachweise für Psychodynamische Psychotherapie im Besonderen sollte nicht übersehen werden, dass viele depressiv Erkrankte oftmals nicht oder nur unzureichend psychotherapeutisch behandelt werden. Dies betrifft vor allem die Situation in der Allgemeinpraxis (Ambresin et al., 2016). Hieraus

7 Ausblick für Praxis und Forschung

ergibt sich auch die Notwendigkeit einer engeren Zusammenarbeit zwischen Psychotherapeuten und Allgemeinmedizinern, die vielfach die erste Anlaufstation im Versorgungssystem für depressiv Erkrankte sind.

Welche Take-Home-Messages vermittelt der hier vorliegende Behandlungsleitfaden an die Psychodynamischen Psychotherapeutinnen und Psychotherapeuten? Diese lassen sich im Hinblick auf die Psychodynamische Psychotherapie depressiver Störungen wie folgt zusammenfassen:

1. Depressionen sind mehrdimensionale Erkrankungen, bei denen die Störung der Emotionsregulation von besonderer Bedeutung ist (Depressionen als Psychosomatosen der Emotionsregulation).
2. Depressive Erkrankungen weisen eine große Heterogenität auf und werden durch vielfältige Einflussfaktoren geprägt (somatisches Hemmungsphänomen und Hyperarousal einerseits, Lebensereignisse und Persönlichkeitsentwicklung andererseits).
3. Die zentrale psychodynamische Dimension besteht im Selbst und in der Störung der Selbstwertgefühlregulation.
4. Die Psychodynamische Psychotherapie depressiver Störungen zielt auf die intrapsychischen und interpersonellen Circuli vitiosi der Depression.
5. Der spezifische Fokus der Psychodynamischen Psychotherapie besteht in den konflikthaften Formen der Beziehungserwartung und der Selbstwertproblematik Depressiver.
6. Die Psychodynamische Psychotherapie ermöglicht eine korrigierende Selbst-Objekt-Beziehungserfahrung und unterstützt den depressiv Erkrankten bei der Entwicklung funktionaler und nachhaltiger Bewältigungsmechanismen.

Abschließend lässt sich hoffen, dass der hier vorliegende Behandlungsleitfaden, der das Wissen um die psychodynamisch bedeutsamen Dimensionen und Zusammenhänge der Depression auf behandlungstechnische Fragen zentriert, zukünftig sowohl in der psychotherapeutischen Weiter- und Fortbildung, in der psychotherapeutischen Praxis wie auch insbesondere in Psychotherapiestudien Verwendung finden wird.

8 Anhang

8.1 Abbildungsverzeichnis

Abb. 1: Einteilung affektiver Störungen: a) nach ICD-10; b) nach DSM-IV/V; c) NNB (nicht näher bezeichnete Störung)
Abb. 2: ICD-10-Haupt- und Nebenkriterien der Depression
Abb. 3: Depressionen als Psychosomatosen der Emotionsregulation (mit freundlicher Genehmigung des Huber Verlages, Bern)
Abb. 4: Dreidimensionale Diagnostik psychischer Störungen im neuropsychodynamischen Kontext
Abb. 5: Frau B.: OPD-Achse II »Beziehung«
Abb. 6: Die Circuli vitiosi der Depression
Abb. 7: Pathologische Selbstwertgefühlregulation und Prägnanztypen der Depression
Abb. 8: Affekttheoretisches Modell der Depression

8.2 Tabellenverzeichnis

Tab. 1: Klassifikation affektiver Störungen nach ICD-10
Tab. 2: Depressive Symptome: Beschwerden und Schweregrad
Tab. 3: Hierarchie der reiferen Abwehrmechanismen
Tab. 4: Hierarchie der unreiferen (frühen) Abwehrmechanismen
Tab. 5: Konflikte, extreme Polaritäten und korrespondierende Emotionen
Tab. 6: Frau B.: OPD-Fokusauswahl und -beurteilung mittels HSCS
Tab. 7: Frau B.: Verlaufsbeurteilung und Veränderung der OPD-Foki mittels HSCS

8 Anhang

Tab. 8: Vier therapeutische Settings in der ambulanten Psychodynamischen Psychotherapie depressiv Erkrankter (mit freundlicher Genehmigung des Huber Verlages, Bern)

Tab. 9: Auswahl des therapeutischen Settings für eine Psychodynamische Psychotherapie depressiver Störungen (mit Dank an den Springer-Verlag für die Abdruck-Genehmigung)

Literatur

Abbass, A. A., Hancock, J. T., Henderson, J. & Kisely, S. (2006). Short-term psychodynamic psychotherapies for common mental disorders. *Cochrane Database of Systematic Reviews*, 4(4). DOI: 10.1002/14651858.CD004687.pub3
Abbass, A., Town, J. & Driessen, E. (2011). The efficacy of short-term psychodynamic psychotherapy for depressive disorders with comorbid personality disorder. *Psychiary*, 74(1), 58–71.
Abraham, K. (1971 [1912]). Ansätze zur psychoanalytischen Erforschung und Behandlung des manisch-depressiven Irreseins und verwandter Zustände. In ders., *Psychoanalytische Studien, Bd. II* (S. 146–162). Frankfurt a. M.: S. Fischer.
Abraham, K. (1971 [1916]). Untersuchungen über die früheste prägenitale Entwicklungsstufe der Libido. In ders., *Psychoanalytische Studien, Bd. I* (S. 84–112). Frankfurt a. M.: S. Fischer.
Abraham, K. (1971 [1924]). Versuch einer Entwicklungsgeschichte der Libido aufgrund der Psychoanalyse seelischer Störungen. In ders., *Psychoanalytische Studien, Bd. I* (S. 113–183). Frankfurt a. M.: S. Fischer.
Ainsworth, M. D. S., Blehar, M., Water, E. & Wall, S. (1978). *Patterns of attachment: A psychological study of the strange situation*. Hillsdale, New Jersey: Lawrence Erbaum.
Ajilchi, B., Ahadi, H., Najati, V. & Delavar, A. (2013). The effectiveness of intensive short-term dynamic psychotherapy in decrease of depression level. *European Journal of Experimental Biology*, 3(2), 342–346.
Akiskal, H. S. (2001). Dysthymia and cyclothymia in psychiatric practice a century after Kraepelin. *J Affect Disord*, 62(1–2), 17–31.
Akiskal, H. S. & McKinney Jr, W. T. (1973). Depressive disorders: Toward a unified hypothesis. *Science*, 182(4107), 20–29.
Aldenhoff, J. (1997). Somatische Veränderungen bei Psychotherapie. In C. Mundt, M. Linden & W. Barnett (Hrsg.), *Psychotherapie in der Psychiatrie* (S. 457–460). Wien/New York: Springer.
Aldenhoff, J. (2000). Biologische Veränderungen bei der Psychotherapie der Depression. *Nervenarzt*, 50(11), 415–419.
Alexander, F. & French, T. M. (1946). *Psychoanalytic therapy: Principles and application*. New York: Ronald Press.
Allen, J. G. (2001). *Traumatic relationships and serious mental disorders*. Chichester: Wiley.
Allen, J. G. & Foanagy, P. (2009). *Mentalisierungsgestützte Therapie*. Stuttgart: Klett-Cotta.

Allen, J.G., Frueh, B.C., Ellis, T.E., Latini, D.M., Mahoney, J.S., Oldham, J.M., Sharp, C. & Wallin, L. (2009). Integrating outcomes assessment and research into clinical care in inpatient adult psychiatric treatment. *Bull Menninger Cli., 73*(4), 259-295.
Ambresin, G., de Roten, Y. & Despland, J.N. (2016). Psychothérapie de la depression en medicine de premier recours. Des perspectives pour améliorer les soins des patients souffrant de troubles dépressifs. *Swiss Archives of Neurology, Psychiatry and Psychotherapy, 167*(5), 147-154.
American Psychiatric Association (APA). (1993). Practice guideline for major depression disorder in adults. *Am J Psychiatry, 150*(4), 1-26.
Andersen, A.N. & Lambert, M.J. (1995). Short-term dynamically oriented psychotherapy: A review and metaanalysis. *Clin Psychol Rev, 15*(4), 503-514.
Angst, J. (1966). *Zur Ätiologie und Nosologie endogener depressiver Psychosen. Eine genetische, soziologische und klinische Studie.* Berlin/Heidelberg/New York: Springer.
Angst, J. (1997). Minor and recurrent brief depression. In H.S. Akiskal & G.B. Casano (Hrsg.), *Dysthymia and spectrum of chronic depression* (S. 118-137). New York/London: Guildford.
Angst, J. & Marneros, A. (2001). Bipolarity from ancient to modern times: Conception, birth and rebirth. *J Affect Disord, 67*(1-3), 3-19.
Angst, J. & Stassen, H.H. (2001). Do antidepressants really take several weeks to show effect? In B.E. Leonard (Hrsg.), *Antidepressants* (S. 21-30). Basel: Birkhäuser.
Angst, J., Gamma, A., Sellaro, R., Lavori, P.W. & Zhang, H. (2003). Recurrence of bipolar disorders on major depression. A life-long perspective. *Eur Arch Psychiatry Clin Neurosci, 253*(5), 236-240.
Angst, J., Merikangas, K.R., Scheidegger, P. & Vicky, W. (1990). Recurrent brief depression: a new subtype of affective disorder. *J Affect Disord, 19*(2), 87-98.
Ankarberg, P. & Falkenström. F. (2008). Treatment of depression with antidepressants is primarily a psychological treatment. *Psychother Theor Res Pract Train, 45*(3), 329-339.
Antonovsky, A. (1993). The structure and properties of the sense of coherence scale. *Social Science and Medicine, 36*(6), 725-733.
Arbeitskreis OPD (Hrsg.). (2001 [1996]). *Operationalisierte Psychodynamische Diagnostik (OPD)* (3. Aufl.). Bern: Hans Huber Verlag.
Arbeitskreis OPD (Hrsg.). (2006). *Operationalisierte Psychodynamische Diagnostik OPD-2. Das Manual für Diagnostik und Therapieplanung.* Bern: Hans Huber Verlag.
Arbeitskreis OPD (Hrsg.). (2014). *Operationalisierte Psychodynamische Diagnostik OPD-2. Das Manual für Diagnostik und Therapieplanung* (3., überarb. Aufl.). Bern: Huber.
Arieti, S. & Bemporad, J. (1983). *Depression: Krankheitsbild, Entstehung, Dynamik und psychotherapeutische Behandlung.* Stuttgart: Klett-Cotta.
Bacal, H.A. & Newman, K.M. (1994). *Objektbeziehungstheorien – Brücken zur Selbstpsychologie.* Stuttgart/Bad Canstatt: Frommann–Holzboog.
Backenstrass, M., Hingmann, S., Fiedler, P., Kronmüller, K.T., Keller, A. & Mundt, C. (2004). Gruppenerleben im Verlauf eines kognitiv-verhaltenstherapeutischen Behandlungsprogramms für depressive Patienten. *Gruppenpsychotherapie und Gruppendynamik, 40,* 179-192.
Barber, J.P., Barrett, M.S., Gallop, R., Rynn, M.A. & Rickels, K. (2012). Short-term dynamic psychotherapy versus pharmacotherapy for major depressive disorder: a randomized, placebo-controlled trial. *The Journal of clinical psychiatry, 73*(1), 66-73.
Barkham, M., Rees, A., Shapiro, D.A., Stiles, W.B., Agnew, R.M., Halstead, J., Culverwell, A. & Harrington, V.M. (1996). Outcomes of time-limited psychotherapy in applied settings: Replicating the second Sheffield Psychotherapy Project. *J Consult Clin Psychol, 64*(5), 1079-1085.

Bassler, M., Potratz, B. & Krauthauser, H. (1995). Der »Helping Alliance Questionnaire« (HAQ) von Luborsky. *Psychotherapeut, 40,* 23-32.
Bastos, A. G., Pinto Guimarães, L. S. & Trentini, C. M. (2013). Neurocognitive changes in depressed patients in psychodynamic psychotherapy, therapy with fluoxetine and combination therapy. *Journal of Affective Disorders, 151*(3), 1066-1075.
Bateman, A. & Fonagy, P. (1999). Effectiveness of partial hospitalisation in the treatment of borderline personality disorder: a randomized controlled trial. *Am J Psychiatry, 156*(10), 1563-1569.
Bateman, A. & Fonagy, P. (2004). *Psychotherapy for borderline personality disorder: mentalisation based treatment.* Oxford: Oxford Univ Press.
Bech, P. & Rafaelsen, O. J. (1980). Personality and manic-melancholic illness. In K. Achté, V. Aalberg & J. Lönnqvist (Hrsg.), *Psychopathology of depression.* Psychiatria Fennica (Suppl) (S. 223-231). Helsinki: Akat. Kirjakauppa.
Beck, A. T. (1970). The core problem of depression: The cognitive triad. In J. H. Masserman (Ed.). *Depression: Theories and therapies* (S. 47-55). New York: Grune & Stratton.
Beck, A. T. (1974). The development of depression. A cognitive model. In R. J. Friedman & M. M. Katz (Hrsg.), *The psychology of depression* (S. 3-27). New York: Wiley.
Beck, A. T., Rush, A. J., Shaw, E. F. & Emery B. (1981). *Kognitive Therapie der Depression.* München: Urban & Schwarzenberg.
Bellak, L. & Small, L. (1978). *Emergency psychotherapy and brief psychotherapy.* New York: Grune & Stratton.
Bemporad, J. (1983). Kritische Betrachtung der wichtigsten theoretischen Ansätze zum Verständnis der Depression. In S. Arieti & J. Bemporad (Hrsg.), *Depression: Krankheitsbild, Entstehung, Dynamik und psychotherapeutische Behandlung* (S. 27-92). Stuttgart: Klett-Cotta.
Benedetti, G. (1979). Zur Psychodynamik und Psychotherapie der Depression. In G. Benedetti & T. Corsipia-Centini (Hrsg.), *Psychosentherapie. Psychoanalytische und existentielle Grundlagen* (S. 199-213). Stuttgart: Hippokrates.
Benedetti, G. (1981). Zur Psychodynamik der Depression. *Nervenarzt, 52*(11), 621-628.
Benedetti, G. (1987). Analytische Psychotherapie der affektiven Psychosen. In K. P. Kisker (Hrsg.), *Psychiatrie der Gegenwart, Bd. 5: Affektive Psychosen* (S. 369-385). Berlin/Heidelberg/New York: Springer.
Beutel, M. E., Doering, S., Leichsenring, F. & Reich, G. (2009). *Psychodynamische Psychotherapie: Störungsorientierung und Manualisierung in der therapeutischen Praxis, Bd. I.* Göttingen: Hogrefe.
Beutel, M. E., Doering, S., Leichsenring, F., Reich, G. (2010). *Psychodynamische Psychotherapie: Störungsorientierung und Manualisierung in der klinischen Praxis.* Göttingen/Bern/Wien: Hogrefe.
Beutel, M. E., Weißflog, G., Leuteritz, K., Wiltink, J., Haselbacher, A., Ruckes, C., Kuhnt, S., Barthel, Y., Imruck, B. H., Zwerenz, R. & Brähler, E. (2014). Efficacy of short-term psychodynamic psychotherapy (STPP) with depressed breast cancer patients: results of a randomized controlled multicenter trial. *Annals of Oncology, 25*(2), 378-384.
Bibring, E. (1952). Das Problem der Depression. *Psyche – Z Psychoanal, 6*(2), 81-101.
Blanck, G. (1998). Übertragung und Behandlungsverlauf. In H. Will, Y. Grabenstett, G. Völkel & G. Blanck (Hrsg.), *Depression. Psychodynamik und Therapie* (S. 137-161). Stuttgart/Berlin/Köln: Kohlhammer.
Blatt, S. J. (1982). Dependency and self-criticism: Psychological dimensions of depression. *J Consult Clin Psychol, 50*(1), 113-124.

Blatt, S.J. (1998). Contributions of psychoanalysis to the understanding and treatment of depression. *Am J Psychoanal Association, 46*(3), 723–752.
Blatt, S.J. (2004). *Experiences of depression: Theoretical, clinical, and Research Perspectives.* Washington, D.C.: American Psychological Association.
Bleichmar, H. (1996). Some subtypes of depression and their implications for psychoanalytic therapy. *Intern J Psychoanalysis, 77*(5), 935–961.
Bleichmar, H. (2010). Erneutes Nachdenken über krankhaftes Trauern – multiple Typen und therapeutische Annäherungen. In M. Leuzinger-Bohleber, K. Röckerath & L.V. Strauss (Hrsg.), *Depression und Neuroplastizität. Psychoanalytische Klinik und Forschung* (S. 117–136). Frankfurt a.M.: Brandes & Apsel.
Bleuler, E. (1926). *Affektivität, Suggestibilität, Paranoia* (2. Aufl.). Halle/Saale: Carl Marhold.
Bloch, M., Meiboom, H., Lorberblatt, M., Bluvstein, I., Aharonov, I. & Schreiber, S. (2012). The effect of sertraline add-on to brief dynamic psychotherapy for the treatment of postpartum depression: a randomized, double-blind, placebo-controlled study. *The Journal of clinical psychiatry, 73*(2), 235–41.
Boeker, H., Hell, D., Budischewski, K., Eppel, A., Härtling, F., Rinnert, H., von Schmeling, C., Will, H., Schoeneich, F. & Northoff, G. (2000). Personality and object relations in patients with affective disorders: Idiographic research by means of the repertory grid-technique. *J Affect Disord, 60*(1), 53–60.
Boeker, H., Richter, A., Himmighoffen, H., Ernst, J., Bohleber, L., Hofmann, E., Vetter, J. & Northoff, G. (2013). Essentials of psychoanalytic process and change: how can we investigate the neural effects of psychodynamic psychotherapy in individualised neuro-imaging? *Frontiers in Human Neuroscience, 7,* Article 355.
Bohleber, W. (2013). Editorial. Der Psychoanalytische Begriff des Unbewussten und seine Entwicklung. *Psyche – Z Psychoanal, 67*(09/10), 807–816.
Böhme-Bloem, C. (1999). Gleiches und Trennendes bei der Affektabstimmung als Vorbereitung auf die Symbolbildung in der menschlichen Entwicklung und im psychoanalytischen Prozess. In A. Schlösser & K. Höhfeld (Hrsg.), *Trennungen* (S. 171–186). Gießen: Psychosozial-Verlag.
Böker H. & Northoff G. (2015). Neuropsychodynamische Implikationen für die Praxis der psychoanalytischen Psychotherapie: in Sichtweite? In M. Leuzinger-Bohleber, H. Böker, T. Fischmann, G. Northoff & M. Solms (Hrsg.), *Psychoanalyse und Neurowissenschaften. Chancen – Grenzen – Kontroversen* (S. 129–143). Stuttgart: W. Kohlhammer.
Böker, H. (1998). Psychotherapeutische und soziotherapeutische Aspekte bei schweren Depressionen. *Schweiz Arch Neurol Psychiatr SANP, 149*(1) 21–28.
Böker, H. (1999). *Selbstbild und Objektbeziehungen bei Depressionen: Untersuchungen mit der Repertory Grid-Technik und dem Gießen-Test an 139 PatientInnen mit depressiven Erkrankungen.* Monographien aus dem Gesamtgebiete der Psychiatrie. Darmstadt: Steinkopff-Springer.
Böker, H. (2000a). Psychodynamik der Depression und Manie. In ders. (Hrsg.), *Depression, Manie und schizoaffektive Psychosen: Psychodynamische Theorien, einzelfallorientierte Forschung und Psychotherapie* (S. 14–85). Gießen: Psychosozial-Verlag.
Böker, H. (2000b). Psychodynamisch orientierte Psychotherapie bei PatientInnen mit affektiven und schizoaffektiven Psychosen. In ders. (Hrsg.), *Depression, Manie und schizoaffektive Psychosen: Psychodynamische Theorien, einzelfallorientierte Forschung und Psychotherapie* (S. 313–334). Gießen: Psychosozial-Verlag.
Böker, H. (2002). Depressionen: Psychosomatische Erkrankungen des Gehirns? In H. Böker & D. Hell (Hrsg.), *Therapie der affektiven und schizoaffektiven Störungen: Psychosoziale und neurobiologische Aspekte* (S. 183–208). Stuttgart/New York: Schattauer.

Böker, H. (2003a). Symbolisierungsstörungen bei schweren Depressionen: Zur Bedeutung psychosomatischer Circuli vitiosi bei depressiv Erkrankten. In H. Lahme-Gronostaj (Hrsg.), *Symbolisierung und ihre Störungen*. Herbsttagung 2002 (S. 149–164). Frankfurt a. M.: Deutsche Psychoanalytische Vereinigung DPV.
Böker, H. (2003b). Die interpersonale und kommunikative Dimension der Depression. In M. Wolfersdorf, J. Kornacher & U. Rupprecht (Hrsg.), *Stationäre Depressionsbehandlumg heute* (S. 17–53). Regensburg: S. Roderer Verlag.
Böker, H. (2005). Melancholie, Depression und affektive Störungen: Zur Entwicklung der psychoanalytischen Depressionsmodelle und deren Rezeption in der Klinischen Psychiatrie. In ders. (Hrsg.), *Psychoanalyse und Psychiatrie: Geschichte, Krankheitsmodelle und Therapiepraxis* (S. 115–158). Berlin/Heidelberg/New York: Springer.
Böker, H. (2008). Tiefenpsychologische Verfahren bei therapieresistenter Depression. In T. Bschor (Hrsg.), *Behandlungsmanual therapieresistente Depression* (S. 316–329). Stuttgart: W. Kohlhammer.
Böker, H. (2009a). Selbst und Körper in der Depression: Herausforderungen an die Therapie. *Schweizer Archiv für Neurologie und Psychiatrie, 160*(5), 188–199.
Böker, H. (2009b). Psychotherapeutische Langzeitbehandlung bei Dysthymie, Double Depression und chronischer Depression. In P. Hartwich & A. Barocka (Hrsg.), *Psychisch krank: Das Leiden unter Schwere und Dauer* (S. 17–43). Sternenfeld: Verlag Wissenschaft & Praxis.
Böker, H. (2011). *Psychotherapie der Depression*. Bern: Verlag Hans Huber.
Böker, H. (2012). Zur Funktionalität der Dysfunktionalität – Die Dilemmata des an Psychose erkrankten Menschen. Laudatio zu Ehren von Stavros Mentzos. In D. Haebler, S. Mentzos & G. Lempa (Hrsg.), *Psychosenpsychotherapie im Dialog. Zur Gründung des DDDP*. Forum der Psychoanalytischen Psychosentherapie, Bd. 26 (S. 11–22). Göttingen: Vandenhoeck & Ruprecht.
Böker, H. (2014). Langzeitverläufe der Depression und individuelles Umfeld. In H. Böker, P. Hoff & E. Seifritz (Hrsg.), *»Personalisierte« Psychiatrie – Paradigmenwechsel oder Etikettenschwindel?* (S. 138–157). Bern: Verlag Hans Huber.
Böker, H. (2015). Individualität und Kreativität in der therapeutischen Begegnung mit depressiven Langzeitkranken. In M. Mettner & J. Jung (Hrsg.), *Das eigene Leben – jemand sein dürfen, statt etwas sein müssen* (S. 110–122). Zürich: Verlag Neue Zürcher Zeitung.
Böker, H. (2016). Psychotherapie und Psychopharmakotherapie bei depressiv Erkrankten. In J. Küchenhoff (Hrsg.), *Psychopharmakologie und Psychoanalyse* (S. 131–148). Stuttgart: Kohlhammer.
Böker, H. & Conradi, J. (2016). *Burghölzli. Geschichten und Bilder*. Zürich: Limmat-Verlag.
Böker, H. & Himmighoffen, H. (2013). Evidenzbasierte psychodynamische Ansätze in der Behandlung depressiver Störungen. In C. M. Freitag, A. Barocka, C. Fehr & M. Grube (Hrsg.), *Depressive Störungen über die Lebensspanne: Ätiologie, Diagnostik und Therapie* (S. 137–170). Stuttgart: W. Kohlhammer.
Böker, H. & Northoff, G. (2005). Desymbolisierung in der schweren Depression und das Problem der Hemmung: Ein neuropsychoanalytisches Modell der Störung des emotionalen Selbstbezuges Depressiver. *Psyche – Z Psychoanal, 59*(09/10), 964–989.
Böker, H. & Northoff, G. (2010a). Emotion, Kognition und Handlung bei depressiv Erkrankten: Grundlagen neuropsychodynamischer Hypothesen zu den Abwehrmechanismen bei Depressionen. In M. Leuzinger-Bohleber, K. Röckerath & L.V. Strauss (Hrsg.), *Depression und Neuroplastizität* (S. 137–151). Frankfurt a. M.: Brandes & Apsel Verlag.
Böker, H. & Northoff, G. (2010b). Die Entkopplung des Selbst in der Depression: Empirische Befunde und neuropsychodynamische Hypothesen. *Psyche – Z Psychoanal, 64*(09/10), 934–976.

Böker, H. & Northoff, G. (2016). Dreidimensionales neuropsychodynamisches Modell psychischer Krankheit. In H. Böker, P. Hartwich & G. Northoff (Hrsg.), *Neuropsychodynamische Psychiatrie* (S. 85–112). Heidelberg: Springer.
Böker, H., Gramigna, R. & Leuzinger-Bohleber, M. (2002). Ist Psychotherapie bei Depressionen wirksam? In *Jahrbuch für Kritische Medizin und Gesundheitswissenschaften, Bd. 36: Versorgungsbedarfe und Versorgungsrealitäten* (S. 54–75). Berlin: Argument.
Böker, H., Hartwich, P. & Northoff G. (Hrsg.). (2016a). *Neuropsychodynamische Psychiatrie*. Heidelberg: Springer.
Böker, H., Hartwich, P. & Piegler, T. (2016b). Prinzipien neuropsychodynamischer Behandlungsansätze in der modernen Psychiatrie. In H. Böker H., P. Hartwich & G. Northoff (Hrsg.), *Neuropsychodynamische Psychiatrie* (S. 85–112). Springer: Heidelberg.
Böker, H., Teichman, D. & Hell, D. (2009). *Teilstationäre Behandlung von Depressionen, Angst- und Zwangsstörungen. Tagesklinik für Affektkranke.* Stuttgart/New York: Schattauer.
Bosch, O. & Wetter, T. (2011). Stress und Depression. In H. Böker & E. Seifritz (2012), *Psychotherapie und Neurowissenschaften. Integration – Kritik – Zukunftsaussichten* (S. 352–387). Bern: Huber.
Bowlby, J. (1958). The Nature of the Child's Tie to His Mother. *Int J Psycho-Anal, 39*(5), 350–373.
Bowlby, J. (1960a). Grieve and mourning in infancy and early childhood. *The Psychoanalytic Study of the Child*, Vol. 15, 9–52.
Bowlby, J. (1960b). Separation Anxiety. *Int J Psychoanal, 41*(3–6), 89–113.
Bowlby, J. (1969). *Attachment*. New York: Basic Books.
Bowlby, J. (1977). The Making and Breaking of Affectional Bonds: I and II. Ethiology and Psychopathology in the Light of Attachment Theory. *Brit J Psychiat, 130*(3), 201–210; *130*(5)421–431.
Bowlby, J. (1982). Attachment and Loss: Retrospect and Prospect. *Am J Orthopsychiatry, 52*(4), 666–678.
Brenner, C. (1982 [1955]). *Die Grundzüge der Psychoanalyse* (erweiterte Neuaufl. der Aufl. von 1966). Stuttgart: Klett-Cotta [Orig.: *An Elementary Textbook of Psychoanalysis*. New York: International Universities Press].
Brenner, C. (1974). Depression, Anxiety and Affect Theory. *Int J Psycho-Anal, 55*(0), 25–32.
Bressi, C., Porcellana, M., Marinaccio, P.M., Nocito, E.P. & Magri, L. (2010). Short-term psychodynamic psychotherapy versus treatment as usual for depressive and anxiety disorders: a randomized clinical trial of efficacy. *The Journal of Nervous and Mental Disease, 198*(9), 647–52.
Brockmann, J., Schlüter, T. & Eckert J (2001). Die Frankfurt-Hamburg Langzeit-Psychotherapiestudie – Ergebnisse der Untersuchung psychoanalytisch orientierter und verhaltenstherapeutischer Langzeitpsychotherapien in der Praxis niedergelassener Psychotherapeuten. In U. Stuhr, M. Leuzinger-Bohleber & M. E. Beutel (Hrsg.), *Langzeitpsychotherapie* (S. 271–277). Stuttgart: Kohlhammer.
Brockmann, J., Schlüter, T. & Eckert J. (2003). Frankfurt-Hamburg Langzeit-Psychotherapiestudie: Eine naturalistische Studie – Verlauf und Ergebnisse psychoanalytischer und verhaltenstherapeutischer Langzeitpsychotherapie in der Praxis niedergelassener Psychotherapeuten. *Psychotherapeutenjournal*, 3/2003, 184–193.
Brockmann, J., Schüter, T. & Eckert, J. (2006). Langzeitwirkungen psychoanalytischer und verhaltenstherapeutischer Langzeitpsychotherapien: Eine vergleichende Studie aus der Praxis niedergelassener Psychotherapeuten. *Psychotherapeut, 51*(1), 15–25.
Brown, G. W., Harris, T. O. & Bifulco, A. (1986). Long-term effects of early loss of parent. In M. Rutter, C. I. Izard & P. B. Read (Hrsg.), *Depression in young people* (S. 173–192). New York: Guildford Press.

Buchheim, A., Viviani, C., Kessler, H., Kächele, H., Cierpka, M., Roth, G. George, C., Kernberg, O.F., Bruns, G. & Taubner, S. (2012). Changes in prefrontal-limbic function in major depression after 15 months of long-term psychotherapy. *PLoS One, 7*(3), e33745. DOI: 10.1371/journal. pone.0033745.

Burnand, Y., Andreoli, A., Kolatte, E., Venturini, A. & Rosset, N. (2002). Psychodynamic psychotherapy and clomipramine in the treatment of major depression. *Psychiatr Serv, 53*(5), 585-590.

Clarici, A., Pellizzoni, S., Guaschino, S., Alberico, S., Bembich, S., Giuliani, R., Short, A., Guarino, G. & Panksepp, J. (2015). Intranasal administration of oxytocin in postnatal depression: implications for psychodynamic psychotherapy from a randomized double-blind pilot study. *Frontiers in Psychology, 6,* Article 426.

Cooper, P.J., Murray, L., Wilson, A., Romaniuk, H. (2003). Controlled trial of the short- and long-term effect of psychological treatment of post-partum depression, 1: Impact on maternal mood. *Br J Psychiatry, 182*(5), 412-419.

Cramer, B., Robert-Tissot, C., Stern, D. (1990). Outcome evaluation in brief mother-infant psychotherapy: a preliminary report. *Infant Mental Health Journal, 11*(3), 278-300.

Crespi, F., Wright, J.K. & Möbius, C. (1992) Isolation rearing of rats alters orders release of 5- hydroxytryptamine and dopamine in the frontal cortex: An in vivo electrochemical study. *Exp Brain Res, 88*(3), 495-501.

Crits-Christoph, P. (1992). The efficacy of brief dynamic psychotherapy: a meta-analysis. *Am J Psychiatry, 149*(2), 151-158.

Cuijpers, P., Geraedts, A.S., van Oppen, P., Andersson, G., Markowitz, J.C. & van Straten, A. (2011). Interpersonal Psychotherapy for Depression. A Meta-Analysis. *Am J Psychiatry, 168*(6), 581-592.

Cuijpers, P., van Straaten, A., Andersson, G. & van Oppen, P. (2008). Psychotherapy for Depression in Adults: A Meta-Analysis of Comparative Outcome Studies. *J Consult Clin Psychol, 76*(6), 909-922.

Davanloo, H. (1978). *Principles and techniques of short-term dynamic psychotherapy.* New York: Spectrum Press.

Davanloo, H. (1995). *Unlocking the Unconscious: Selected Papers of Habib Davanloo, MD.* New York: Wiley.

Dawson, G. (1994). Development of emotional expression and emotion regulation in infancy. Contribution of the frontal lobe. In G. Dawson & K. Fischer (Hrsg.), *Behaviour and the developing brain* (S. 218-234). New York: Guildford Press.

de Jonghe, F., Hendriksen, M., van Aalst, G., Kool, S., Peen, J., Van, R., van den Eijden, E. & Dekker, J. (2004). Psychotherapy alone and combined with pharmacotherapy in the treatment of depression. *Br J Psychiatry, 185*(7), 37-45.

de Jonghe, F., Kool, S., van Aalst, G., Dekker, J. & Peen, J. (2001). Combining psychotherapy and antidepressants in the treatment of depression. *J Affect Disorders, 64*(2-3), 217-229.

de Jonghe, F., Rijnierse, P. & Janssen, R. (1994). Psychoanalytic supportive psychotherapy. *J Am Psychoanal Ass, 42*(2), 421-446.

de Kloet, E.R., Reul, H.M. & Sutano, W. (1990). Corticosteroids and the brain. *J Steroid Biochem Mol Biol, 37*(3), 387-394.

de Maat, S., Dekker, J., Schoevers, R., de Jonghe, F. (2006). Relative efficacy of psychotherapy and pharmacotherapy in the treatment of depression: A meta-analysis. *Psychother Res, 16*(5), 566-578.

de Maat, S., Dekker, J., Schoevers, R., van Aalst, G., Gijsbers-van Wijk, C., Hendriksen, M., Kool, S., Peen, J., Van, R. & de Jonghe, F. (2008). Short psychodynamic supportive psychotherapy, antidepressants, and their combination in the treatment of major depression: a megaanalysis based on three randomized clinical trials. *Depress Anxiety, 25*(7), 565–574.

de Maat, S., Philipszoon, F., Schoevers, R., Dekker, J. & de Jonghe, F. (2007). Costs and benefits of long-term psychoanalytic therapy: Changes in health care use and work impairment. *Harvard Rev Psychiat, 15*(6), 289–300.

de Mello, F., de Jesus, G., Mari, J., Bacaltchuk, J., Verdeli, H. & Neugebauer, R. (2005). A systematic review of research findings on the efficacy of interpersonal therapy for depressive disorders. *Eur Arch Psychiatry Clin Neurosci, 255*(2), 75–82.

Dekker, J.J.M., Koelen, J.A., Van, H.L., Schoevers, R.A., Peen, J., Hendriksen, M., Kool, S., Van Aalst, G. & de Jonghe, F. (2008). Speed of action: The relative efficacy of short psychodynamic supportive psychotherapy and pharmacotherapy in the first 8 weeks of a treatment algorithm for depression. *J Affect Disorders, 109*(1–2), 183–188.

DGPPN, BÄK, KBV, AWMF, AkdÄ, BPtK, BApK, DAGSHG, DEGAM, DGPs & DGRW für die Leitliniengruppe Unipolare Depression (Hrsg.). (2009). *S3-Leitlinie/Nationale VersorgungsLeitlinie Unipolare Depression – Langfassung*. Berlin/Düsseldorf: DGPPN/ÄZQ/AWMF [www.dgppn.de, www.versorgungsleitlinien.de, www.awmf-leitlinien.de].

Dimidjian, S., Hollon, S.D., Dobson, K.S., Schmaling, K.B., Kohlenberg, R.J., Addis, M.E., Gallop, R., McGlinchey, J.B., Markley, G.K., Gollan, J.K. & Jacobson, N.S. (2006). Randomized Trial of Behavioral Activation, Cognitive Therapy, and Antidepressant Medication in the Acute Treatment of Adults with Major Depression. *J Consult Clin Psych, 74*(4), 658–670.

Dornes, M. (1993). *Der kompetente Säugling. Die präverbale Entwicklung des Menschen.* Frankfurt a.M.: Fischer.

Driessen, E., Cuijpers, P., de Maat, S., Abbass, A.A., de Jonghe, F. & Dekker, J. (2010). The efficacy of short-term psychodynamic psychotherapy for depression: A meta-analysis. *Clin Psychol Rev, 30*(1), 25–36.

Driessen, E., Van, H.L., Don, F.J., Peen, J., Kool, S., Westra, D. & Dekker, J.J.M. (2013). The Efficacy of Cognitive-Behavioral Therapy and Psychodynamic Therapy in the Outpatient Treatment of Major Depression: A Randomized Clinical Trial. *Am J Psychiatry, 170*(9), 1041–1050.

Driessen, E., Van, H.L., Peen, J., Don, F.J., Kool, S., Westra, D. & Dekker, J.J. (2014). Therapist-rated outcomes in a randomized clinical trial comparing cognitive behavioral therapy and psychodynamic therapy for major depression. *J Affect Disord, 170*(1), 112–118.

Dümpelmann, M. (2006). Trauma. Als Charakterschwäche aufgegeben und als ätiologischer Faktor wiederentdeckt. In H. Böker (Hrsg.), *Psychoanalyse und Psychiatrie*. (S. 335–344). Heidelberg/Berlin/New York: Springer.

Edwards, E., Kornrich, W., Houtten, P.V. & Henn, F.A. (1992). Presynaptic serotonin mechanisms in rats subjected to inescapable shock. *Neuropharmacology, 31*(4), 323–330.

Elkin, I. (1994). The NIMH treatment of Depression Collaborative Research Program: Where we began and where we are. In A.E. Bergin & S.L. Garfield (Hrsg.), *Handbook of psychotherapy and behavior change* (S. 114–139). New York: Wiley.

Elkin, I., Shear, R., Watkins, J.T., Imber, S.S., Sotsky, S.M., Collins, J.F., Glass, D.R., Pilkonis, P.A., Leber, W.R., Docherty, J.P., Fiester, S.J. & Parloff, M.B. (1989). National Institute of Mental Health Treatment of Depression Collaborative Research Program: General effectiveness of treatment. *Arch Gen Psychiat, 46*(11), 971–982.

Engel, G.L. (1980). *Psychisches Verhalten in Gesundheit und Krankheit*. Bern: Huber.

Fairbairn, W.R.D. (1952). *Psychoanalytic Studies of Personality*. London: Tavistock/Routledge.

Fava, G.A., Ruini, G., Raffanelli, G., Finos, L., Conti, S. & Grandi, S. (2004). Six-year outcome of cognitive behaviour therapy for prevention of recurrent depression. *Am J Psychiatry, 161*(10), 1872–1876.

Fenichel, O. (1975 [1945]). Depression und Manie. In ders., *Psychoanalytische Neurosenlehre, Bd. II* (S. 272–309). Olten: Walter.
Fiedler, P. (2005). *Verhaltenstherapie in Gruppen* (völlig neu bearbeitete 2. Aufl.). Weinheim: Beltz-PVU.
Fonagy, P. & Target, M. (2003). *Psychoanalytic Theories: Perspectives from Developmental Psychopathology*. London: Whurr.
Fonagy, P., Gergely, G., Jurist, E. L. & Target, M. (2011 [2003]). *Affektregulierung, Mentalisierung und die Entwicklung des Selbst*. Stuttgart: Klett-Cotta [Orig.: *Affect Regulation, Mentalisation, and the Development of the Self*. New York: Other Press].
Fonagy, P., Rost, F., Carlyle, J. A., Mcpherson, S., Thomas, R., Fearon, R.M.P. & Taylor, D. (2015). Pragmatic randomized controlled trial of long-term psychoanalytic psychotherapy for treatment-resistant depression: the Tavistock Adult Depression Study (TADS). *World Psychiatry*, *14*(3), 312–321.
Fonagy, P., Sleed, M. & Baradon, T. (2016). Randomized Controlled Trial of Parent-Infant Psychotherapy for Parents With Mental Health Problems and Young Infants. *Infant Mental Health Journal*, *37*(2), 97–114.
Fonagy, P., Target, M. & Steele, H. (1998). *Reflective Functioning Manual, Version 5.0*. London: Univ College London.
Fox, N. N., Calkins, S. D.& Bell, M. A. (1994). Neural plasticity and development in the first two years of life: Evidence from cognitive and socioemotional domains of research. *Development and Psychopathology*, *6*(4), 677-696.
Frank, E., Kupfer, D. J., Wagner, E. F., McEachran, A. B. & Cornes, C. (1991). Efficacy of interpersonal psychotherapy as a maintenance treatment of recurrent depression. Contributing factors. *Arch Gen Psychiat*, *48*(12), 1053–1059.
Franke, G. (1995). *SCL-90-R: Die Symptom-Checkliste von Derogatis – Deutsche Version – Manual*. Göttingen: Beltz Test.
Freud, A. (1982 [1936]). *Das Ich und die Abwehrmechanismen*. München: Kindler.
Freud, A. & Bergmann, T. (1977). *Kranke Kinder – ein psychoanalytischer Beitrag zu ihrem Verständnis*. Frankfurt a. M.: Fischer.
Freud, S. (1900a). *Die Traumdeutung*. *GW II/III*.
Freud, S. (1910d). Die zukünftigen Chancen der psychoanalytischen Therapie. In ders., *GW VIII* (S. 104–115).
Freud, S. (1911b). Formulierungen über zwei Prinzipien des psychischen Geschehens. In ders., *GW VIII* (S. 230–238).
Freud, S. (1912b). Zur Dynamik der Übertragung. In ders., *GW VIII* (S. 364–374).
Freud, S. (1914). Zur Einführung des Narzissmus. In ders., *GW X* (S. 137–170).
Freud, S. (1916–1917g [1915]). Trauer und Melancholie. In ders., *GW X* (S. 428–446).
Freud, S. (1919a [1918]). Wege der psychoanalytischen Therapie. In ders., *GW XII*, (S. 181–194).
Freud, S. (1921c). Massenpsychologie und Ich-Analyse. In ders., *GW XIII* (S. 71–161).
Freud, S. (1923b). Das Ich und das Es. In ders., *GW XIII* (S. 237–289).
Freud, S. (1926d). Hemmung, Symptom und Angst. In ders., *GW XIV* (S. 111–205).
Freud, S. (1940a [1938]). Abriß der Psychoanalyse. In ders., *GW XVII* (S. 63–138).
Frith, U. & Frith, C. D. (2003). Development and neurophysiology of mentalizing. *Philos Trans R Soc Lond B Biol Sci*, *358*(1431), 459–473.
Gabbard, G. O. (2004). *Long-term Psychodynamic Psychotherapy. A Basic Text*. Washington, DC: American Psychiatric Publishing.
Gabbard, G. O. (2014). *Psychodynamic Psychiatry in Clinical Practice* (5. Aufl.). Arlington: American Psychiatric Publishing.

Gallagher-Thompson, D.E. & Steffen, A.M. (1994). Comparative effects of cognitive-behavioral and brief psychodynamic psychotherapies for depressed family caregivers. J Consult Clin Psychol, 62(3), 543–549.

George, C. (1996). A representational perspective of child abuse and prevention: internal working models of attachment and caregiving. Child Abuse Negl, 20(5), 411–424.

George, C. & Solomon, J. (2016). The Attachment Doll Play Assesment: Predictive Validity with concurrent Mother-Child-Interaction and Maternal Caregiving Representation. Front Psychol, 18(7), 1594.

George, M.S., Keller, T.A., Parekh, P.I., Herscovitch, P. & Post, R.M. (1996). Gender differences in regional blood flow during transient self-induced sadness or happiness. Biol Psychiatry, 40(9), 859–871.

Gerson, S., Belin, T.R., Kaufman, A., Mintz, J. & Jarvik, L. (1999). Pharmacological and psychological treatments for depressed older patients: a meta-analysis and overview of recent findings. Harvard Rev Psychiat, 7(1), 1–28.

Gibbons, M.B.C., Gallop, R., Thompson, G., Luther, D., Crits-Christoph, K., Jacobs, J., Yin, S. & Crits-Cristoph, P. (2016). Comparative effectiveness of cognitive therapy and dynamic psychotherapy for major depressive disorder in a community mental health setting. A randomized clinical noninferiority trial. JAMA Psychiatry, 73(9), 904–912. DOI: 10.1001/jamapsychiatry.2016.1720

Gibbons, M.B.C., Thompson, S.M., Scott, K., Schauble, L.A., Mooney, T., Thompson, D. & Crits-Christoph, P. (2012). Supportive-expressive dynamic psychotherapy in the community mental health system: A pilot effectiveness trial for the treatment of depression. Psychotherapy (Chicago, Ill.), 49(3), 303–316.

Glaser, D. (2000). Child abuse and neglect and te brain – a review. J Child Psychol Psychiatr, 41(1), 97–116.

Gloaguen, V., Cottraux, J., Cucherat, M. & Blackburn, I.M. (1998). A meta-analysis of the effects of cognitive therapy in depressed patients. J Affect Disord, 49(1), 59–72.

Goldapple, K., Segal, Z., Garson, C., Lau, M., Bieling, P., Kennedy, S. & Mayberg, H. (2004). Modulation of cortical-limbic pathways in major depression: Treatment-specific effects of cognitive behavior therapy. Arch Gen Psychiatry, 61(1), 34–41.

Goldfried, M.R., Rauer, P.J. & Castonguay, L.G. (1998). The therapeutic focus in significant sessions of master therapists: a comparison of cognitive-behavioral and psychodynamic-interpersonal interventions. J Consult Clin Psychol, 66(5), 803–810.

Grabenstett, Y. (1998). Spezielle Aspekte in der Behandlung depressiver Patienten. In H. Will, Y. Grabenstett, G. Völkel & G. Blanck (Hrsg.), Depression. Psychodynamik und Therapie (S. 171–187). Stuttgart/Berlin/Köln: Kohlhammer.

Grande, T., Dilg, R., Jakobson, T., Keller, W., Krawietz, B., Langer, M., Oberbracht, C., Stehle, S., Stennes, M. & Rudolf, G. (2006). Differential effects of two forms of psychoanalytic therapy: Results of the Heidelberg-Berlin study. Psychother Res, 16, 470–485.

Grande, T., Rudolf, G., Oberbracht, C. & Jakobsen, T. (2001). Therapeutische Veränderungen jenseits der Symptomatik. Wirkungen stationärer Psychotherapie im Licht der Heidelberger Umstrukturierungsskala. Z Psychosom Med Psychother, 47(3), 213–233.

Grande, T., Rudolf, G., Oberbracht, C. & Pauli-Magnus, C. (2003). Progressive changes in patients' lives after psychotherapy: Which treatment effects support them? Psychother Res, 13, 43–58.

Grawe, K., Donati, R. & Bernauer, F. (1994). Psychotherapie im Wandel. Von der Konfession zur Profession. Göttingen: Hogrefe.

Green, A. (1979). Psycoanalytische Theorien über den Affekt. Psyche – Z Psychoanal, 33(8), 681–723.

Greenson, R. R. (1985). *The Technique and Practice of Psycho-Analysis*. London: The Hogarth Press/the Institute of Psycho-Analysis.
Grimm, S. (2016). Adverse frühe Erfahrungen als Risikofaktor für erhöhte Stressvulnerabilität und psychische Erkrankungen – Implikationen für den therapeutischen Einsatz von Oxytocin. In H. Böker, P. Hartwich & G. Northoff (Hrsg.), *Neuropsychodynamische Psychiatrie* (S. 341–346). Berlin/Heidelberg: Springer-Verlag.
Grimm, S., Ernst, J., Boesiger, P., Schuepbach, D., Hell, D., Boeker, H. & Northoff, G. (2009). Increased self-focus in major depressive disorder is related to neural abnormalities in subcortical midline structures. *Human Brain Mapping*, *30*(8), 2617–2627.
Grotjahn, M. (1977). *The Art and Technique of Analytic Group Therapy*. New York, NY: Jason Aronson.
Guntrip, H. (1971). The object relation theory of W. R. D. Fairbairn. In S. Arieti (Hrsg.), *American Handbook of Psychiatry* (S. 207–223). New York: Basic Books.
Gut, E. (1989). *Productive and unproductive depression*. London: Tavistock & Routledge.
Hartmann, H. (1950). Comments on the psychoanalytic theory of the ego. *The Psychoanalytic Study of the Child*, Vol. 5, 74–96.
Hartmann, H. (1970). *Ich-Psychologie und Anpassungsproblem*. Stuttgart: Klett.
Hautzinger, M. (1991). Perspektiven für ein psychologisches Konzept der Depression. In C. P. Mundt, H. Fiedler, H. Lang & A. Krause (Hrsg.), *Depressionskonzepte heute* (S. 39–60). Berlin/Heidelberg/New York: Springer.
Hautzinger, M. (1994). Kognitive Verhaltenstherapie bei Depressionen. In ders. (Hrsg.), *Kognitive Verhaltenstherapie bei psychischen Erkrankungen* (S. 39–60). Berlin/München: Quintessenz.
Hautzinger, M. (1998). Zur Wirksamkeit von Psychotherapie bei Depressionen. *Psychotherapie*, *3*(1), 65–75.
Hautzinger, M. (2003). *Kognitive Verhaltenstherapie bei Depressionen: Behandlungsanleitungen und Materialen*. Weinheim/Basel/Berlin: Beltz.
Hautzinger, M. (2009). *Depression im Alter: Erkennen, bewältigen, behandeln. Ein kognitiv-verhaltenstherapeutisches Gruppenprogramm*. Weinheim/Basel/Berlin: Beltz.
Hautzinger, M., de Jong-Meyer, R., Treiber, R., Rudolf, G. A. & Thien, U. (1996). Wirksamkeit kognitiver Verhaltenstherapie, Pharmakotherapie und deren Kombination bei nicht-endogenen, unipolaren Depressionen. *Z Klin Psychol*, *44*(2), 130–145.
Hell, D. (2009). Von deprimiert zu depressiv? (Teil 2) Selbstbild und psychische Störungen in der Spätmoderne. *Ärztezeitung*, *90*(20), 823–825.
Hersen, M., Himmelhoch, J. M. & Thase, M. E. (1984). Effects of social skill training, Amitriptyline and psychotherapy in unipolar depressed women. *Behav Ther*, *15*, 21–40.
Himmighoffen, H. (2009). Die Rolle der medikamentösen Behandlung. In H. Böker, D. Hell & D. Teichman (Hrsg.), *Teilstationäre Behandlung von Depressionen, Angst- und Zwangsstörungen. Tagesklinik für Affektkranke* (S. 51–54). Stuttgart: Schattauer.
Himmighoffen, H., Dreher, C. & Böker, H. (2009). Weitere Möglichkeiten der Evaluation der Verläufe und der Qualität der Behandlung. In H. Böker, D. Hell & D. Teichman (Hrsg.), *Teilstationäre Behandlung von Depressionen, Angst- und Zwangsstörungen. Tagesklinik für Affektkranke* (S. 112–124). Stuttgart: Schattauer.
Himmighoffen, H., Trafoier, M. & Boeker, H. (2010). *Operationalized Psychodynamic Diagnosis (OPD-2) as an efficient tool for individualized treatment planning and evaluation – Preliminary results of a study on the course and outcome of depression in a day clinic for affective disorders by means of OPD-2*. Poster presentation at the 20th IFP World Congress of Psychotherapy, Lucerne, Switzerland, June 16–19, 2010.

Literatur

Hinshelwood, R.D. (1993). *Wörterbuch der kleinianischen Psychoanalyse.* Aus dem Englischen übersetzt von E. Vorspohl. Stuttgart: Verlag Internationale Psychoanalyse.

Hirsch, M. (2013). Psychoanalytische Traumatherapie. In C. Spitzer & H.J. Grabe (Hrsg.), *Kindesmisshandlung* (S. 233–245). Stuttgart: Kohlhammer.

Hobson, R.F. (1985). *In Forms of Feeling: The Heart of Psychotherapy.* New York, NY: Basic Books.

Hoffmann, S.O. (2008). *Psychodynamische Therapie von Angststörungen. Einführung und Manual für die kurz- und mittelfristige Therapie.* Stuttgart: Schattauer.

Hohagen, R. (1996). *Analytisch orientierte Psychotherapie in der Praxis.* Stuttgart: Schattauer.

Hole, G. (1992). Die endoneurotische Depression. Notwendigkeit und Ärgernis einer begrifflichen Aussage. *Fortschr Neurol Psychiatr, 60*(11), 420–436.

Hollon, S.D., DeRubeis, R.J., Evans, M.D., Wiemer, M.J., Garvey, M.J., Grove, W.M. & Tuason, V.B. (1992). Cognitive therapy and pharmacotherapy for depression: Singly and in Combination. *Arch Gen Psychiat, 49*(10), 774–781.

Horowitz, L.M. (1994). Personenschemata, Psychopathologie und Psychotherapieforschung. *Psychotherapeut, 39*(2), 61–72.

Horowitz, L.M. & Kaltreider, N. (1979). Brief therapy of the stress response syndrome. *Psychiat Clin N Am, 2,* 365–377.

Horowitz, L.M., Marmar, C., Krupnick, J., Wilner, N., Kaltreider, N. & Wallerstein, R. (1984). *Personality styles and brief psychotherapy.* New York: Basic Books.

Horowitz, L.M., Strauss, B. & Kordy, H. (2000). *Inventar zur Erfassung interpersonaler Probleme – Deutsche Version. Manual* (2. überarbeitete und neu normierte Aufl.). Göttingen: Beltz Test Gesellschaft.

Holsboer, F. (1983). Prediction of clinical course by dexamethasone suppression test response in depressed patients – physiological and clinical construct validity of the DST. *Pharmacopsychiatry, 16*(6), 186–191.

Holsboer, F. (1989). Psychiatric implications of altered limbic-hypothalamic-pituitary-adrenocortical activity. *Eur Arch Psychiatry Neurosci, 238,* 302–322.

Huber, D., Henrich, G., Gastner, J. & Klug, G. (2012). Must all have prices? The Munich Psychotherapy Study. In R. Levy, R.A., Ablon, J.S. & Kächele, H. (Hrsg.), *Psychodynamic Psychotherapy Research. Evidence-Based Practice and Practice-Based Evidence* (S. 51–69). New York: Humana Press.

Huber, D., Klug, G. & Wallerstein, R.S. (2006). *Skalen Psychischer Kompetenzen (SPK). Ein Messinstrument für therapeutische Veränderung in der psychischen Struktur.* Stuttgart: Kohlhammer.

Imel, Z.E., Malterer, M.B., McKay, K.M. & Wampold, B.E. (2008). A meta-analysis of psychotherapy and medication in unipolar depression and dysthymia. *J Affect Disord, 110*(3), 197–206.

Jacobson, E. (1976). The psychoanalytic treatment of depressive patients. In I.J. Anthony & T. Benedick (Hrsg.), *Depression and human existence* (S. 431–443). Boston: Little/Brown.

Jacobson, E. (1977 [1971]). *Depression. Eine vergleichende Untersuchung normaler, neurotischer und psychotisch-depressiver Zustände.* Frankfurt a.M.: Suhrkamp.

Jakobsen, T., Rudolf, G., Brockmann, J., Ecker, J., Huber, G., Klug, G., Grande, T., Keller, W., Staats, H. & Leichsenring, F. (2007). Ergebnisse analytischer Langzeitpsychotherapien bei spezifischen psychischen Störungen: Verbesserungen in der Symptomatik und in interpersonellen Beziehungen. *Z Psychosom Med Psychother, 53,* 87–110.

Jaspers, K. (1973 [1913]). *Allgemeine Psychopathologie* (1. bis 9. Aufl.). Berlin/Heidelberg/New York: Springer.

Jehuda, R., Southwick, S., Giller, E.L., Ma, X. & Mason, J.W. (1992). Urinary catecholamine excretion and severity of PTSD symptoms in Vietnam combat veterans. *J Nerv Ment Dis, 180*(5), 321–325.

Jeszner, M. (2012). Ungebetene Gäste? Psychopharmaka im psychoanalytischen Setting. *SAP-Zeitung* 22(September 2012).
Johansson, R., Björklund, M., Hornborg, C., Karlsson, S., Hesser, H., Ljótsson, B. & Andersson, G. (2013). Affect-focused psychodynamic psychotherapy for depression and anxiety through the Internet: a randomized controlled trial. *PeerJ, 1*, e102. DOI:10.7717/peerj.102
Kahn, M. (1974). Ego distortion, cumulative trauma, and the role of reconstruction. In ders., *The privacy of the self* (S. 59–68). New York: Internat Universities Press.
Kapfhammer, H. B. (2000). Zur Kombination und Interaktion von Psycho- und Pharmakotherapie. In N. Hofmann & H. Schauenburg (Hrsg.), *Psychotherapie der Depression* (S. 125–138). Stuttgart/New York: Thieme.
Karasu, T. B. (1990). Toward a clinical model of psychotherapy for depression, II: An integrative and selective treatment approach. *Am J Psychiatry, 147*(3), 269-287.
Kay, J. (2007). Psychotherapy and medication. In G. O. Gabbard, J. S. Beck & J. Holmes (Hrsg.), *Oxford Textbook of Psychotherapy* (S. 463–476). New York: Oxford University Press.
Keller, M. B. & Shapiro, R. W. (1982). »Double depression«: Superimposition of acute depressive episodes on chronic depressive disorders. *Am J Psychiatry, 39*(4), 438–442.
Keller, M. B., McCullough, J. P., Klein, D. N., Arnow, B., Dunner, D. L., Gelenberg, A. J. Markowitz, J. C., Nemeroff, C. B., Russel, J. M., Thase, M. E., Trivedi, M. H. & Zajecka, J. (2000). A comparison of nefazodone, the cognitive behavioral-analysis system of psychotherapy, and their combination for the treatment of chronic depression. *N Engl J Med, 342*(20), 1462–1470.
Kendler, K. S., Thornton, L. M. & Gardner, C. O. (2001). Genetic risk, number of previous depressive episodes, and stressful life events in predicting onset of major depression. *Am J Psychiatry, 158*(4), 582–586.
Kendler, K. S., Walters, E. E. & Kessler, R. C. (1997). The prediction of length of major depressive episodes. Results from an epidemiological sample of female twins. *Psychological Medicine, 27*(1), 107–117.
Kendler, K. S., Thornton, L. M. & Gardner, C. O. (2001). Genetic risk, number of previous depressive episodes, and stressful life events in predicting onset of major depression. *Am J Psychiatry, 158*(4), 582–586.
Kernberg, O. (1983 [1967]). *Borderline-Störungen und pathologischer Narzißmus.* Übersetzt von H. Schulz. Frankfurt a. M.: Suhrkamp [Orig.: Borderline Personality Organization. *J Amer Psychoanal Assn, 15*(3), 641–685].
Kernberg, O. (1981). Structural interviewing. *Psychiat Clin North Am, 4*(1), 169–195.
Kernberg, O. (1983). *Borderlinestörungen und pathologischer Narzissmus.* Frankfurt a. M.: Suhrkamp.
Kernberg, O. (1990 [1985]). *Schwere Persönlichkeitsstörungen* (3. Aufl., 1991). Stuttgart: Klett [Orig.: Severe Personality Disorders. New Haven/London: Yale University Press].
Klein, M. (1956). *New directions in psychanalysis.* New York: Basic Books.
Klein, M. (1960 [1940]). Die Trauer und ihre Beziehung zu den manisch-depressiven Zuständen (1960). In dies., *Das Seelenleben des Kleinkinds und andere Beiträge zur Psychoanalyse* (S. 95–130). Stuttgart: Klett-Cotta [Orig.: Mourning and its relation to manic-depressive states. *Int J Psychoanal, 21*, 125–153].
Klerman, G. L., Weissman, M. M., Rounsaville, B. & Chevron, B. (1984). *Interpersonal psychotherapy of depression.* New York: Basic Books.
Klöpper, M. (2014). *Die Dynamik des Psychischen.* Stuttgart: Klett-Cotta.
Klug, G., Zimmermann, J. & Huber, D. (2016). Outcome trajectories and mediation in psychotherapeutic treatments of major depression. *J Am Psychoanal Assoc, 64*(2), 307–343.
Knekt, P., Lindfors, O., Härkänen, T., Välikoski, M., Virtala, E., Laaksonen, M. A., Marttunen, M., Kaipainen, M. & Renlund, C. (2008a). Randomized trial on the effectiveness of long- and

short-term psychodynamic psychotherapy and solution-focused therapy on psychiatric symptoms during a 3-year follow-up. *Psychol Med, 38*(5), 689–703.
Knekt, P., Lindfors, O., Laaksonen, M. A., Raitasalo, R., Haaramo, P. & Järvikoski, A. (2008b). Effectiveness of short-term and long-term psychotherapy on work ability and functional capacity – A randomized clinical trial on depressive and anxiety disorders. *J Affect Disorders, 107*(1–3), 95–106.
Knekt, P., Lindfors, O., Laaksonen, M. A., Renlund, C., Haaramo, P., Härkänen, T. & Virtala, E. (2011). Quasi-experimental study on the effectiveness of psychoanalysis, long-term and short-term psychotherapy on psychiatric symptoms, work ability and functional capacity. *J Affect Disord* [e-pub ahead of print]. DOI: 10.1016/j.jad.2011.01.014
Knekt, P., Lindfors, O., Ske, L. S. Ä. & Virtala, E. S. A. (2013). Randomized trial on the effectiveness of long- and short-term psychotherapy on psychiatric symptoms and working ability during a 5-year follow-up. *Nordic journal of psychiatry, 67*(1), 59–68. May 2012. DOI: 10.3109/08039488.2012.680910.
Kohut, H. (1971). *The Analysis of the Self*. New York: International Universities Press.
Kohut, H. (1975 [1972]). *Überlegungen zum Narzissmus und zur narzisstischen Wut*. Übersetzt von L. Köhler. In ders. (1975), *Die Zukunft der Psychoanalyse* (S. 205–251). Frankfurt a. M.: Suhrkamp [Orig.: Thoughts of Narcissism and Narcisstic Rage. *The Psychoanalytic Study of the Child*, Vol. 27, 360–400].
Kohut, H. (1979 [1977]). *Die Heilung des Selbst*. Übersetzt von E. vom Scheidt. Frankfurt a. M.: Suhrkamp [Orig.: *The Restoration of the Self*. New York: International Universities Press].
Kohut, H. & Wolf, E. (1980 [1978]). Die Störungen des Selbst und ihre Behandlung. Übersetzt von E. vom Scheidt. In *Die Psychologie des 20. Jahrhunderts, Bd. 10* (S. 667–682). München: Kindler [Orig.: The Disorders of the Self and the Treatment. An Outline. *Int J Psycho-Anal, 59*, 413–425].
König, K. (1999). *Psychoanalyse in der psychiatrischen Arbeit – eine Einführung*. Bonn: Psychiatrie-Verlag.
Kool, S., Schoevers, R., de Maat, S., Van, R., Molenaar, P., Vink, A. & Dekker, J. (2005). Efficacy of pharmacotherapy in depressed patients with and without personality disorders: A systematic review and meta-analysis. *J Affect Disord, 88*(3), 269–278.
Kovacs, M. & Goldstone, D. (1991). Cognitive and social cognitive development of depressed children and adolescents. Special section: Longitudinal research. *J Am Acad Child Adolesc Psychiatry, 30*(3), 388–392.
Kraepelin, E. (1913). *Pychiatrie, Vol. III, Teil 2*. Leipzig: Barth.
Kramer, U., de Roten, Y., Perry, J. C. & Despland, J. N. (2013). Change in defense mechanisms and coping patterns during the course of 2-year-long psychotherapy and psychoanalysis for recurrent depression: a pilot study of a randomized controlled trial. *The Journal of nervous and mental disease, 201*(7), 614–20.
Krause, R. (1988). Eine Taxonomie der Affekte und ihre Anwendung auf das Verständnis der »frühen Störungen«. *Psychother Psychosom med Psychol, 38*(2), 77–86.
Krause, R. (1994). Verlust, Trauer und Depression: Überlegungen auf der Grundlage der Emotionsforschung. *Z Psychosom med Psychoanal, 40*(4), 324–340.
Küchenhoff, J. (2010). Zum Verhältnis von Psychopharmakologie und Psychoanalyse – am Beispiel der Depressionsbehandlung. *Psyche – Z Psychoanal, 64*(09/10), 890–916.
Laplanche, J. & Pontalis, J. B. (1972). *Das Vokabular der Psychoanalyse*. Aus dem Französischen von E. Moersch. Frankfurt a. M.: Suhrkamp.
Leichsenring, F. (1996). Zur Meta-Analyse von Grawe. *Gruppenpsychotherapie und Gruppendynamik, 32*, 205–234.

Leichsenring, F. (2001). Comparative effects of short-term psychodynamic psychotherapy and cognitive-behavioral therapy in depression: a meta-analytic approach. *Clin Psychol Rev, 21*(3), 401–419.

Leichsenring, F. & Rabung, S. (2008). Effectiveness of Long-term Psychodynamic Psychotherapy: A Meta-analysis. *JAMA, 300*, 1551–1565.

Leichsenring, F., Hoyer, J., Beutel, M., Herpertz, S., Hiller, W., Irle, E., Joraschky, P., Konig, H.H., de Liz, T.M., Nolting, B., Pohlmann, K., Salzer, S., Schauenburg, H., Stangier, U., Strauss, B., Subic-Wrana, C., Vormfelde, S., Weniger, G., Willutzki, U., Wiltink, J. & Leibing, E. (2008). The Social Phobia Psychotherapy Research Network. The first multicenter randomized controlled trial of psychotherapy for social phobia: rationale, methods and patient characteristics. *Psychother Psychosom, 78*(1), 35–41.

Leichsenring, F., Masuhr, O., Jaeger, U., Rabung, S., Dally, A., Dumpelmann, M. & Streeck, U. (2016). Psychoanalytic-Interactional Therapy versus Psychodynamic Therapy by Experts for Personality Disorders: A Randomized Controlled Efficacy-Effectiveness Study in Cluster B Personality Disorders. *Psychotherapy and Psychosomatics, 85*(2), 71–80.

Leichsenring, F., Rabung, S. & Leibing, E. (2004). The efficacy of short-term psychodynamic psychotherapy in specific psychiatric disorders: a meta-analysis. *Arch Gen Psychiat, 61*(12), 1208–1216.

Leonhard, K. (1957). *Aufteilung der endogenen Psychosen*. Berlin: Akademie Verlag.

Lepine, J.P., Caspar, M., Mendlewitz, J. & Tylee, A. (1997). Depression in the community: the first pan-European study DEPRES (Depression Research in the European society). *Int Clin Psychopharmacol, 12*(1), 19–29.

Leuzinger-Bohleber, M., Bahrke, U., Beutel, M., Deserno, H., Edinger, J., Fiedler, G., Haselbacher, A., Hautzinger, M., Kallenbach, L., Keller, W., Negele, A., Pfennig-Meerkötter, N., Prestele, H., Stuhr, U. & Will, A. (2010). Psychoanalytische und kognitiv-verhaltenstherapeutische Langzeittherapien bei chronischer Depression: Die LAC-Depressionsstudie. *Psyche – Z Psychoanal, 64*(09/10), 782–832.

Leuzinger-Bohleber, M., Fischmann, T. & Rüger, B. (2002). Langzeitwirkungen von Psychoanalysen und Therapien – Ergebnisse im Überblick. In M. Leuzinger-Bohleber, B. Rüger, U. Stuhr & M. Beutel (Hrsg.), *»Forschen und Heilen« in der Psychoanalyse* (S. 75–109). Stuttgart: Kohlhammer.

Leuzinger-Bohleber, M., Stuhr, O., Rüger, B. & Beutel, M. (2001). Langzeitwirkungen von Psychoanalysen und Psychotherapien: Eine multiperspektivische, repräsentative Katamnesestudie. *Psyche – Z Psychoanal, 55*(3), 193–276.

Lewinsohn, B.M. (1974). A behavioral approach to depression. In R.J. Friedman & M.M. Katz (Hrsg.), *The psychology of depression* (S. 157–185). New York: Plenum Press.

Lewinsohn, P.M. & Clarke, G.N. (1999). Psychosocial treatments for adolescent depression. *Clin Psychol Rev, 19*(3), 329–342.

Linden, M. & Hautzinger, M. (2008). *Verhaltenstherapiemanual*. Berlin/Heidelberg: Springer.

Lindfors, O., Knekt, P., Heinonen, E., Härkänen, T., Virtala, E. & The Helsinki Psychotherapy Study Group (2015). The effectiveness of short- and long-term psychotherapy on personality functioning during a 5-year follow-up. *J Affect Disord. Mar 15, 173*, 31–38. Doi: 10.1016/j.jad.2014.10.10039.

Luborsky, L. (1984). *Principles of psychoanalytic psychotherapy: a manual for supportive-expressive treatment*. New York: Basic Books.

Luborsky, L. (1999). *Einführung in die analytische Psychotherapie: Ein Lehrbuch* (3. Aufl.). Göttingen: Vandenhoeck & Ruprecht.

Luborsky, L., McClellan, T., Rudy, G.E., O'Brien, C.P. & Auerbach, A. (1985). Therapist success and its determinants. *Arch Gen Psychiat, 42*(6), 602–610.

Mahler, M. (1966). Notes on the development of basic moods: The depressive affect. In R.M. Lovenstein, L.M. Newman, M. Shoor & A.J. Soluit (Hrsg.), *Psychoanalysis – A general psychology* (S. 152–160). New York: Int Univers Press.
Mahler, M. & McDevitt, J.B. (1968). Observations on adaptations and defense in statu nascendi: Developmental precursors in the first two years of life. *Psychoanal Quart, 37*, 1–21.
Mahler, M., Pine, F. & Bergmann, A. (1975). *The psychological birth of the human infant.* New York: Basic Books.
Mahler, M., Pine, F. & Bergmann, A. (1980 [1975]). *Die psychische Geburt des Menschen. Symbiose und Individuation.* Frankfurt a. M.: Fischer [Orig.: *The psychological birth of the human infant.* New York: Basic Books].
Maina, G., Rosso, G. & Bogetto, F. (2009). Brief dynamic therapy combined with pharmacotherapy in the treatment of major depressive disorder: Long-term results. *J Affect Disord, 114*(1–3), 200–207.
Malan, D.H. (1976a). *The Frontier of Brief Psychotherapy.* New York: Plenum.
Malan, D.H. (1976b). *Toward a validation of Dynamic Psychotherapy: a replication.* New York: Plenum.
Maljanen, T., Knekt, P., Lindfors, O., Virtala, E., Tillman, P., Härkanen, T. & The Helsinki Psychotherapy Study Group (2016). The cost-effectiveness of short-term and long-term psychotherapy in the treatment of of depressive and anxiety disorders during a 5-year follow-up. *J Affect Disord*. Jan 15, *190*, 254–263. Doi: 10.1016/j.jad.2015.09.065.
Mann, J. (1973). *Time-limited psychotherapy.* Cambridge, MA: Harvard University Press.
Markowitz, J.C., Moran, M.E., Kocisis, J.A. & Francis, A. (1992). Prevalence and comorbidity of dysthymic disorder. *J Affect Disord, 24*(2), 63–71.
Marttunen, M., Likoski, M., Lindfors, O., Laaksonen, M.A. & Knekt, P. (2008). Pretreatment clinical and psycho-social predictors of remission from depression after short-term psychodynamic psychotherapy and solution-focuses therapy: A 1-year follow-up study. *Psychother Res, 18*(2), 191–199.
McCullough, J.P. (2006). *Psychotherapie der chronischen Depression. Cognitive Behavioral Analysis System of Psychotherapie – CBASP.* München: Urban & Fischer.
McCullough, J.P. (2007). *Behandlung von Depressionen mit dem Cognitive Behavioral Analysis System of Psychotherapie CBASP. Therapiemanual.* München: CIP-Medien-Verlag.
McCullough, J.P. (2008). *Treating chronic depression with a disciplined personal involvement: CBASP.* New York: Springer Press.
Mentzos, S. (1982). *Neurotische Konfliktverarbeitung. Einführung in die psychoanalytische Neurosenlehre unter Berücksichtigung neuer Perspektiven.* Frankfurt a. M.: Fischer.
Mentzos, S. (1986). Drei therapeutische Settings in der psychoanalytischen Psychotherapie psychotischer Patienten. *Forum der Psychoanalyse, 2*, 134–151.
Mentzos, S. (1991). *Psychodynamische Modelle in der Psychiatrie.* Göttingen: Vandenhoeck & Ruprecht.
Mentzos, S. (1995). *Depression und Manie, Psychodynamik und Psychotherapie affektiver Störungen.* Göttingen/Zürich: Vandenhoeck & Ruprecht.
Mentzos, S. (2000). Die »endogenen« Psychosen als die Psychosomatosen des Gehirns. In T. Müller & N. Matejek (Hrsg.), *Ätiopathogenese psychotischer Erkrankungen* (S. 13–33). Göttingen/Zürich: Vandenhoeck & Ruprecht.
Mentzos, S. (2009). *Lehrbuch der Psychodynamik.* Göttingen: Vandenhoeck & Ruprecht.
Molenaar, P.J., Dekker, J., Van, R., Hendriksen, M., Vink, A. & Schoevers, R. (2007). Does adding psychotherapy to pharmacotherapy improve social functioning in the treatment of outpatient depression? *Depress Anxiety, 24*(8), 553–562.

Monsen, J.T., von der Lippe, A.L., Havik, O.L., Halvorsen, M.S. & Eilertsen, D.E. (2007). Validation of the SASB Introject Surface in a Norwegian Clinical and Nonclinical Sample. *J Personality Ass, 88*(2), 235-245.
Mundt, C. (1996). Die Psychotherapie depressiver Erkrankungen: Zum theoretischen Hintergrund und seiner Praxisrelevanz. *Nervenarzt, 76*(2), 183-197.
Murray, C.J. & Lopez, A.D. (1997). Global mortality, disability, and the contribution of risk factors: Global Burden of Disease Study. *Lancet, 349*(9063), 1436-1442.
Nemeroff, C.B., Heim, C.M., Thase, M.E., Klein, D.N., Rush, A.J., Schatzberg, A.F., Ninan, P.T., McCullough, J.P., Weiss, P.M., Dunner, D.L., Rothbaum, B.O., Kornstein, S., Keitner, G. & Keller, M.B. (2003). Differential responses to psychotherapy versus pharmacotherapy in patients with chronic forms of major depression and childhood trauma. *PNAS, 100*(24), 14293-14296.
Nietzel, M.T., Russel, R.L., Hemmings, K.A. & Gretter, M.L. (1987). Clinical significance of psychotherapy for unipolar depresion: a meta-analytic approach to social comparison. *J Consult Clin Psychol, 55*(2), 156-161.
Northoff, G. (2007). Psychopathology and pathophysiology of the self in depression – neuropsychiatric hypothesis. *J Affect Disord, 104*(1-3), 1-14.
Northoff, G. (2011). *Neuropsychoanalysis in Practice. Self, objects, and brain.* Oxford/New York: Oxford University Press.
Northoff, G. (2010). *Neuropsychoanalysis in Practice. Brain, Self, and Objects.* Oxford: Oxford University Press.
Northoff, G. (2014a). *Unlocking the Brain, Volume I: Coding.* Oxford: Oxford University Press.
Northoff, G. (2014b). *Unlocking the Brain, Volume II: Consciousness.* Oxford: Oxford University Press.
Northoff, G. (2014c). *Minding the brain. A guide to neuroscience and philosophy.* London, New York: Palgrave & Mac Millan.
Northoff, G. (2016). *Neuro-Philosophy and the Healthy Brain. Learning from the Unwell Brain.* New York/London: Norton & Company.
Orlinsky, D.E., Runnestad, M.H. & Willutzky, U. (2004). Fifty years of psychotherapy process – outcome research: Continuity and change. In M. Lambert (Hrsg.), *Bergen and Garfield's Handbook of psychotherapy and behavior change* (5. Aufl., S. 307-389). New York: Wiley.
Panksepp, J. (1998). *Affective Neuroscience. The Foundations of Human and Animal Emotions.* Oxford: Oxford University Press.
Parker, G. (2000). Classifying depression: should paradigms lost be regained? *Am J Psychiatry, 157*(8), 1204-1211.
Perris, C. (1966). A study of bipolar (manic-depressive) and unipolar recurrent depressive psychosis. *Acta Psychiatr Scand, 194*(suppl.), 1-89.
Persons, B.J. & Silberschatz, G. (1998). Are results of randomized trials useful to psychotherapists? *J Consult Clin Psychol, 66*(1), 126-135.
Piegler, T. & Dümpelmann, M. (2016). Bindung. In H. Böker, P. Hartwich & G. Northoff (Hrsg.), *Neuropsychodynamische Psychiatrie* (S. 167-178). Heidelberg: Springer.
Piegler, T. & Northoff, G. (2016). Mentalisierung. In H. Böker, P. Hartwich & G. Northoff (Hrsg.), *Neuropsychodynamische Psychiatrie* (S. 179-192). Heidelberg: Springer.
Pollack, J. & Horner, A. (1985). Brief adaptation-oriented psychotherapy. In A. Winston (Hrsg.), *Clinical and research issues in short-time dynamic psychotherapy* (S. 112-127). Washington, DC: American Psychiatric Press.
Post, R.M. (1992). Transduction of psychosocial stress in to the neurobiology of recurrent affective disorder. *Am J Psychiatry, 149*(8), 99-1010.
Preskorn, S.H. & Burke, M. (1992). Somatic therapy for major depressive disorder: selection of an antidepressant. *J Clin Psychiatry, 53*(Suppl 9), 5-18.

Rado, S. (1927). Das Problem der Melancholie. *Z Psychoanal, 13*, 439–455.
Rado, S. (1951). Psychodynamics of depression from the idealogic point of view. *Psychosom Med, 13*(1), 51–55.
Ressler, K.J. & Mayberg, H. (2007). Targeting abnormal neural circuits in mood and anxiety disorders: from the laboratory to the clinic. *Nat Neurosc, 19*(9), 1116–24.
Reynolds, C.F., Frank, E., Perel, J.M., Imber, S.D., Cornes, C., Miller, M.D., Mazumdar, S., Houck, P.R., Dew, M.A., Stack, J.A., Pollock, B.G. & Kupfer, D.J. (1999). Nortriptyline and Interpersonal Psychotherapy as Maintenance Therapies for Recurrent Major Depression. A Randomized Controlled Trial in Patients Older Than 59 Years. *JAMA, 281*(1), 39–45.
Rizzolatti, G., Fogassi, L. & Gallese, V. (2006). Mirrors of the mind. *Sci Am, 295*(5), 54–61.
Robertson, Ja. & Robertson, Jo. (1975). Reaktionen kleiner Kinder auf kurzfristige Trennungen von der Mutter im Lichte neuerer Beobachtungen. *Psyche – Z Psychoanal, 29*(7), 626–664.
Robinson, L.A., Berman, J.S. & Neimeyer, R.A. (1990). Psychotherapy for the treatment of depression: a comprehensive review of controlled outcome research. *Psychol Bull, 108*(1), 30–49.
Rose, J. & DelMaestro, S. (1990). Separation-individuation conflict as a model for understanding distressed care-givers. Psychodynamic and cognitive case studies. *Gerontologist, 30*(5), 693–697.
Rudolf, G. (2000a). Die Entstehung psychogener Störungen: Ein integratives Modell. *Prax Kinderpsychol Kinderpsychiatr, 49*(5), 331–365.
Rudolf, G. (2000b). *Psychotherapeutische Nedizin und Psychosomatik* (4. Aufl.), Stuttgart: Schattauer.
Rudolf, G. (2002). Konfliktaufdeckende und strukturfördernde Zielsezungen in der tiefenpsychologisch fundierten Psychotherapie. *Z Psychosom Med Psychother, 48*(2), 163–173.
Rudolf, G. (2003). Störungsmodelle und Interventionsstrategien in der psychodynamischen Depressionsbehandlung. *Z Psychosom Med Psychother, 49*(4), 363–376.
Rudolf, G. (2006). *Strukturbezogene Psychotherapie. Leitfaden zur psychodynamischen Psychotherapie struktureller Störungen*. Unter Mitarbeit von Hildegard Horn. Stuttgart: Schattauer.
Rudolf, G., Grande, T. & Oberbracht, C. (2000). Die Heidelberger Umstrukturierungsskala. Ein Modell der Veränderung in psychoanalytischen Therapien und seine Operationalisierung in einer Schätzskala. *Psychotherapeut, 45*(4), 237–246.
Rüger U., Dahm, A. & Kallinke, D. (2005). *Faber/Haarstrick: Kommentar Psychotherapie-Richtlinien* (7. Aufl.). München/Jena: Urban & Fischer.
Salminen, J.K., Karlsson, H., Hietala, J., Kajander, J., Allto, S., Markkula, J., Rasi-Hakala, H. & Toika, T. (2008). Short-Term Psychodynamic Psychotherapy and Fluoxetine in Major Depressive Disorder: A Randomized Comparative Study. *Psychother Psychosom, 77*(6), 351–357.
Sandell, R. (2001). Langzeitwirkung von Psychotherapie und Psychoanalyse. In M. Leuzinger-Bohleber & U. Stuhr (Hrsg.), *Psychoanalysen im Rückblick* (2. Aufl., S. 348–365). New York: Thieme.
Sandell, R., Blomberg, J. & Lazar, A. (1999). Wiederholte Langzeitkatamnesen von Langzeit-Psychotherapien und Psychoanalysen. *Z Psychosom Med Psychother, 45*(1), 43–56.
Sandell, R., Blomberg, J., Lazar, A., Carlsson, J., Broberg, J. & Schubert, J. (2001). Unterschiedliche Langzeitergebnisse von Psychoanalysen und Langzeitpsychotherapien. Aus der Forschung des Stockholmer Psychoanalyse- und Psychotherapieprojektes. *Psyche – Z Psychoanal, 55*(3), 278–310.
Sandell, R., Lazar, A., Grant, J., Carlsson, J., Schubert, J. & Falkenström, F. (2004). Stockholm Outcome of Psychotherapy and Psychoanalysis Project (STOPPP). IPA Research Database. www.ipa.org.uk/research/pdf/sandell.pdf (07.03.2017).
Sandler, J. & Joffe, W. (1980). Zur Depression im Kindesalter. *Psyche – Z Psychoanal, 34*(5), 413–429 [Orig.: Notes on Childhood Depression. *Int J Psychoanal, 46*(1), 88–96].

Schauenburg, H. (2002). Leitlinie zur Psychotherapie der Depression. www.uni-duesseldorf.de/awmf.
Schauenburg, H. & Clarkin, J. (2003). Relapse in depressive disorder – is there a need for maintenance psychotherapy? *Z Psychosom Med Psychother, 49*(4), 377–390.
Schauenburg, H., Beutel, M., Bronisch, T., Hautzinger, M., Leichsenring, F., Reimer, C., Rüger, U., Sammet, I. & Wolfersdorf, M. (1999). Zur Psychotherapie der Depression. *Psychotherapeut, 44*(2), 127–136.
Schepank, H. (1995). *Beeinträchtigungs-Schwere-Score (BSS). Ein Instrument zur Bestimmung der Schwere einer psychogenen Erkrankung.* Göttingen: Hogrefe.
Schneider, K. (1928). Zur Psychologie und Psychopathologie der Gefühlserlebnisse. *Z Neurol Psychiatr, 112*(1), 233–246.
Schore, A. N. (2007). *Affektregulation und die Reorganisation des Selbst.* Stuttgart: Klett-Cotta.
Schramm, E. (1998). *Interpersonelle Psychotherapie.* Stuttgart/New York: Schattauer.
Schramm, E., Caspar, F. & Berger, M. (2006). Spezifische Therapie für chronische Depression. Das »Cognitive Behavioral Analysis System of Psychotherapy« nach McCullough. *Nervenarzt, 77*(3), 355–371.
Schramm, E., Dykierek, P. & van Calker, D. (2002). Interpersonelle Psychotherapie der Depression. In H. Böker & D. Hell (Hrsg.), *Therapie der affektiven Störungen. Psychosoziale und neurobiologische Perspektiven* (S. 274–294). Stuttgart: Schattauer.
Schramm, E., Schneider, D., Zobel, I., van Calker, D., Dykierek, P., Kech, S., Härter, M. & Berger, M. (2008). Efficacy of Interpersonal Psychotherapy plus pharmacotherapy in chronically depressed inpatients. *J Affect Disord, 109*(1–2), 65–73.
Schramm, E., van Calker, D. & Berger, M. (2004). Wirksamkeit und Wirkfaktoren der interpersonellen Psychotherapie in der stationären Depressionsbehandlung – Ergebnisse einer Pilotstudie. *Psychother Psych Med, 54*(2), 65–72.
Schwegler, K., Hell, D., Witschi, T., Kambli, U. & Böker, H. (2003). Die Rolle der Handlungs- und Sozialkompetenz in der stationären Behandlung depressiv Erkrankter: Eine empirische Verlaufsstudie. *Krankenhauspsychiatrie, 14*(1), 14–18.
Sebanz, N. & Frith, C. (2004). Beyond Simulation? Neural mechanisms for predicting the actions of others. *Nat Neurosci, 7*(1), 5–6.
Segal, H. (1974). *Melanie Klein. Eine Einführung in ihr Werk.* München: Kindler.
Seligman, M. E. P. (1995). The effectiveness of psychotherapy. The Consumer Reports Study. *Am Psychol, 50*(12), 965–974.
Shadish, W. R., Matt, G. E., Navarro, A. M., Siegle, G., Crits-Christoph, P., Hazelrigg, M. D., Jorm, A. F., Lyons, L. C., Nietzel, M. T., Prout, H. T., Robinson, L., Smith, M. L., Svartberg, M. & Weiss, B. (1997). Evidence that therapy works in clinically representative conditions. *J Consult Clin Psychol, 165*(3), 355–365.
Shapiro, D. A. & Firth, J. A. (1985). *Exploratory therapy manual for the Sheffield Psychotherapy Project (SAPU Memo 733).* Sheffield, England: University of Sheffield.
Shapiro, D. A., Barkham, M., Rees, A., Hardy, G. E., Reynolds, S. & Startup, M. (1994). Effects of treatment duration and severity of depression on the effectiveness of cognitive-behavioral and psychodynamic-interpersonal psychotherapy. *J Consult Clin Psychol, 62*(3), 522–534.
Shapiro, D. A., Rees, A., Barkham, M. & Hardy, G. E. (1995). Effects of treatment duration and severity of depression on the maintenance of gains after cognitive-behavioral and psychodynamic-interpersonal psychotherapy. *J Consult Clin Psychol, 63*(3), 378–387.
Shea, M. T., Elkin, I., Imber, S. D., Sotsky, S. M., Watkins, J. T., Collins, J., Pilkonis, P. A., Beckham, E., Glass, D. R., Dolan, R. T. & Parloff, M. B. (1992). Course of depressive symptoms over follow-up: findings from the NIMH treatment of depression collaborative research program. *Arch Gen Psychiat, 49*(10), 782–787.

Literatur

Sifneos, E.E. (1987). *Short-term dynamic psychotherapy.* New York: Söldner, M. & Matussek, P. (1990). Kindheitspersönlichkeit und Kindheitserlebnisse bei Depressiven. In P. Matussek, *Beiträge zur Psychodynamik endogener Psychosen* (S. 134–162). Berlin/Heidelberg/New York: Springer.

Söldner, M. & Matussek, P. (1990). Kindheitspersönlichkeit und Kindheitserlebnisse bei Depressiven. In P. Matussek (Hrsg.), *Beiträge zur Psychodnamik endogener Psychosen* (S. 134-162). Berlin/Heidelberg/New York: Springer.

Spitz, R. (1968 [1946]). Partieller Entzug affektiver Zufuhr (Anaklitische Depression). In ders. (2004), *Vom Säugling zum Kleinkind. Naturgeschichte der Mutter-Kind-Beziehung im ersten Lebensjahr* (12. Aufl., S. 279–288). Stuttgart: Ernst Klett Verlag [Orig.: Anaclitic Depression: An Inquiry into the Genesis of Psychiatric Conditions in Early Childhood. *Psychoanal Study Child, 2*, 313–342].

Stassen, H.H., Angst, J., Hell, D., Scharfetter, C. & Szegedi, A. (2007). Is there a common resilience mechanism underlying antidepressant drug response? Evidence from 2848 patients. *J Clin Psychiatry, 68*(8), 1195–1205.

Steinbrueck, S.M., Maxwell, S.E. & Howard, G.S. (1983). A meta-analysis of psychotherapy and drug therapy in the treatment of unipolar depression with adults. *J Consult Clin Psychol, 51*(6), 856–863.

Steiner, J. (1993). *Psychic Retreats: Pathological Organizations in Psychotic, Neurotic and Borderline Patients.* London: Routledge.

Stern, D.N. (1995). *The Motherhood Constellation.* New York: Basic Books.

Stern, D.N. (1998 [1985]). *Die Lebenserfahrungen des Säuglings* (6. Aufl.). Stuttgart: Klett [Orig.: The Interpersonal World of the Infant. A view from psychoanalysis and developmental psychology. New York: Basic Books].

Strauss, B. (2013). Kindesmisshandlung und Bindung. In C. Spitzer & H.J. Grabe (Hrsg.), *Kindesmisshandlung* (S. 86–102). Stuttgart: Kohlhammer.

Strauss, B., Buchheim, A. & Kächele, H. (2002). *Klinische Bindungsforschung. Methoden und Konzepta.* Stuttgart: Schattauer.

Strupp, H.H. & Binder, J. (1984). *Psychotherapy in a New Key.* New York: Basic Books.

Svartberg, M. & Stiles, T.C. (1991). Comparative effects of short-term psychodynamic psychotherapy: A meta-analysis. *J Consult Clin Psychol, 59*(5), 704–714.

Szegedi, A., Jansen, W.T., van Willigenburg, A.P., van der Meulen, E., Stassen, H.H. & Thase, M.E. (2009). Early improvement in the first 2 weeks as a predictor of treatment outcome in patients with major depressive disorder: a meta-analysis including 6562 patients. *J Clin Psychiatry, 70*(3), 344–353.

Taylor, D. (2005). Klinische Probleme chronischer, refraktärer oder behandlungsresistenter Depression. *Psyche – Z Psychoanal, 59*(09/10), 843–863.

Taylor, D. (2010). Das Tavistock-Manual der psychoanalytischen Psychotherapie – unter besonderer Berücksichtigung der chronischen Depression. *Psyche – Z Psychoanal, 64*(09/10), 833–861.

Teasdale, J.D. (1983). Negative thinking in depression: Cause, effect or reciprocal relationship. *Advances in Behaviour Research and Therapy, 5*(1), 3–25.

Teasdale, J.D., Segal, Z., Williams, J.M.G., Ridgeway, V., Solesby, J. & Lau, M. (2000). Prevention of relapse-recurrence in major depression by Mindfulness-Based Cognitive Therapy. *Journal of Consulting and Clinical Psychology, 68*(4), 115–123.

Tellenbach, H. (1974). *Melancholie. Problemgeschichte, Endogenität, Typologie, Pathogenese, Klinik* (2. Aufl.). Berlin/Heidelberg/New York: Springer.

Tennant, C., Hurry, J. & Babington, P. (1982). The relationship of childhood separation experiences to adult depressive and anxiety state. *Br J Psychiatry, 141*(5), 475–482.

Terr, L. C. (1989). Treating psychic trauma in children. *J Traumat Stress*, 2(3), 3–20.
Thase, M. E., Greenhouse, J. B., Frank, E., Reynolds, C. F., Pilkonis, P. A., Hurley, K., Grochocinski, V. & Kupfer, D. (1997). Treatment of major depression with psychotherapy or psychotherapy-pharmacotherapy combinations. *Arch Gen Psychiat*, 54(11), 1009–1015.
Thompson, L. W., Gallagher, D. & Breckenridge, J. S. (1987). Comparative effectiveness of psychotherapies for depressed elders. *J Consult Clin Psychol*, 55(3), 385–390.
Tschuschke, V., Heckrath, C. & Bess, W. (1997). *Zwischen Konfusion und Makulatur: Zum Wert der Berner Psychotherapie-Studie von Grawe, Donati und Bernauer*. Göttingen: Vandenhoeck & Ruprecht.
Tustin, F. (1972). *Autism and childhood psychosis*. London: Hogarth.
Tustin, F. (1984). Autistic Shapes. *Int R Psycho-Anal*, 11, 279–290.
Tustin, F. (1990). *The Protective Shell in Children and Adults*. London: Karnac Books.
Tustin, F. (1991). Revised understandings of psychogenic autism. *Int J Psycho-Anal*, 72(4), 585–592.
Tustin, F. (1993). Anmerkungen zum psychogenen Autismus. *Psyche – Z Psychoanal*, 47(12), 1172–1183.
Tylee, A., Caspar, M., Lepine, J. P. & Mendlewitz, J. (1999). Depres II (Depression Research in European society II). A patient survey of the symptoms, disability and current management of depression in the community. *Intern Clin Psychopharm*, 14(3), 139–151.
Üstin, T. B. & Sartorius, N. (1995). *Mental illness in general health care: an international study*. Chichester: Wiley.
van der Kolk, B. A., MacFarlane, A. C. & Weisaerth, L. (2000). *Traumatic stress: Grundlagen und Behandlungsansäzte. Theorie, Praxis und Forschung zu posttraumatischem Stress sowie Traumatherapie*. Paderborn: Jungfermann.
van Praag, H. M. (2004). Can stress cause depression? *Prog Neuropsychopharmacol Biol Psychiatry*, 28(5), 891–907.
Viinamäki, H., Kuikka, J., Tiihonen, J. & Lehtonen, J. (1998). Change in monoamine transporter density related to clinical recovery: A case-control study. *Nordic J Psychiatry*, 52(1), 39–44.
Vitriol, V. G., Ballesteros, S. T., Florenzano, R. U., Weil, K. P. & Benadof, D. F. (2009). Evaluation of an outpatient intervention for women with severe depression and a history of childhood trauma. *Psychiatr Serv*, 60(7), 936–942.
Wampold, B. E., Minami, T., Baskin, T. W. & Tierney, S. C. (2002). A meta-(re)analysis of the effects of cognitive therapy versus »other therapies« for depression. *J Affect Disord*, 68(2–3), 159–165.
Weissflog, G., Brähler, E., Leuteritz, K., Barthel, Y., Kuhnt, S., Wiltink, J., Zwerenz, R. & Beutel, M. E. (2015). Does psychodynamic short-term psychotherapy for depressed breast cancer patients also improve fatigue? Results from a randomized controlled trial. *Breast Cancer Res Treat*, 152(3), 581-588. Doi: 10.1007/s10549-015—3494-0.
Weissman, M. (1997). Interpersonal therapy: current status. *Keio Journal of Medicine*, 46(3), 105–110.
Weissman, M. M., Klerman, G. L., Prusoff, B. A., Sholomskas, D. & Padian, N. (1981). Depressed Outpatients. Results one year after treatment with drugs and/or Interpersonal Psychotherapy. *Arch Gen Psychiatry*, 38(1), 51–55.
Wiesel, T. N. (1994). Genetics and behaviour. *Science*, 264(5166), 16–47.
Will, H. (1998). Psychodynamik. In H. Will, Y. Grabenstett, G. Völkel & G. Banck (Hrsg.), *Depression. Psychodynamik und Therapie* (S. 90–114). Stuttgart/Berlin/Köln: Kohlhammer.
Will, H. (2001). Ambulante psychoanalytische Behandlungen depressiver Störungen. *Psychotherapie im Dialog*, 2(4), 397–407.
Will, H., Grabenstett, Y., Völkl, G. & Banck, G. (2008). *Depression. Psychodynamik und Therapie* (3. Aufl.). Stuttgart: Kohlhammer.

Literatur

Willi, J. (1975). *Die Zweierbeziehung. Spannungsursachen – Störungsmuster – Klärungsprozesse – Lösungsmodelle.* Hamburg: Rowohlt.
Williams, M., Teasdale, J., Segal, Z. & Kabat-Zinn, J. (2009). *Der achtsame Weg durch die Depression.* Freiamt: Arbor Verlag.
Winnicott, D. W. (1974 [1971]). Die Spiegelfunktion von Mutter und Familie in der kindlichen Entwicklung (1974). In ders., *Vom Spiel zu Kreativität* (S. 128–135). Stuttgart: Klett-Cotta [Orig.: Mirror-Role of Mother and Family in Child Development. In ders., *Playing and Reality* (S. 111–118). London: Tavistock Publications].
Winnicott, D. W. (1976). Die manische Abwehr. In ders., *Von der Kinderheilkunde zur Psychoanalyse* (S. 238–260). München: Kindler.
Winnicott, D. W. (1984 [1960]). Die Theorie von der Beziehung zwischen Mutter und Kind (1984). In ders., *Reifungsprozesse und fördernde Umwelt* (S. 47–71). Frankfurt a. M.: Fischer [Orig.: The Theory of Parent-Child Relationship. In ders., *Maturational Processes and the Facilitating Environment* (S. 37–55). The International Psycho-Analytical Library, 64, 1–276. London: The Hogarth Press and the Institute of Psycho-Analysis].
Winnicott, D. W. (1984 [1962]). Ich-Integration in der Entwicklung des Kindes (1984). In ders., *Reifungsprozesse und fördernde Umwelt* (S. 72–81). Frankfurt a. M.: Fischer. [Orig.: Ego-Integration in child development. In ders., *The Maturational Processes and the Facilitating Environment* (S. 56–63). The International Psycho-Analytical Library, 64, 1–276. London: The Hogarth Press and the Institute of Psycho-Analysis].
Winnicott, D. W. (1990 [1966]). Die hinreichend fürsorgliche Mutter. In ders. (1990), *Das Baby und seine Mutter* (S. 15–26). Stuttgart: Klett-Cotta [Orig.: The Ordinary Devoted Mother. Vortrag am 16. Februar 1966 gehalten vor der Nursery School Association of Great Britain and Northern Ireland, London Branch].
Winterfeld, K. D., Teuchert-Noodt, G. & Dawiers, R. R. (1998). Social environment orders both ontogeny of dopamine innovaton of a metal prefrontal cortex and maturation of working memories in gerbils (meriones unguecuelatus). *J Neurosci Res, 52*(2), 201–209.
Witschi, T., Breer-Hanimann, C., Schwegler, K., Böker, H. & Hell, D. (2001). Der Stellenwert der Ergotherapie bei depressiv Erkrankten im Rahmen eines multimodalen Behandlungskonzeptes. Erste Ergebnisse einer Studie an der Psychiatrischen Universitätsklinik Zürich. *Ergotherapie, 5*(1), 22–25.
Wolfersdorf, M. & Heindel, A. (2003). *Chronische Depression. Grundlagen, Erfahrungen und Empfehlungen.* Lengerich: Pabst Science Publishers.
Wurmser, L. (1987). *Flucht vor dem Gewissen. Analyse von Über-Ich und Abwehr bei schweren Neurosen.* Berlin/Heidelberg/New York: Springer.
Yeh, S. R., Fricker, R. A. & Edwards, D. H. (1996). The effects of social experience on serotonatic modulation of the escape circuit of Prozac. *Science, 271*(5247), 366–369.
Zeiss, A. M. & Steinmetz-Breckenridge, J. (1997). Treatment of late life depression: a response to the NIMH Consensus Conference. *Behav Ther, 28*(1), 3–21.
Zilcha-Mano, S., Dinger, U., McCarthy, K. S., Barrett, M. S. & Barber, J. P. (2013). Changes in well-being and quality of life in a randomized trial comparing dynamic psychotherapy and pharmacotherapy for major depressive disorder. *J Affect Disord, 152–154*, 538–542. DOI: 10.1016/j.jad.2013.10.015

Psychosozial-Verlag

Günter Lempa, Dorothea von Haebler, Christiane Montag
Psychodynamische Psychotherapie der Schizophrenien
Ein Manual

2., akt. Aufl. 2017 · 187 Seiten · Broschur
ISBN 978-3-8379-2739-9

»**Schizophrenie ist ein Kampf um Integration, der scheitert, weil die Kraft fehlt, die eigene Wahrheit in einer feindlichen Umwelt zu leben.**«

Arno Gruen

Psychotherapie stellt bei der Behandlung von Menschen mit Psychosen aus dem schizophrenen Formenkreis mittlerweile einen unverzichtbaren Bestandteil dar. Gleichwohl herrscht im Bereich der psychodynamischen Verfahren häufig noch Unklarheit über den gezielten Einsatz psychosespezifischer therapeutischer Interventionen.

Die AutorInnen legen erstmals ein Manual für eine modifizierte psychodynamische Psychotherapie vor: Unter Einbeziehung aktueller neurowissenschaftlicher Erkenntnisse stellen sie das psychosespezifische therapeutische Vorgehen dar, insbesondere in Bezug auf den therapeutischen Rahmen, die Beziehungsgestaltung sowie die phasengerechte therapeutische Intervention. Ihre Ausführungen illustrieren sie anhand zahlreicher Fallbeispiele. Das Buch richtet sich insbesondere an ärztliche und psychologische PsychotherapeutInnen sowie im psychiatrischen und komplementären Bereich tätige ÄrztInnen und PsychologInnen.

Walltorstr. 10 · 35390 Gießen · Tel. 0641-969978-18 · Fax 0641-969978-19
bestellung@psychosozial-verlag.de · www.psychosozial-verlag.de

Psychosozial-Verlag

Gerald Poscheschnik, Bernd Traxl (Hg.)
Handbuch Psychoanalytische Entwicklungswissenschaft
Theoretische Grundlagen und praktische Anwendungen

2016 · 532 Seiten · Hardcover
ISBN 978-3-8379-2541-8

»Für die Entwicklung des Menschen müssen wir schon selbst sorgen – die Evolution dauert dafür zu lange.«
Helmut Glaßl (*1950),
Thüringer Aphoristiker

Eine Vielzahl wissenschaftlicher Disziplinen befasst sich mit den unterschiedlichsten Aspekten der menschlichen Entwicklung. Seit geraumer Zeit verschmelzen diese Fachbereiche zur sogenannten Entwicklungswissenschaft. Hierzu leistet auch die Psychoanalyse mit ihrer Untersuchung unbewusster, sozialer und emotionaler Prozesse einen bedeutenden Beitrag.

Im vorliegenden Handbuch wird die Entstehungsgeschichte der Psychoanalytischen Entwicklungswissenschaft zusammengefasst und ein Überblick über deren wichtigste Konzepte und Modelle geboten. Es vermittelt nicht nur eine theoretische Basis, sondern erweitert diese um praktische psychoanalytische Anwendungen für Menschen aller Altersstufen.

Mit Beiträgen von Andreas Bachhofen, Calvin A. Colarusso, Fitzgerald Crain, Margit Datler, Wolfram Ehlers, Ludwig Janus, Eva Kahlenberg, Katrin Luise Laezer, Fernanda Pedrina, Meinolf Peters, Gerald Poscheschnik, Ilka Quindeau, Jenö Raffai, Gerhard Schüßler, Annette Streeck-Fischer, Svenja Taubner, Bernd Traxl, Michael Wininger, Wolfgang Wöller und Silke Wolter

Walltorstr. 10 · 35390 Gießen · Tel. 0641-969978-18 · Fax 0641-969978-19
bestellung@psychosozial-verlag.de · www.psychosozial-verlag.de

Psychosozial-Verlag

Anthony W. Bateman, Peter Fonagy (Hg.)
Handbuch Mentalisieren

2015 · 641 Seiten · Hardcover
ISBN 978-3-8379-2283-7

»Mit diesem Meisterstück bieten uns Bateman und Fonagy einen brillanten, enorm hilfreichen Leitfaden […], der schon jetzt als Klassiker für Anfänger und erfahrene Praktiker gelten kann.«

Arietta Slade, Ph.D., Professorin für Klinische Psychologie, New York

Mentalisieren bezeichnet die menschliche Fähigkeit, mentale Zustände wie Gedanken und Gefühle im eigenen Selbst und im anderen zu verstehen. Inzwischen hat sich die Mentalisierungstheorie als entwicklungspsychologisches und klinisch erfolgreiches Konzept etabliert. Die renommierten AutorInnen fassen das Mentalisieren als einen grundlegenden psychischen Prozess und erweitern seinen Anwendungsbereich auf verschiedene therapeutische Settings und eine Vielzahl unterschiedlicher Störungsbilder.

Im ersten Teil des Handbuchs wird die mentalisierungsbasierte Arbeit in der psychodynamischen Psychotherapie detailliert dargestellt. Der zweite Teil stellt effektive Behandlungstechniken vor, die auf die mentalisierende psychotherapeutische Bearbeitung schwerer Störungen zugeschnitten sind. Mit diesem Handbuch liegt nun die bislang umfassendste und systematischste Darstellung des Mentalisierungskonzepts und seiner klinischen Anwendung vor.

Psychosozial-Verlag

Dieter Adler

Der Antrag auf psychodynamische Psychotherapie

Ein Leitfaden zur Berichterstellung
(inkl. Kinder- und Jugendlichen- und Gruppenpsychotherapie)

2. Aufl. 2013 · 584 Seiten · Gebunden
ISBN 978-3-8379-2197-7

Dieter Adler legt das erste umfassende Lehrbuch vor, das Schritt für Schritt durch den Dschungel der Antragstellung auf psychodynamische Psychotherapie führt.

Der »Antrag auf psychodynamische Psychotherapie« ist das Schreckgespenst, das unter dem Schreibtisch jeder psychotherapeutischen Praxis lebt. Die Angst vor der Ablehnung des Antrags führt häufig zu Unlust. Sowohl Ausbildungskandidaten als auch erfahrene Therapeuten klagen über Schwierigkeiten beim Verfassen der Berichte, weil es in der Ausbildung kaum oder gar nicht vermittelt wird.

Während seiner 20-jährigen Tätigkeit als Therapeut und Psychoanalytiker, in der Dieter Adler selbst über 1.000 Berichte verfasst hat, erwarb er fundiertes Wissen, das er in diesem Band vermittelt. Der Leser erfährt, wie er den Bericht an den Gutachter schnell, effizient und schlüssig schreibt. Darüber hinaus ist das Buch auch ein Nachschlagewerk für Psychotherapierichtlinien, -vereinbarungen und Beihilfevorschriften. Es ist nicht nur eine gelungene Anleitung für Anfänger, sondern auch ein nützlicher Ratgeber für Geübte.

Auf der beiliegenden CD-ROM finden Sie alle wichtigen gesetzlichen Vorschriften, Abrechnungsbeispiele und diverse Formulare, die Sie zum Antragschreiben benötigen. Darüber hinaus erhalten Sie eine Betaversion der Datenbanksoftware *Antrag Pro*, die Sie sechs Monate lang kostenfrei nutzen können. Dieses Programm hilft dabei, Ihre Berichte wirksam zu organisieren und erfolgreich zu verfassen.

Walltorstr. 10 · 35390 Gießen · Tel. 0641-9699 78-18 · Fax 0641-9699 78-19
bestellung@psychosozial-verlag.de · www.psychosozial-verlag.de

Psychosozial-Verlag

Heike Schnoor (Hg.)
Psychodynamische Beratung in pädagogischen Handlungsfeldern

2012 · 293 Seiten · Broschur
ISBN 978-3-8379-2193-9

Beratung ist eine Dienstleistung, die auch im pädagogischen Bereich zunehmend an Bedeutung gewinnt.
Dabei zählt der psychodynamische Beratungsansatz zu den bewährten Methoden. Im vorliegenden Band geben namhafte Autorinnen und Autoren Einblicke in das Selbstverständnis, die aktuelle Forschung und die Praxis der psychodynamischen Beratung in pädagogischen Handlungsfeldern. Sowohl individuelle als auch institutionelle Aspekte von Problemkonstellationen werden beleuchtet und der Umgang damit erörtert. Anschaulich aufbereitete Praxisbeispiele aus den Bereichen Schule, Kinder- und Jugendhilfe sowie Weiterbildung vervollständigen die aktuelle Bestandsaufnahme.

Mit Beiträgen von Wolfgang Balser, Burkhard Brosig, Margit Datler, Wilfried Datler, Friederike Felbeck, Urte Finger-Trescher, Usha Förster-Chanda, Annette Frontzeck, Antonia Funder, Maria Fürstaller, Christoph Geist, Susanne Graf-Deserno, Bernhard Grimmer, Nina Hover-Reisner, Heinz Krebs, Barbara Lehner, Martin Merbach, Vera Moser, Katrin Nävy, Heinz-Peter Pelzer, Sandro Sardiña, Jochen Schmerfeld, Heike Schnoor, Irmtraud Sengschmied, Kornelia Steinhardt, Ingeborg Volger, Jean-Marie Weber, Beate West-Leuer, Christina Winners und Angelika Wolff